DEUXIÈME RECUEIL

DE

DIVERS MÉMOIRES

EXTRAITS DE LA BIBLIOTHÈQUE IMPÉRIALE

DES PONTS ET CHAUSSÉES.

DEUXIÈME RECUEIL

DE

DIVERS MÉMOIRES

EXTRAITS DE LA BIBLIOTHÈQUE IMPÉRIALE

DES PONTS ET CHAUSSÉES,

A L'USAGE DE MM. LES INGÉNIEURS,

PUBLIÉ PAR P.-C. LESAGE;

Ingénieur en chef de première classe, Inspecteur de l'Ecole impériale des Ponts et Chaussées de France, membre de l'Académie des Sciences et Arts de Turin, Munich, et de celles des Arcades de Rome, Dijon, Bordeaux, etc.

PARIS.

DE L'IMPRIMERIE D'HACQUART.

1808.

A MONSIEUR

DE MONTALIVET,

CONSEILLER D'ÉTAT, COMMANDANT DE LA LÉGION D'HONNEUR,

DIRECTEUR GÉNÉRAL DES PONTS ET CHAUSSÉES,

CANAUX, NAVIGATION INTÉRIEURE, PORTS DE COMMERCE, ETC.

MONSIÉUR LE DIRECTEUR GÉNÉRAL,

CHARGÉ, *depuis trente-trois ans, de l'inspection des élèves de l'Ecole des Ponts et Chaussées, ainsi que du dépôt des Livres, Mémoires, Plans et Modèles de machines que Perronet légua à cette Ecole, dont il mérita d'être appelé le Père par C.-D. Trudaine même qui l'avait fondée, je viens, à l'exemple de cet illustre Ingénieur, contribuer à accroître la richesse de ce précieux Dépôt.*

Possesseur d'un Cabinet assez riche, parce qu'il est le fruit de mes longues économies, je m'adresse à vous avec confiance, MONSIEUR LE DIRECTEUR GÉNÉRAL, *pour vous prier de permettre que le legs que j'en fais à l'Ecole du Corps impérial des Ponts et Chaussées soit réuni à celui de Perronet*(1)*: c'est ainsi que l'esprit*

____

(1) Ce legs est consigné dans mon testament olographe déposé en avril 1807, chez M. . . . . . ., notaire à Paris.

de cet homme célèbre, qui m'honora de son estime et me combla de ses bienfaits, vit encore pour moi en dirigeant cette action de ma reconnaissance.

Il est un autre objet d'un effet plus immédiat qui m'engage, MONSIEUR LE DIRECTEUR GÉNÉRAL, à vous adresser cette lettre; c'est le dessein d'établir à l'Ecole des Ponts et Chaussées un Cabinet Lythologique destiné à l'instruction des Elèves. Mais en vous priant de recevoir, dès aujourd'hui, les premiers matériaux destinés à sa formation, et consistant dans la collection de plus de sept cents échantillons étiquetés et disposés avec ordre dans deux armoires à tiroirs que je déposerai à la Bibliothèque de l'Ecole, j'ai l'honneur de vous prier en même tems de vouloir bien accueillir le Mémoire ci-joint, qui y est relatif, avec les Tables que je publie à ce sujet, et les adresser à MM. les Ingénieurs, comme un gage de l'affection de leur ancien camarade.

Heureux, MONSIEUR LE DIRECTEUR GÉNÉRAL, de trouver dans vos vues bienfaisantes l'appui que Perronet trouva dans la sagesse du célèbre Trudaine ! Je supplie MONSIEUR DE MONTALIVET d'agréer les sentimens de reconnaissance que conserveront aux bienfaits de son administration tous les Ingénieurs qui aiment l'honneur de leur Corps.

C'est dans ces sentimens que j'ai l'honneur d'être avec respect,

MONSIEUR LE DIRECTEUR GÉNÉRAL ,

Votre très-humble et très-obéissant serviteur,

P.-C. LESAGE.

Paris, ce 11 février 1808.

MÉMOIRE.

Possesseur du Cabinet Lythologique de feu Perronet, que j'ai acquis de ses héritiers en 1793 (1), je l'ai conservé avec soin dans l'intention de le réunir un jour aux objets précieux dont cet Ingénieur illustre a doté la Bibliothèque et le Dépôt des Plans, Machines et Modèles de l'Ecole impériale des Ponts et Chaussées.

Perronet, le contemporain et l'ami de Buffon, joignit à la profession de son art, le goût et l'étude des sciences physiques et naturelles; il savait que sans elles l'art de l'Ingénieur resterait borné à une imitation machinale de tous les genres de constructions. A l'appui des sciences théoriques, il cherchait surtout à s'éclairer d'expériences : c'est ainsi qu'on assure aux arts une marche toujours progressive, tandis que la théorie égare souvent dans des spéculations incertaines.

Des expériences avaient été faites par Buffon, sur les bois et les fers; Perronet en fit de semblables sur la force et la qualité des pierres. En l'associant à quelques-uns de ses travaux, le Pline français ne pouvait sans doute choisir un homme plus digne de les partager.

Le Cabinet Lythologique se compose de toutes les pierres

---

(1) On trouvera dans mes papiers la quittance de l'huissier priseur Toutaint, qui a fait la vente.

propres aux grandes constructions. Perronet avait cherché à rassembler en ce genre une partie des productions des pays étrangers, et il avait complété la collection des produits de presque toute la France, de l'Allemagne et de la Sybérie. Ces différentes Pierres étaient taillées à fin et polies sous un volume uniforme de un pouce de hauteur sur deux pouces en carré (quatre pouces cubes) 0,027 -- 0,054 (ou 0,00008). Ces échantillons nombreux et variés en pierres calcaires, en grès, quarts, marbres, granits, etc., étaient rangés et étiquetés avec cet ordre classique sans lequel il n'y a que confusion dans l'étude de l'histoire naturelle. Chacun des cubes pesé avec soin, au moyen d'une balance à trébuchet, dans l'air, dans l'eau et à la sortie de ce fluide, porte l'indication de la pesanteur spécifique réduite au pied cube, avec la valeur correspondante dans le nouveau système métrique.

Il ne lui suffisait pas de présenter aux Ingénieurs une nomenclature stérile de pierres dont la pesanteur ne fait pas toujours le degré de dureté comparative; Perronet avait composé une machine au moyen de laquelle il parvenait à connaître leur degré de densité et de dureté. Il indiquait par là le choix que l'Ingénieur et l'habile Architecte doivent faire des matériaux dans la construction des monumens élevés pour la postérité. Cette machine se compose d'un foret en façon de vilebrequin, de 0,005 millimètre environ de grosseur, sur 0,15 centimètre de grandeur, et qui, placé verticalement sur la pierre, porte à son extrémité supérieure une charge égale et constante de 18 livres (poids marc) 8,81 décagrammes. Pour conserver à cette force son égalité d'action, il s'y trouve adapté un rouage en cuivre parfaitement exécuté, avec une aiguille qui marque, sur un cadran horisontal, le nombre de tours que fait le foret dans un tems qu'on observe avec soin, au moyen d'une moutre à secondes.

On conçoit que ces expériences, répétées sur plusieurs échantillons de pierres analogues, ou plus ou moins homogènes, ont dû donner des résultats précis (1).

En les publiant aujourd'hui pour l'usage de MM. les Ingénieurs, j'acquitte avec une véritable satisfaction, non un devoir qui me soit imposé par une volonté écrite ou verbale, mais bien une des pensées utiles du père de notre Corps. Je les prie donc de regarder la publication que j'en fais comme un témoignage public de l'attachement et de la reconnaissance que nous lui devons tous en général, et qu'en mon particulier je conserverai profondément à sa mémoire.

Dans cet hommage que je fais au Père de notre Ecole, et que M. le Directeur général DE MONTALIVET a bien voulu y consacrer comme un souvenir à la mémoire de Perronet, je desire que MM. les Ingénieurs aperçoivent le germe d'un établissement utile au complément et au perfectionnement duquel ils peuvent individuellement concourir.

M. le DIRECTEUR GÉNÉRAL veut bien favoriser l'exécution de ces

---

(1) J'ai donné, dans ce Mémoire, une idée de la Machine et le mode d'expérience que Perronet a employé pour trouver les nombres de tours du foret ou vilebrequin, d'après lesquels on a calculé les degrés de dureté des pierres. Voici la règle qu'on a suivie pour ce dernier objet. La dureté des pierres est en raison du nombre de tours du foret et en raison inverse de la profondeur. C'est d'après cela qu'ayant pris 120 degrés de dureté pour la pierre qui a exigé 200 tours de foret pour une ligne d'enfoncement, on aura pour celle qui exige 700 tours pour l'enfoncement de 4 lignes, à faire cette proportion 200 t. : $\frac{700}{4}$: : 120 : x, et on trouve x égal à 105, qui sera le nombre de degrés de dureté de la seconde pierre, comparativement à la première.

B

vues, en recevant les divers échantillons que **MM.** les Ingénieurs pourront lui adresser à Paris.

Il sera ouvert, à cet effet, un registre à l'Administration centrale, sur lequel on inscrira le nom des Ingénieurs qui auront concouru à enrichir cet établissement. Les échantillons devront avoir le même volume que ceux de la collection de Perronet, et porter l'indication des carrières et des lieux d'où ils auront été extraits dans chaque département ou pays. On aura soin d'y ajouter des renseignemens sur la nature et les qualités des différentes pierres, ainsi que sur leur pesanteur spécifique, enfin, tout ce qui paraîtra offrir quelqu'intérêt pour la science,

Plein de confiance dans le zèle éclairé comme dans l'indulgence de mes camarades, j'ose espérer que **MM.** les Ingénieurs, en applaudissant à mes vues, s'empresseront de répondre à cet appel, et de contribuer à l'instruction des jeunes élèves, en offrant à la mémoire de Perronet ces gages matériels, pour ainsi dire, de leur souvenir.

Je les prie de conserver à leur ancien camarade une part dans leur estime et leur amitié, et d'agréer les nouvelles assurances de la mienne,

P.-C. LESAGE.

Paris, ce 11 février 1808,

SOMMAIRES DES ARTICLES

CONTENUS

DANS CE DEUXIÈME RECUEIL

TABLE LYTHOLOGIQUE

ADRESSÉE

A MM. LES INGÉNIEURS

AU CORPS IMPÉRIAL

DES PONTS ET CHAUSSÉES DE FRANCE,

Par P.-C. LESAGE,

INGÉNIEUR EN CHEF, INSPECTEUR DE L'ÉCOLE.

OBSERVATIONS.

Les numéros portés dans la première colonne de tous les *recto* de cette table, sont la répétition de ceux déjà portés dans la première colonne correspondante des *verso*, pour faciliter au lecteur, qui a les deux tableaux sous les yeux, le rapport des valeurs des pesanteurs spécifiques et des degrés de dureté aux diverses espèces de pierres désignées dans chaque *verso*.

Numéros des Échantillons.	INDICATION DES PAYS D'OÙ LES PIERRES ONT ÉTÉ EXTRAITES.	NATURE ET QUALITÉ DES PIERRES.
	GÉNÉRALITÉ DE PARIS, Inspection de Versailles.	
	Département de Seine et Oise.	
1	Grès d'Orsay.	o.
2	Grès de Sargis.	o.
3	Grès de Saint-Remy.	o.
4	Grès de Gressan.	o.
5	Pierre de Saint-Cloud.	Calcaire vive.
6	Pierre de Saint-Nom.	Calcaire vive.
7	Pierre de la Roche-Saint-Nom.	Calcaire vive.
8	Pierre de Saint-Nom, banc franc.	Calcaire.
9	Pierre de Saint-Nom, fin.	Calcaire.
10	Pierre de Grignon.	Calcaire vive.
	GÉN.té DE PARIS, Inspection de Meaux.	
	Département de Seine et Marne.	
1	Pierre de Changy, employée au pont de Trilport.	Calcaire.
2	Pierre dure de Vareddes, liais gelisse quand elle est employée verte ; elle ne l'est plus quand elle est sèche.	Calcaire vive.
3	Pierre tendre de Vareddes, liais moins gelisse que la précédente.	Calcaire vive.
4	Pierre de Vareddes tendre, ou banc blanc, n'est point gelisse.	Calcaire vive.
5	Pierre de Nezel, sujète à se mouliner.	Calcaire vive.
6	Pierre de Courtablon, entre Changy et la Ferté-sous-Jouarre.	Calcaire vive.
7	Pierre de la Motte-l'Abbesse, sujète à se fendre en tous sens après être tirée.	Calcaire vive.
8	Pierre de Mont-Bénard.	Calcaire.
9	Pierre de Jagnes, sujète à se fendre en tous sens après être tirée.	Calcaire.
10	Pierre de Troubaine, bonne et point gelisse.	Calcaire vive.
11	Pierre d'Antilly, à quatre lieues de Meaux.	Calcaire vive.
12	Pierre de Charmentray.	Calcaire vive.
13	Pierre de Courcelles, sur le bord de la Marne, à une lieue au dessus de la Ferté-sous-Jouarre.	Calcaire.
14	Pierre d'Estrepilly.	Calcaire.
	GÉN.té DE PARIS, Inspection de Compiégne et Senlis.	
	Département de l'Oise.	
1	Pierre de Senlis, dans les fossés de la ville, banc de dessus.	Calcaire.
2	Pierre de Senlis, *idem*, deuxième banc.	Calcaire.
3	Pierre de Mont-l'Évêque, à une lieue de Senlis.	Calcaire.
4	Pierre de Chamant, à trois quarts de lieue de Senlis.	Calcaire vive.
5	Grès de Craquelot, Ste-Marguerite des Grès et la butte de Chantilly.	o.
	Des Gendarmes et de Chantilly. . . . de Craquelot.	o.

Numéros des échantillons	POIDS DES ÉCHANTILLONS dans l'air (on. gr. gr.)	dans l'eau (on. gr. gr.)	à la sortie de l'eau (ou. gr. gr.)	POIDS D'UN PIED CUBE EN LIVRES (liv. on. gr. gr.)	EN KILOGRAM. (kil.)	NOMBRE des tours DU FORET (tours.)	DEGRÉS de profond. (lig.)	de dureté. (deg.)

Département de Seine et Oise.

Nº	dans l'air	dans l'eau	à la sortie de l'eau	EN LIVRES	EN KILOGRAM.	tours	de profond.	de dureté.
1	6 1 47	3 5 42	6 4 40	151 4 6 28	74 0628	200	1, 00	120, 00
2	6 0 14	3 4 36	6 1 20	162 5 6 64	79 4799	100	1, 00	60, 00
3	6 1 3	3 5 21	6 2 0	166 1 5 68	81 3119	100	0, 25	240, 00
4	6 0 14	3 4 45	6 1 58	159 4 3 48	77 9684	100	0, 25	240, 00
5	5 7 25	3 3 32	6 1 1	153 10 4 11	75 2168	523	12, 00	26, 17
6	5 2 17	2 5 40	5 2 60	138 15 1 3	68 0152	50	5, 00	6, 00
7	5 4 5	3 0 70	5 5 71	146 12 6 39	71 8606	490	12, 00	24, 50
8	5 7 43	3 4 32	6 1 17	160 3 7 46	78 4125	700	4, 00	105, 00
9	6 3 29	3 6 63	6 3 61	171 9 0 65	83 9850	500	2, 75	109, 10
10	6 4 50	3 7 65	6 5 14	173 4 7 24	84 8356	400	2, 00	120, 00

Département de Seine et Marne.

Nº	dans l'air	dans l'eau	à la sortie de l'eau	EN LIVRES	EN KILOGRAM.	tours	de profond.	de dureté.
1	5 7 41	3 4 48	5 7 63	173 5 5 32	84 8590	200	0, 50	240, 00
2	5 7 48	3 4 51	6 1 0	164 6 7 52	80 4927	1435	12, 00	71, 75
3	4 3 57	2 4 39	4 5 62	144 10 4 27	70 8121	20	3, 00	4, 00
4	4 3 66	2 3 70	4 6 29	136 6 4 62	66 7755	20	3, 00	4, 00
5	4 3 18	2 4 42	4 6 38	137 8 0 71	67 3113	20	4, 50	2, 70
6	6 1 0	3 5 57	6 1 32	174 9 4 64	85 4687	200	0, 50	240, 00
7	6 1 67	3 6 61	6 2 16	180 6 2 34	88 3048	200	0, 50	240, 00
8	5 5 49	3 3 52	5 6 12	173 5 6 61	84 8673	400	2, 00	120, 00
9	6 2 10	3 6 67	6 2 28	180 5 7 37	88 2934	100	0, 25	240, 00
10	5 2 63	3 1 51	5 5 8	154 10 7 16	75 7180	20	2, 00	6, 00
11	5 3 16	3 2 11	5 5 45	156 14 0 8	76 7923	20	2, 00	6, 00
12	5 5 68	3 3 65	5 6 27	174 1 5 34	85 2262	800	5, 00	96, 00
13	6 4 6	3 7 60	6 4 19	178 7 1 44	87 3530	20	2, 00	6, 00
14	7 4 38	4 4 28	7 4 69	172 7 1 22	84 4148	100	1, 00	60, 00

Département de l'Oise.

Nº	dans l'air	dans l'eau	à la sortie de l'eau	EN LIVRES	EN KILOGRAM.	tours	de profond.	de dureté.
1	5 1 39	3 0 12	5 3 32	150 5 3 25	73 5922	20	2, 00	6, 00
2	5 5 16	3 1 18	3 5 71	152 11 4 67	74 7609	300	12, 00	15, 00
3	5 4 45	3 2 18	5 6 51	152 11 0 8	74 7424	545	12, 00	27, 25
4	5 5 39	3 1 55	5 6 56	151 11 2 10	74 2612	100	1, 50	40, 00
5	7 0 63	4 2 59	7 1 21	177 2 4 64	86 7231	100	0, 50	120, 00
	6 6 57	4 1 8	6 7 5	174 10 5 36	85 5017	100	0, 50	120, 00

Numéros des Échantillons.	INDICATION DES PAYS D'OÙ LES PIERRES ONT ÉTÉ EXTRAITES.	NATURE ET QUALITÉ DES PIERRES
6	Pierre de la Gatelière, à un quart dé lieue de Senlis, premier banc. . .	Calcaire. . . .
7	Pierre de la Gatelière, *idem*, deuxième banc.	Calcaire vive. .
8	Pierre de la Gatelière, à un quart de lieue de Senlis, troisième banc. .	Calcaire. . . .
9	Pierre de Saint-Nicolas, à une demi-lieue de Senlis, premier banc. . .	Calcaire vive. .
10	Pierre de Saint-Nicolas, deuxième banc.	Calcaire vive. .
11	Pierre de Saint-Nicolas, troisième banc.	Calcaire vive. .
12	Pierre de Saint-Nicolas, quatrième banc.	Calcaire vive. .
13	Pierre de Saint-Nicolas, cinquième banc.	Calcaire vive. .
14	Pierre de Viveret, proche l'Ile-Adam, premier et deuxième bancs . . .	Calcaire vive. .
15	Pierre de Nogent, proche l'Ile-Adam, premier banc.	Calcaire vive. .
16	Pierre de Nogent, deuxième banc.	Calcaire. . . .
17	Pierre de Butry, à trois quarts de lieue de l'Ile-Adam, premier banc.	Calcaire vive. .
18	Pierre de Butry, deuxième banc.	Calcaire vive. .
19	Pierre de Butry, troisième banc.	Calcaire. . . .
20	Pierre de Butry, quatrième banc.	Calcaire vive. .
21	Pierre de Butry, cinquième banc.	Calcaire vive. .
22	Pierre d'Emonville, proche Presle.	Calcaire vive. .
23	Pierre de Valpendant, à une lieue et demie de Beaumont, premier banc.	Calcaire vive. .
24	Pierre de la Fontaine au Roi, à deux lieues de Beaumont.	Calcaire. . . .
25	Pierre de Presle, proche l'Eglise.	Calcaire. . . .
26	Pierre de Beaumont, entre Beaumont et Noisy.	Calcaire. . . .
27	Pierre de Nointel, premier banc.	Calcaire vive. .
28	Pierre de Nointel, deuxième banc.	Calcaire vive. .
29	Pierre de Luzarches, proche Saint-Cosme, premier banc	Calcaire vive. .
30	Pierre de Luzarches, deuxième banc.	Calcaire. . . .
31	Pierre des Quatre-Vents, entre Luzarches et Champlatreux, premier banc.	Calcaire. . . .
32	Pierre des Quatre-Vents, deuxième banc.	Calcaire vive. .
33	Pierre des Quatre-Vents, troisième banc.	Calcaire vive. .
34	Pierre de la Houssemagne, proche Chambly, premier banc.	Calcaire vive. .
35	Pierre de la Houssemagne, deuxième banc.	Calcaire vive. .
36	Pierre de Mello, à trois lieues et demie de Beaumont, premier banc. .	Calcaire vive. .
37	Pierre de Mello, deuxième banc.	Calcaire vive. .
38	Pierre de Saint-Maximin, proche Saint-Leu d'Osserent, premier banc, dit vergelet.	Calcaire vive. .
39	Pierre de Saint-Maximin, deuxième banc, dit vergelet.	Calcaire vive. .
40	Pierre de Saint-Maximin, troisième banc, dit vergelet.	Calcaire vive. .
41	Pierre de Saint-Maximin, quatrième banc, dit vergelet.	Calcaire vive. .
42	Pierre de Saint-Maximin, cinquième banc, dit vergelet.	Calcaire vive. .
43	Pierre de Saint-Maximin, sixième banc, dit vergelet.	Calcaire vive. .
44	Pierre de Saint-Maximin, septième banc, dit vergelet.	Calcaire vive. .
45	Pierre de Saint-Maximin, huitième banc, dit vergelet.	Calcaire vive. .
46	Pierre de Saint-Maximin, neuvième banc, dit vergelet.	Calcaire vive. .
47	Pierre de Saint-Maximin, premier banc, dit de Saint-Leu.	Calcaire vive. .
48	Pierre de Saint-Maximin, deuxième banc, dit de Saint-Leu.	Calcaire. . . .
49	Pierre de Saint-Maximin, troisième banc, dit de Saint-Leu.	Calcaire. . . .
50	Pierre de Creil, vergelet tendre.	Calcaire vive. .
51	Pierre de la Morlaye, à une lieue et demie de Chantilly.	Calcaire. . . .
52	Pierre de Comelle, à une demi-lieue sur la gauche de Pontarme. . . .	Calcaire vive. .
53	Pierre d'Orry, proche la Chapelle en Serval.	Calcaire vive. .
54	Pierre de Louvres, à mille toises du grand chemin.	Calcaire. . . .
55	Pierre de Louvres, à cinq cent cinquante toises du grand chemin, proche le Marais, premier banc.	Calcaire vive. .

Numéros des Échantillons.	POIDS DES ÉCHANTILLONS			POIDS D'UN PIED CUBE		NOMBRE des tours DU FORET.	DEGRÉS	
	dans l'air.	dans l'eau.	à la sortie de l'eau.	EN LIVRES.	EN KILOGRAM.		de profond.	de dureté.
	on. gr. gr.	on. gr. gr.	on. gr. gr.	liv. on. gr. gr.	kil.	tours.	lig.	deg.
6	5 4 15	3 1 18	5 6 64	143 0 1 23	70 0049	263	12, 00	13, 17
7	5 4 28	3 1 69	5 7 4	147 4 3 71	72 0955	50	4, 00	7, 50
8	6 0 9	3 4 52	6 1 48	160 13 3 57	78 7338	50	2, 50	12, 00
9	4 3 4	2 3 54	5 0 5	120 12 1 71	59 1159	20	5, 00	2, 60
10	4 4 4	2 4 16	5 1 20	119 13 7 8	58 6766	20	5, 00	2, 40
11	5 6 33	3 3 30	6 0 52	152 10 1 67	74 7188	50	2, 00	15, 00
12	4 4 37	2 4 30	5 2 20	116 14 5 42	57 2328	20	6, 00	2, 00
13	4 6 62	2 5 60	5 3 47	124 10 6 3	61 0282	20	7, 00	1, 70
14	5 1 51	3 0 14	5 4 14	145 15 5 24	71 4582	20	4, 00	3, 00
15	4 3 51	2 4 48	5 1 0	122 14 7 6	60 1756	20	5, 50	2, 20
16	5 1 35	3 0 23	5 4 35	144 0 0 12	70 4900	20	3, 00	4, 00
17	5 0 30	2 7 6	5 3 42	138 0 1 3	67 5563	20	4, 00	3, 00
18	4 7 7	2 6 18	5 2 39	134 13 7 57	66 0218	20	4, 00	3, 00
19	5 4 63	3 1 18	5 6 4	150 15 5 44	73 9068	262	12, 00	13, 10
20	5 0 3	2 7 2	5 3 15	138 14 2 12	67 9889	20	5, 00	2, 40
21	5 0 5	2 6 60	5 3 3	138 12 6 3	67 9426	20	5, 00	2, 40
22	4 4 37	2 4 66	5 0 31	130 15 5 52	64 1171	20	4, 00	3, 00
23	5 1 42	3 0 12	5 4 63	140 9 0 8	68 8071	20	4, 00	3, 00
24	5 6 19	3 3 18	6 0 6	155 7 1 12	76 0926	20	1, 50	8, 00
25	6 4 33	3 7 64	6 4 57	175 10 6 23	85 9943	200	1, 00	120, 00
26	6 2 20	3 6 17	6 3 8	168 9 4 22	82 5291	20	2, 50	4, 80
27	4 3 22	2 3 62	4 7 30	126 14 0 0	62 1065	20	5, 00	2, 60
28	5 5 4	3 2 62	5 7 52	151 2 7 49	74 0065	20	2, 50	4, 80
29	4 6 34	2 5 49	5 1 70	139 9 4 28	68 3340	10	3, 00	2, 00
30	5 6 35	3 2 18	5 7 38	152 14 7 10	74 8611	264	12, 00	13, 20
31	4 6 52	2 6 11	5 2 12	135 6 7 37	66 2961	20	4, 00	3, 00
32	5 6 23	3 3 15	6 0 5	155 6 6 39	76 0826	20	3, 00	4, 00
33	6 0 7	3 3 60	6 0 69	159 6 0 4	78 0158	500	6, 75	44, 60
34	4 0 21	2 1 55	4 5 53	113 2 6 56	55 4017	20	5, 50	2, 20
35	4 5 18	2 4 66	5 1 36	126 10 7 4	62 0111	20	3, 00	4, 00
36	4 3 29	2 4 24	5 0 36	122 14 1 26	60 1537	20	6, 50	1, 80
37	3 7 39	2 1 50	4 5 31	111 13 7 43	54 7623	20	6, 50	1, 80
38	4 3 28	2 3 66	5 0 43	119 12 4 35	56 6359	20	4, 50	2, 70
39	4 4 60	2 4 47	5 1 2	126 8 5 45	61 9447	20	4, 50	2, 70
40	4 3 13	2 3 59	5 0 0	122 0 3 63	59 7350	20	4, 50	2, 70
41	4 4 58	2 4 58	5 0 42	130 4 2 11	63 7669	20	4, 00	3, 00
42	4 5 48	2 5 20	5 1 58	128 7 0 58	62 8745	20	5, 00	2, 40
43	4 4 58	2 4 63	5 1 12	126 15 3 63	62 1519	20	4, 50	2, 70
44	4 2 25	2 3 2	4 7 30	117 14 6 4	57 7241	20	6, 50	1, 80
45	4 3 30	2 3 50	4 7 64	122 12 1 64	60 0945	20	5, 00	2, 40
46	4 3 17	2 3 59	4 7 41	124 14 1 43	61 1336	20	6, 00	2, 00
47	4 2 65	2 3 49	5 0 34	117 8 1 40	57 5233	20	5, 50	2, 20
48	4 1 18	2 2 30	4 6 44	115 4 0 31	56 4176	36	12, 00	1, 80
49	4 2 28	2 3 21	4 7 59	117 4 3 14	57 4072	20	5, 00	2, 40
50	4 1 60	2 2 61	4 7 14	116 10 1 17	57 0938	20	6, 50	1, 80
51	6 0 18	3 4 54	6 1 40	162 5 3 4	79 4652	20	2, 00	6, 00
52	3 7 59	2 1 49	4 5 49	111 5 7 8	53 5157	20	5, 00	2, 40
53	3 6 70	2 1 7	4 4 71	109 0 1 5	53 3606	20	4, 50	2, 70
54	5 7 60	3 4 36	6 1 3	163 0 0 18	79 7910	20	1, 67	7, 20
55	4 1 56	2 2 36	4 6 63	110 0 5 67	56 8058	20	4, 00	3, 00

Numéros des échantillons.	INDICATION DES PAYS D'OÙ LES PIERRES ONT ÉTÉ EXTRAITES.	NATURE ET QUALITÉ DES PIERRES.
56	Pierre de Louvres, *idem*, deuxième banc.	Calcaire vive.
57	Pierre de Ganneton, à deux lieues de Compiègne, premier banc.	Calcaire vive.
58	Pierre de Ganneton, deuxième banc.	Calcaire vive.
59	Pierre de Saint-Éloy, près Verberie, premier banc.	Calcaire.
60	Pierre de Saint-Éloy, *idem*, deuxième banc.	Calcaire vive.
61	Pierre de Cambre, près Verberie.	Calcaire.
62	Pierre de Foncian, près Verberie.	Calcaire.
63	Pierre de Verneuil, à deux mille toises sur la droite de Creil, premier banc.	Calcaire.
64	Pierre de Verneuil, deuxième et troisième bancs.	Calcaire vive.
65	Pierre de Verneuil, quatrième banc.	Calcaire.
66	Pierre du Monteel, proche Pont Sainte-Maxence.	Calcaire.
67	Pierre de Pont Sainte-Maxence, dite de la Cavée, premier banc.	Calcaire vive.
68	Pierre de Pont Sainte-Maxence, deuxième banc.	Calcaire.
69	Pierre de Pont Sainte-Maxence, troisième banc.	Calcaire.
70	Pierre de la Cavée-Noire de Pont Sainte-Maxence, premier banc.	Calcaire.
71	Pierre de la Cavée-Noire, *idem*, deuxième banc, moye supérieure.	Calcaire.
72	Pierre de la Cavée-Noire, *idem*, moye inférieure du deuxième banc.	Calcaire.
73	Pierre de la Cavée Noire, troisième banc.	Calcaire.
74	Pierre de Pont Sainte-Maxence, carrière ouverte par M. Tresaguet, premier banc.	Calcaire.
75	Pierre de Pont Sainte-Maxence, *idem*, deuxième banc.	Calcaire.
76	Pierre de Pont Sainte-Maxence, *idem*, troisième banc.	Calcaire.
77	Pierre de Pont Sainte-Maxence, *idem*, quatrième banc.	Calcaire.
78	Pierre de Pont Sainte-Maxence, *idem*, cinquième banc.	Calcaire.
79	Pierre de Pont Sainte-Maxence, *idem*, sixième banc.	Calcaire.
80	Pierre de la butte de Morlaye, remplie de cailloux et coquilles.	Calcaire.
81	Pierre de Ganneton, employée au pont de Compiègne, à une lieue, premier banc.	Calcaire.
82	Pierre de Ganneton, *idem*, deuxième banc, dit le banc franc.	Calcaire.
83	Pierre de Ganneton, *idem*, troisième banc.	Calcaire vive.
84	Pierre de Ganneton, roche non suivie, premier banc.	Calcaire.
85	Pierre de Ganneton, roche non suivie, troisième banc.	Calcaire.
86	Pierre de Goussainville.	Calcaire.

GÉNᵗᵉ DE PARIS, INSPECTION DE COMPIÈGNE ET LAGNY.

Départemens de l'Oise et de Seine et Marne.

Numéros des échantillons.	INDICATION DES PAYS D'OÙ LES PIERRES ONT ÉTÉ EXTRAITES.	NATURE ET QUALITÉ DES PIERRES.
1	Pierre de Saint-Maur, coquillière et dure.	Calcaire vive.
2	Pierre de Saint-Maur, nommée Chiquart, gelisse.	Calcaire vive.
3	Pierre de Saint-Maur, propre à faire des marches.	Calcaire.
4	Pierre de Saint-Maur, le liais, gelisse en la tirant l'hiver.	Calcaire vive.
5	Pierre de Saint-Maur, lambourde.	Calcaire vive.
6	Pierre de Saint-Maur, banc de	Calcaire vive.
7	Pierre de Saint-Maur, remplie de trous de coquilles.	Calcaire vive.

Numéros des échantillons.	POIDS DES ÉCHANTILLONS			POIDS D'UN PIED CUBE		NOMBRE des tours du foret.	DEGRÉS	
	dans l'air.	dans l'eau.	à la sortie de l'eau.	EN LIVRES.	EN KILOGRAM.		de profond.	de dureté.
	on. gr. gr.	on. gr. gr	on. gr. gr.	liv. on. gr. gr	kil.	tours.	lig.	deg.
56	4 7 50	2 6 36	5 3 32	132 10 5 15	64 9411	20	5, 00	2, 40
57	5 4 26	3 1 46	5 6 26	149 13 5 9	73 5543	50	2, 67	11, 25
58	5 6 41	3 3 21	6 0 3	157 1 5 1	76 9028	50	2, 67	11, 25
59	5 5 24	3 2 63	5 7 5	157 2 1 56	76 9210	150	8, 00	11, 25
60	5 3 56	3 1 54	5 6 28	148 7 5 23	72 6819	50	5, 50	5, 50
61	6 2 33	3 6 48	6 3 18	171 9 4 50	83 9995	150	2, 00	45, 00
62	5 7 66	3 4 48	6 1 24	162 4 6 13	79 4466	50	3, 50	8, 50
63	4 0 46	2 2 22	4 6 30	113 9 5 31	55 6107	20	5, 00	2, 40
64	4 2 41	2 3 37	5 0 37	115 3 5 45	56 4069	20	5, 00	2, 40
65	4 2 53	2 3 19	4 7 46	119 5 3 26	58 4175	20	4, 50	2, 70
66	5 4 69	3 2 54	5 7 17	153 9 7 29	75 1986	40	6, 00	4, 00
67	4 6 63	2 6 8	5 2 60	131 6 5 1	64 3285	40	8, 00	3, 00
68	4 5 10	2 4 68	5 1 42	120 2 2 5	58 8103	30	7, 00	2, 60
69	4 6 18	2 5 60	5 2 8	132 0 5 18	64 6354	30	6, 50	2, 33
70	5 2 32	3 0 18	5 4 34	153 12 5 20	75 2843	50	7, 00	2, 60
71	5 5 9	3 2 18	5 7 15	150 11 3 44	73 7768	50	5, 00	6, 00
72	4 6 39	2 6 12	5 2 71	129 9 3 4	63 4338	30	5, 50	3, 33
73	4 5 24	2 5 24	5 2 9	125 11 0 35	61 5271	40	7, 00	3, 40
74	4 5 51	2 5 15	5 1 69	127 3 2 52	62 2699	30	7, 00	2, 60
75	4 4 65	2 4 52	5 1 6	120 14 7 0	59 1962	30	6, 50	2, 20
76	4 4 41	2 4 44	5 1 20	124 0 0 49	60 7018	30	6, 00	3, 00
77	4 5 33	2 5 6	5 1 41	127 15 7 9	62 6539	30	5, 50	3, 33
78	4 2 39	2 3 11	4 7 26	119 10 3 9	58 5695	30	7, 00	2, 40
79	4 3 37	2 4 0	5 0 19	122 10 7 2	60 0530	30	7, 00	2, 75
80	6 0 23	3 2 18	6 0 56	150 2 2 11	73 4959	100	2, 50	24, 00
81	6 5 8	3 7 45	6 7 5	158 9 1 4	77 6219	100	4, 50	13, 33
82	6 3 3	3 5 51	6 5 24	151 3 6 1	74 0307	50	6, 67	4, 50
83	6 2 12	3 5 36	6 3 28	160 6 7 16	78 5327	100	3, 33	18, 00
84	5 4 69	3 1 61	5 7 34	145 12 7 56	71 3758	50	6, 50	4, 60
85	5 4 54	3 1 54	5 7 20	145 8 1 17	71 2284	50	7, 00	2, 60
86	4 5 59	2 4 49	5 3 11	117 12 7 11	57 6671	30	11, 00	1, 60

Départemens de l'Oise et de Seine et Marne.

Numéros des échantillons.	dans l'air.	dans l'eau.	à la sortie de l'eau.	EN LIVRES.	EN KILOGRAM.	tours.	de profond.	de dureté.
1	6 0 42	3 3 63	6 3 41	143 8 3 49	70 2587	50	2, 50	12, 00
2	5 2 11	2 7 21	5 6 30	127 13 1 70	62 5735	50	5, 50	5, 50
3	6 3 61	3 4 43	6 4 60	150 4 6 18	73 5727	300	5, 00	36, 00
4	6 3 71	3 6 18	6 5 61	154 3 3 30	75 4843	50	1, 00	30, 00
5	5 1 70	2 6 6	5 7 12	116 5 0 49	56 9387	20	3, 67	3, 25
6	5 7 33	3 3 71	6 1 22	155 5 1 20	76 0339	20	2, 00	6, 00
7	5 0 56	2 6 66	5 3 16	140 9 1 39	68 8126	20	3, 00	4, 00

Numéros des échantillons.	INDICATION DES PAYS D'OÙ LES PIERRES ONT ÉTÉ EXTRAITES.	NATURE ET QUALITÉ DES PIERRES.
	GÉN.ᵗᵉ DE PARIS, Inspection de Brie et Montereau.	
	Département de Seine et Marne.	
1	Pierre de Tréchy, paroisse de Saint-Germain de la Vallé, à une lieue au dessus de Montereau.	o. . . . .
2	Pierre grise, qui se trouve derrière le château Saint-Ange, à deux lieues de Montereau, sur la droite de Moret. . . . , ...	Calcaire vive. .
3	Pierre rousse, du même endroit.	Calcaire vive. .
4	Grès du hameau de Petit-Jard, proche le chemin de Brie à Melun, à trois lieues de Brie.	o. . . . .
5	Sédiment pierreux trouvé dans un tuyau à Croix-Fontaine.	Calcaire vive. .
	GÉN.ᵗᴱ DE PARIS, Inspection de Fontainebleau et Nemours.	
	Département de Seine et Marne.	
1	Pierre du rocher de Saint-Pierre, près Nemours.	Calcaire vive. .
2	Pierres de Soupes et de Boulay, employées au pont de Dordives. . . .	Calcaire vive. .
3	Pierre à chaux de Champagne, sur le bord de la Seine, vis-à-vis Thomery, à une lieue et demie de Fontainebleau.	Calcaire vive. .
4	Grès de Mont-Chauvet, dans la forêt de Fontainebleau.	o. . . . .
5	Grès de la montagne d'Augas-Bourin, ou croûte qui s'est trouvée au-dessus d'un banc de grès.	o. . . . .
	GÉN.ᵗᴱ DE PARIS, Inspection de Mantes.	
	Département de Seine et Oise.	
1	Pierre d'Eragny, près Pontoise, premier banc.	Calcaire vive. .
2	Pierre d'Eragny, près Pontoise, deuxième banc.	Calcaire. . . .
3	Pierre d'Eragny, près Pontoise, troisième banc.	Calcaire vive. .
4	Pierre de Saint-Germain, premier banc.	Calcaire. . . .
5	Pierre de Saint-Germain, deuxième banc.	Calcaire. . . .
6	Pierre de la Chaussée, proche le port de Marly.	Calcaire vive. .
7	Pierre de Conflans Sainte-Honorine.	Calcaire vive. .
8	Pierre de Saint-Leu, dit vergelet.	Calcaire vive. .
9	Pierre de Saint-Leu.	Calcaire vive. .
10	Pierre d'Arcueil, le liais.	Calcaire vive. .
11	Pierre d'Arcueil.	Calcaire vive. .
12	Pierre de Saillancourt, banc de dessus.	Calcaire vive. .
13	Pierre de Saillancourt, banc du milieu.	Calcaire vive. .
14	Pierre de Saillancourt, banc du fond.	Calcaire vive. .
15	Pierre de Saillancourt, banc vert.	Calcaire vive. .
16	Pierre de Corné, près Vernon.	Calcaire vive. .
17	Pierre de Notre-Dame, près Mantes, banc de dessus.	Calcaire vive. .
18	Pierre de Notre-Dame, près Mantes, banc de dessous.	Calcaire vive. .
19	Grès de Trécy, près Mantes.	o. . . . .

Numéros des Échantillons	POIDS DES ÉCHANTILLONS			POIDS D'UN PIED CUBE		NOMBRE des tours DU FORET.	DEGRES	
	dans l'air.	dans l'eau.	à la sortie de l'eau.	EN LIVRES.	EN KILOGRAM.		de profond.	de dureté.

Département de Seine et Marne.

	on. gr. gr.	on. gr. gr.	on. gr. gr.	liv. on. gr. gr.	kil.	tours.	lig.	deg.
1	6 1 16	5 5 57	6 1 45	173 11 4 62	85 0403	50	0, 75	40, 00
2	6 2 52	3 6 38	6 3 20	171 1 6 16	83 7605	50	1, 50	20, 00
3	7 3 18	4 4 9	7 3 32	185 13 1 38	90 9629	50	1, 67	18, 00
4	4 2 12	2 4 32	4 2 63	165 11 6 18	81 1295	50	0, 25	120, 00
5	21 4 70	12 6 52	23 1 51	145 14 3 57	71 4217	20	3, 00	4, 00

Département de Seine et Marne.

	on. gr. gr.	on. gr. gr.	on. gr. gr.	liv. on. gr. gr.	kil.	tours.	lig.	deg.
1	6 4 52	4 0 61	6 4 56	185 2 5 61	90 6428	50	2, 50	12, 00
2	6 5 59	4 1 24	6 5 60	183 12 3 3	89 9590	50	1, 25	24, 00
3	6 5 50	4 0 52	6 5 57	178 7 2 40	87 3567	50	3, 00	10, 00
4	21 2 63	12 4 22	22 6 10	146 2 5 18	71 5497	50	3, 50	8, 50
5	21 2 70	12 4 17	22 4 5	149 14 4 62	73 3838	50	3, 50	8, 50

Département de Seine et Oise.

	on. gr. gr.	on. gr. gr.	on. gr. gr.	liv. on. gr. gr.	kil.	tours.	lig.	deg.
1	5 1 8	2 7 12	5 2 10	151 10 7 37	74 2506	50	4, 50	6, 70
2	5 0 68	2 7 12	5 2 12	150 13 4 38	73 8415	50	4, 50	6, 70
3	4 7 40	2 4 66	5 0 13	143 9 3 0	70 2867	50	3, 00	10, 00
4	5 6 0	3 0 48	5 6 47	146 7 2 27	71 6917	50	2, 00	15, 00
5	4 5 34	2 4 36	4 7 20	139 11 0 17	68 3793	50	3, 50	8, 50
6	5 5 37	3 2 40	5 5 59	164 12 7 39	80 6756	50	1, 50	20, 00
7	4 4 0	2 3 54	4 7 58	125 10 3 23	61 5073	50	7, 00	4, 25
8	4 2 40	2 3 59	4 6 18	131 3 7 11	64 2449	50	7, 50	4, 00
9	3 7 18	2 1 15	4 3 63	117 3 0 0	57 3644	50	9, 00	3, 30
10	5 3 58	3 2 11	5 4 26	168 6 3 68	82 4363	50	4, 50	6, 70
11	4 6 41	2 5 24	5 1 16	135 11 7 46	66 4496	50	6, 00	5, 00
12	5 5 24	3 2 18	5 6 60	155 9 3 10	76 1614	100	3, 00	20, 00
13	5 2 71	3 1 24	5 5 16	151 4 5 26	74 0588	100	2, 00	30, 00
14	5 2 32	3 1 5	5 4 60	150 5 2 20	73 5881	100	4, 00	15, 00
15	6 1 9	3 5 57	6 1 23	176 1 4 14	86 2003	200	1, 50	80, 00
16	5 3 33	2 6 54	5 4 46	138 15 1 17	68 0160	50	2, 00	15, 00
17	6 3 49	3 6 58	6 4 44	165 14 3 55	81 2118	100	2, 00	30, 00
18	6 0 66	3 5 10	6 2 39	159 15 6 24	78 3152	100	1, 50	40, 00
19	6 1 71	3 6 19	6 2 23	174 7 3 54	85 4032	100	0, 33	180, 00

Numéros des Échantillons.	INDICATION DES PAYS D'OÙ LES PIERRES ONT ÉTÉ EXTRAITES.	NATURE ET QUALITÉ DES PIERRES.
	GÉN.ᵗᵉ DE PARIS, INSPECTION DE PROVINS ET JOIGNY.	
	Départemens de Seine et Marne et de l'Yonne.	
1	Pierre statuaire de Tonnerre.	Calcaire vive. .
2	Pierre de Passy, près Tonnerre.	Calcaire vive. .
3	Pierre des bois de Tonnerre.	Calcaire vive. .
4	Pierre de Contarnoul, employée au pont de Cravant.	Calcaire vive. .
5	Pierre d'Augny, banc dur rempli de clous et gelisse, près Tonnerre.	Calcaire vive. .
6	Pierre d'Augny, banc blanc, propre à faire des cheminées, près Tonnerre.	Calcaire vive. .
7	Pierre de la Queue de Loup, de Joigny, grès.	o. . . . . .
8	Pierre de Mailly-Laville, employée au pont de Cravant, a été gelée.	Calcaire vive. .
9	Pierre de Mailly-Laville, autre banc.	Calcaire vive. .
10	Pierre de Cris.	Calcaire vive. .
11	Pierre de Beaumont.	Calcaire. . . .
12	Pierre de Germigny.	Calcaire vive. .
13	Grès de pavé des roches de Provins, à cent quarante toises de distance.	o. . . . . .
14	Grès de Mormand, pour du pavé, à deux mille cinq cents toises de distance.	o. . . . . .
15	Grès de Nangis, pour du pavé, à huit cents toises de distance.	o. . . . . .
16	Grès de Rampillon, pour du pavé, à deux mille toises de distance.	o. . . . . .
17	Grès de Courtion, pour du pavé, à quatre mille cent cinquante toises de distance.	o. . . . . .
18	Grès de Lizine, à deux mille neuf cents toises de distance.	o. . . . . .
19	Grès de la forêt de Sordier, à deux mille quatre cents toises de distance.	o. . . . . .
	GÉNÉRALITÉ D'AMIENS.	
	Département de la Somme.	
1	Pierre de . . . . . marquée A.	Calcaire vive. .
2	Pierre de . . . . . marquée B.	Calcaire vive. .
3	Pierre de . . . . . marquée C.	Calcaire vive. .
4	Pierre de Buissoncourt, non gelisse, nosiche.	Calcaire vive. .
	GÉNÉRALITÉ DE SOISSONS.	
	Département de l'Aisne.	
1	Election de Soissons, marquée nº 1 A.	Calcaire. . . .
2	Election de Soissons, marquée nº 1 B.	Calcaire vive. .
3	Election de Soissons, marquée nº 1 C.	Calcaire. . . .
4	Election de Soissons, marquée nº 1 D.	Calcaire vive. .
5	Pierre de St.-Nicolas au Bois, proche la Fère, marquée nº 1.	Calcaire vive. .
6	Pierre de Verveines, proche St.-Gobin et la Fère, marquée nº 2.	Calcaire. . . .
7	Vallois, marquée 1 a.	Calcaire. . . .
8	Vallois, marquée 2 b.	Calcaire. . . .

Numéros des Échantillons.	POIDS DES ÉCHANTILLONS			POIDS D'UN PIED CUBE		NOMBRE des tours du foret.	DEGRÉS	
	dans l'air.	dans l'eau.	à la sortie de l'eau.	EN LIVRES.	EN KILOGRAM.		de profond.	de dureté.
	on. gr. gr.	on. gr. gr.	on. gr. gr.	liv. on. gr. gr.	kil.	tours.	lig.	deg.

Départemens de Seine et Marne et de l'Yonne.

Numéros	dans l'air.	dans l'eau.	à la sortie de l'eau.	EN LIVRES.	EN KILOGRAM.	tours.	lig.	deg.
1	3 7 68	2 2 6	4 4 6	124 3 5 17	60 8110	10	2, 00	3, 00
2	5 4 60	3 2 8	5 5 27	162 14 4 60	79 7474	20	2, 00	6, 00
3	4 2 53	2 3 6	4 5 27	132 14 7 11	65 0709	20	5, 50	2, 25
4	6 3 3	3 6 42	6 3 19	172 12 2 12	84 5711	20	1, 00	12, 00
5	4 4 51	2 4 46	4 7 40	135 13 3 9	66 4935	20	2, 50	4, 80
6	4 5 27	2 5 9	5 0 37	134 14 7 53	66 0522	20	5, 00	2, 40
7	6 3 43	3 6 33	6 4 20	165 8 4 2	81 0293	100	0, 25	240, 00
8	4 7 29	2 7 30	5 3 37	137 3 7 3	67 1815	20	5, 00	2, 40
9	4 4 68	2 5 2	5 0 60	130 9 1 44	63 9178	20	6, 00	2, 00
10	5 6 53	3 3 68	5 7 34	167 8 4 7	82 0085	50	1, 50	20, 00
11	5 4 43	3 2 49	5 5 53	163 13 1 57	80 1947	50	1, 00	30, 00
12	6 5 22	4 0 40	6 6 3	173 10 5 10	85 0108	100	0, 67	90, 00
13	6 5 17	4 0 45	6 5 20	180 6 7 69	88 3257	100	0, 25	240, 00
14	5 7 40	3 4 33	6 0 28	167 0 3 9	81 7601	100	0, 50	120, 00
15	5 0 60	3 0 69	5 0 69	178 10 2 48	87 4489	100	0, 25	240, 00
16	5 6 31	3 3 57	5 7 3	168 13 3 23	82 6480	100	0, 50	120, 00
17	6 0 60	3 4 39	6 0 69	167 6 6 62	81 9579	100	0, 17	350, 00
18	5 7 28	3 4 50	5 7 49	174 11 3 68	85 5263	100	0, 50	120, 00
19	6 1 45	3 6 19	6 1 55	178 2 2 4	87 2018	100	0, 50	120, 00

Département de la Somme.

Numéros	dans l'air.	dans l'eau.	à la sortie de l'eau.	EN LIVRES.	EN KILOGRAM.	tours.	lig.	deg.
1	6 4 11	4 0 57	6 4 11	188 8 7 32	92 3010	200	1, 00	120, 00
2	6 2 15	3 7 24	6 2 15	186 3 2 0	91 1482	200	0, 67	180, 00
3	6 3 58	4 0 41	6 3 58	188 8 2 39	92 2823	200	1, 00	120, 00
4	5 5 35	3 3 42	5 5 42	176 14 1 70	86 5896	200	1, 50	80,

Département de l'Aisne.

Numéros	dans l'air.	dans l'eau.	à la sortie de l'eau.	EN LIVRES.	EN KILOGRAM.	tours.	lig.	deg.
1	7 3 24	4 4 6	7 3 36	177 5 1 43	86 8023	200	2, 00	60, 00
2	5 5 50	3 2 64	5 6 37	162 15 6 20	79 7835	354	12, 00	26, 70
3	3 4 51	1 7 30	4 4 19	96 6 2 47	47 1866	20	1, 00	1, 00
4	3 6 33	2 0 42	4 4 44	106 7 2 29	52 1114	31	1, 00	1, 50
5	4 7 60	2 5 22	5 3 37	125 8 6 61	61 4596	100	7, 00	17, 17
6	5 1 12	2 7 12	5 5 12	130 15 6 4	64 1183	20	3, 00	4, 00
7	4 4 44	2 4 18	5 1 41	120 3 2 49	58 8432	20	6, 00	2, 00
8	4 4 26	2 4 58	4 6 36	143 13 4 2	70 4130	50	5, 00	7, 00

Numéros des Echantillons.	INDICATION DES PAYS D'OÙ LES PIERRES ONT ÉTÉ EXTRAITES.	NATURE ET QUALITÉ DES PIERRES.
9	Vallois, marquée 3 c, banc de dix-huit pouces, pierre de Trouenne. .	Calcaire. . . .
10	Vallois, marquée 3 c, banc de neuf pouces.	Calcaire. . . .
11	Vallois, marquée 4 d.	Calcaire vive. .
12	Pierre d'Ancienville en Vallois, marquée F.	Calcaire. . . .
13	Pierre de Trouenne en Vallois, deux bancs de neuf et dix-huit pouces. .	Calcaire. . . .
14	Vallois, pierre de Bourneville tendre.	Calcaire vive. .
15	Election de Clermont, carrière de Rouselay.	Calcaire vive. .
16	Pierre de Mello, élection de Clermont.	Calcaire vive. .
17	Election de Clermont, pierre de Lingueville.	Calcaire. . . .
18	Pierre de Barisseuse, élection de Clermont.	Calcaire. . . .
19	Election de Clermont, pierre d'Angy.	Calcaire vive. .
20	Election de Clermont, pierre d'Agnetz.	Calcaire vive. .
21	Election de Clermont, pierre d'Ausacq.	Calcaire. . . .
22	Election de Clermont, pierre de Liancourt.	Calcaire. . . .
23	Pierre de Bossu en Thiérache, marquée B.	Calcaire vive. .
24	Pierre de la Malabrevée en Thiérache, marquée C.	Calcaire vive. .
25	Pierre de Dizy en Thiérache, marquée D.	Calcaire vive. .
26	Pierre du mail de Marle en Thiérache, marquée E.	Calcaire vive. .
27	Marbre de la carrière d'Etruny, à une lieue et demie de la Capelle, marqué G.	Calcaire. . . .
28	Marbre de Terlon et de Prence, marqué H.	Calcaire. . . .
29	Marbre de la carrière de Terlon et de Prence, marqué I.	Calcaire. . . .
30	Granit de Mondrepuy, marqué M.	Calcaire. . . .
31	Pierre de Coligny en Lanois, marquée N.	Calcaire vive. .
32	Pierre de Ville, près Noyon.	Calcaire vive. .
33	Pierre de Salency, près Noyon.	Calcaire vive. .
34	Pierre de Saint-Georges, près Noyon.	Calcaire vive. .
35	Granit de Bellux, marqué I.	Calcaire. . . .

GÉNÉRALITÉ DE ROUEN.

Département de la Seine inférieure.

1	Pierre de Fécamp.	Calcaire vive. .
2	Pierre de Caumont, au bord de la Seine, à quatre lieues au dessous de Rouen.	Calcaire vive. .
3	Pierre de Louviers.	Calcaire vive. .
4	Pierre de Vernon.	Calcaire. . . .

Numéros des Échantillons	POIDS DES ÉCHANTILLONS			POIDS D'UN PIED CUBE		NOMBRE des tours	DEGRÉS	
	dans l'air.	dans l'eau.	à la sortie de l'eau.	EN LIVRES.	EN KILOGRAM.	DU FORET.	de profond.	de dureté.
	on. gr. gr.	on. gr. gc.	on. gr. gr.	liv. on. gr. gr.	kil.	tours.	lig.	deg.
9	6 2 2	3 4 66	6 2 43	161 7 6 2	79 0483	300	1, 75	102, 67
10	5 0 25	2 7 22	5 4 12	135 6 1 31	66 2728	40	5, 00	4, 80
11	4 1 6	2 1 67	4 6 46	111 13 2 26	54 7423	10	8, 00	0, 75
12	5 2 13	3 0 56	5 5 65	139 2 2 39	68 1128	50	6, 00	5, 00
13	6 3 62	3 6 48	6 4 68	162 15 2 18	79 7681	50	5, 00	6, 00
14	4 7 12	2 5 57	5 3 0	129 4 2 69	63 2804	50	10, 00	3, 00
15	3 6 63	2 1 9	4 4 38	111 6 1 54	54 5258	20	10, 00	1, 20
16	3 7 64	2 1 34	4 5 49	110 7 2 68	54 0715	10	6, 00	1, 00
17	3 7 3	2 1 18	4 3 20	120 8 4 3	59 0014	10	6, 00	1, 00
18	3 2 22	1 6 36	3 7 66	105 11 4 64	51 7537	10	8, 00	0, 75
19	4 0 48	2 2 16	4 5 15	120 7 0 3	58 9560	10	5, 00	1, 33
20	6 6 5	4 0 29	6 6 15	173 9 1 27	84 9658	200	2, 00	60, 00
21	6 6 56	4 0 36	6 7 22	168 2 1 33	82 3044	200	1, 50	80, 00
22	6 6 21	4 1 5	6 6 36	177 5 3 4	86 8079	200	0, 50	240, 00
23	2 5 39	1 4 54	2 6 41	153 9 0 17	75 1712	40	5, 00	4, 80
24	4 1 30	2 3 60	4 2 29	160 8 6 56	78 5922	200	2, 00	60, 00
25	3 7 52	2 1 24	4 0 58	143 8 2 30	70 2539	40	3, 00	8, 00
26	3 4 41	2 0 12	3 6 4	143 15 6 52	70 4845	100	3, 00	20, 00
27	5 7 70	3 6 20	6 0 3	189 0 4 65	92 5361	200	0, 50	240, 00
28	6 7 28	4 2 63	6 7 33	188 5 6 71	92 2075	200	0, 50	240, 00
29	6 7 17	4 2 65	6 7 20	189 12 2 24	92 8934	200	4, 50	26, 67
30	6 2 60	3 7 21	6 2 69	180 14 7 23	88 5680	200	0, 00	très-dur.
31	4 4 19	2 4 21	4 7 55	130 5 6 40	63 8143	20	6, 00	2, 00
32	2 4 44	1 2 34	3 0 62	100 4 2 43	49 0833	10	9, 00	0, 67
33	3 4 36	1 7 66	4 0 21	121 13 2 36	59 6380	20	7, 50	1, 60
34	4 4 33	2 4 62	4 6 62	141 12 4 11	69 4039	40	4, 00	6, 00
35	6 4 22	3 6 40	6 4 50	165 6 0 71	80 9564	100	1, 50	40, 00

Département de la Seine inférieure.

Numéros des Échantillons	dans l'air.	dans l'eau.	à la sortie de l'eau.	EN LIVRES.	EN KILOGRAM.	DU FORET.	de profond.	de dureté.
1	6 0 54	3 2 66	6 1 14	153 2 6 71	74 9829	20	2, 50	4, 00
2	5 7 5	3 2 26	5 7 49	154 8 6 3	75 6523	50	3, 75	8, 00
3	5 1 55	2 5 36	5 2 15	141 2 6 17	69 1059	30	2, 67	6, 75
4	2 5 65	0 6 58	3 2 28	78 4 5 16	38 3241	10	4, 75	1, 25

Numéros des Échantillons.	INDICATION DES PAYS D'OÙ LES PIERRES ONT ÉTÉ EXTRAITES.	NATURE ET QUALITÉ DES PIERRES.
	GÉNÉRALITÉ DE CAEN.	
	Département du Calvados.	
1	Pierre du Gart, dans les forêts de St.-Layer, à trois lieues de Vire. .	o. . . . .
2	Pierre de Réville, proche la Houye.	o. . . . .
3	Pierre de Réville, plus tendre que la précédente.	o. . . . .
4	Pierre de Thorigny.	o. . . . .
5	Pierre de Quilly, à trois lieues de Caen, banc d'albâtre.	Calcaire vive. .
6	Pierre de Quilly, du banc Rougelier.	Calcaire vive. .
7	Pierre de Vire, granit.	o. . . . .
	GÉNÉRALITÉ D'ALENÇON.	
	Département de l'Orne.	
1	Pierre de Hertré, grise, espèce de granit, à une demi-lieue d'Alençon, vers Bretagne.	o. . . . .
2	Pierre de Hertré, bleuâtre, *idem.*	o. . . . .
3	Pierre du pont d'Ouilly, à trois lieues de Falaise.	o. . . . . . .
	GÉNÉRALITÉ D'ORLÉANS.	
	Département du Loiret.	
1	Pierre de Saint-Denis sur l'Aire, dans la vallée de Macé, à une lieue au dessus de Blois.	Calcaire. . .
2	Pierre de la Chaussée, dans le côteau du levant, qui borne la vallée de Mont-Préfond, à trois quarts de lieue au dessus de Blois.	Calcaire vive. .
3	Pierre de la vallée de Mont-Préfond, au couchant, à une demi-lieue de Blois.	Calcaire vive. .
4	Pierre de Blois, dans le côteau de la Loire, à un quart de lieue au dessus de la ville, employée au pont de cette ville.	Calcaire vive. .
5	Pierre de Vineuil, à une demi-lieue de Blois.	Calcaire vive. .
6	Pierre des Quatre-Pilliers, vers St.-Gervais, à trois quarts de lieue de Blois.	Calcaire vive. .
7	Pierre de Barchelin, proche Beaugency.	Calcaire vive. .
8	Pierre de Vernon, à un quart de lieue de Beaugency.	Calcaire vive. .
9	Pierre de Garambault, à une demi-lieue de Beaugency, meilleure pierre de tout le pays, employée au pont d'Orléans.	Calcaire vive. .
10	Pierre de Pompierre, près Tavert.	Calcaire vive. .
11	Pierre de Miniers, à trois lieues du port de Charenton, employée au pont d'Orléans.	Calcaire vive. .
12	Pierre de Mignard, à deux lieues et demie du même port.	Calcaire vive. .
13	Pierre de Miniers (du Châtelet), à une lieue du même port.	Calcaire vive. .
14	Pierre de Miniers de Malvaux, à même distance du port.	Calcaire vive. .
15 A	Pierre de Miniers l'Ariborde.	Calcaire vive. .
15 B	Pierre de Miniers l'Ariborde.	Calcaire vive. .
16	Pierre de Ville-Franche, marbrée, près de Romorantin.	o. . . . . . .

Numéros des Échantillons.	POIDS DES ÉCHANTILLONS			POIDS D'UN PIED CUBE		NOMBRE des tours	DEGRÉS	
	dans l'air.	dans l'eau.	à la sortie de l'eau.	EN LIVRES.	EN KILOGRAM.	DU FORET.	de profond.	de dureté.
	on. gr. gr.	on. gr. gr.	on. gr. gr.	liv. on. gr. gr.	kil.	tours.	lig.	deg.

Département du Calvados.

N°	dans l'air.	dans l'eau.	à la sortie de l'eau.	EN LIVRES.	EN KILOGRAM.	DU FORET.	de profond.	de dureté.
1	6 5 4	4 1 3	6 5 6	185 4 7 34	90 7102	200	0, 00	très-dure.
2	5 4 37	3 3 36	5 4 62	179 7 5 32	87 8572	100	2, 00	30, 00
3	5 4 52	3 3 46	5 5 0	180 5 0 69	88 2684	100	1, 33	45, 00
4	5 5 47	3 4 56	5 5 51	188 12 0 29	92 3965	200	1, 00	120, 00
5	5 5 27	3 3 21	6 0 41	149 4 3 19	73 0718	100	3, 50	17, 10
6	5 1 26	5 0 41	5 5 23	141 8 2 47	69 2758	100	4, 00	15, 00
7	8 0 27	5 0 36	8 0 28	188 10 1 8	92 3380	200	1, 00	120, 00

Département de l'Orne.

N°	dans l'air.	dans l'eau.	à la sortie de l'eau.	EN LIVRES.	EN KILOGRAM.	DU FORET.	de profond.	de dureté.
1	6 0 61	3 6 6	6 0 64	181 13 1 36	89 0047	100	0, 33	180, 00
2	7 5 43	4 6 42	7 5 50	186 9 0 55	91 3271	100	1, 00	60, 00
3	7 3 3	4 5 7	7 3 4	188 3 3 49	92 1337	100	0, 67	90, 00

Département du Loiret.

N°	dans l'air.	dans l'eau.	à la sortie de l'eau.	EN LIVRES.	EN KILOGRAM.	DU FORET.	de profond.	de dureté.
1	3 7 63	2 3 69	3 7 63	187 3 6 31	91 6547	100	2, 00	30, 00
2	4 0 38	2 4 18	4 0 38	185 7 1 66	90 7808	100	0, 67	90, 00
3	3 7 51	2 3 13	3 7 57	176 0 0 20	86 1548	100	2, 33	25, 70
4	4 3 26	2 5 12	4 3 36	172 11 0 58	84 5353	100	1, 33	45, 00
5	3 7 48	2 2 65	3 7 61	171 3 7 22	83 8259	100	2, 00	30, 00
6	4 6 48	2 7 42	4 6 55	178 4 6 13	87 2787	100	3, 00	20, 00
7	5 1 62	3 0 0	5 2 1	162 10 5 33	79 6274	100	1, 50	40, 00
8	5 1 64	3 0 36	5 2 61	159 13 0 53	78 2326	100	1, 00	60, 00
9	5 4 49	3 3 18	5 5 0	176 3 2 17	86 2540	100	3, 50	17, 17
10	5 4 5	3 2 69	5 4 12	179 4 1 71	87 7522	100	2, 50	24, 00
11	17 3 51	9 1 18	17 6 43	141 0 3 0	69 0323	50	3, 00	10, 00
12	13 6 28	7 6 70	13 7 40	159 0 6 37	77 8569	60	1, 33	27, 00
13	18 4 9	11 1 6	19 7 62	146 7 7 46	71 7118	50	3, 33	9, 00
14	18 3 57	11 0 6	19 6 60	146 3 4 57	71 5785	100	1, 50	40, 00
15 A	18 7 62	10 5 36	19 3 6	152 12 2 44	74 7826	50	1, 75	17, 17
15 B	20 2 68	12 0 24	20 7 24	160 10 3 9	78 6391	50	4, 00	7, 50
16	3 0 52	1 2 62	3 1 6	121 10 7 0	59 5634	100	1, 33	45, 00

Numéros des Échantillons.	INDICATION DES PAYS D'OÙ LES PIERRES ONT ÉTÉ EXTRAITES.	NATURE ET QUALITÉ DES PIERRES.
	GÉNÉRALITÉ DE POITIERS. *Département de la Vienne.*	
1	Pierre des Roches de l'entrée de Poitiers, sur la route de Paris.	Calcaire vive. .
2	Pierre de Bouillet, à une lieue et demie de Poitiers.	Calcaire vive. .
3	Pierre de Louchard, à une lieue de Poitiers.	Calcaire vive. .
4	Pierre de la Bouleur, près Couché, Route de Poste de Bordeaux. . . .	Calcaire vive. .
5	Pierre de Luzignan, grande route de Bordeaux.	Calcaire. . . .
6	Pierre de Curjai, à deux lieues de Luzignan.	Calcaire. . . .
7	Pierre de Mardre, près Melle, sur la même route.	Calcaire vive. .
8	Pierre de Puyberland, sur la même route, pierre gelisse.	Calcaire vive. .
9	Pierre de Lusseraye.	Calcaire vive. .
10	Pierre de Contray, à une lieue et demie d'Aunay, sur la grande route de Bordeaux.	Calcaire vive. .
11	Pierre d'Aunay.	Calcaire vive. .
12	Pierre de Saint-Maixant, mauvaise pierre.	Calcaire vive. .
13	Pierre de Pont de Vaux, route de la Rochelle.	Calcaire vive. .
14	Pierre de Niort, même route. mauvaise pierre.	Calcaire vive. .
15	Pierre de Mérité, près Fontenay; la pierre n'est pas bonne.	Calcaire vive. .
16	Pierre de Nieuil en Bas-Poitou, mauvaise pierre.	Calcaire vive. .
17	Marbre de Coulonge-les-Royaux en Bas-Poitou.	Calcaire vive. .
	GÉNÉRALITÉ DE BOURGOGNE, BRESSE, BUGEY ET PAYS DE GEX. *Département de Saône et Loire.*	
1	Bugey, choüen rouge de Vivien le Grand.	Calcaire vive. .
2	Bugey, pierre de molasse de Seysses.	Calcaire vive. .
3	Bugey, choüen de Fay.	Calcaire vive. .
4	Bugey, choüen des Courieux.	Calcaire vive. .
5	Bugey, pierre blanche de Seyssel.	Calcaire vive. .
6	Bugey, tuf de Rossillon.	Calcaire vive. .
7	Duché de Bourgogne, granit de Semur.	o. . . . . . .
8	Duché de Bourgogne, pierre de Vitot.	Calcaire vive. .
9	Duché de Bourgogne, pierre de.	Calcaire vive. .
10	Duché de Bourgogne, pierre rouge de Dijon.	Calcaire vive. .
11	Duché de Bourgogne, pierre de Fixius.	Calcaire vive. .
12	Duché de Bourgogne, pierre de Gergolin.	Calcaire vive. .
13	Duché de Bourgogne, granit de Semur.	o. . . . . . .
14	Duché de Bourgogne, albâtre blanc de la nouvelle carrière, à trois quarts de lieue de Mâcon.	Pierre à plâtre.
15	Duché de Bourgogne, marbre veiné de Bresle-Laville, à trois lieues de Mâcon, demi-lieu de Clugny.	Calcaire. . . .
16	Roche en Suisse, au bout du lac de Genève, grès rouge, veiné de blanc.	Calcaire. . . .
17	Bugey, pierre de Parve, rouge, veiné de blanc sale et jaune.	Calcaire vive. .
18	Bugey de Vivieux le Grand, rouge veiné de brun.	Calcaire vive. .

| Numéros des Échantillons | POIDS DES ÉCHANTILLONS | | | POIDS D'UN PIED CUBE | | NOMBRE des tours DU FORET | DEGRÉS | |
| | dans l'air. | dans l'eau. | à la sortie de l'eau. | EN LIVRES. | EN KILOGRAM. | | de profond. | de dureté. |
	on. gr. gr.	on. gr. gr.	on. gr. gr.	liv. on. gr. gr.	kil.	tours.	lig.	deg.

Département de la Vienne.

Numéros	dans l'air	dans l'eau	à la sortie de l'eau	EN LIVRES	EN KILOGRAM	tours	de profond	de dureté
1	6 1 35	3 5 39	6 2 46	164 3 0 56	80 3743	50	3, 00	10, 00
2	5 0 3	2 7 38	5 3 0	143 15 0 63	70 4621	50	5, 00	6, 00
3	6 1 23	3 5 41	6 6 57	136 14 0 25	67 0030	50	6, 00	5, 00
4	6 4 17	3 7 44	6 4 71	171 1 0 29	83 7383	100	4, 00	15, 00
5	6 5 30	4 0 18	6 6 34	168 4 1 44	82 3662	200	4, 50	26, 60
6	6 5 56	3 7 60	6 7 48	157 15 1 27	77 3172	550	12, 00	27, 50
7	6 7 24	4 0 63	7 2 46	150 5 3 34	73 5927	318	12, 00	16, 00
8	6 7 50	4 1 45	7 1 44	162 8 4 46	79 5631	284	12, 00	14, 20
9	6 6 59	4 1 18	7 2 50	150 13 0 8	73 8246	862	12, 00	93, 10
10	6 2 26	3 5 65	6 2 61	168 5 0 29	82 3921	184	12, 00	9, 20
11	6 2 51	3 5 66	6 6 20	145 11 2 35	71 3249	414	12, 00	20, 75
12	6 4 12	3 7 18	6 6 26	165 2 3 21	80 8429	730	12, 00	36, 50
13	5 6 61	3 4 42	6 2 62	147 3 1 50	72 0562	50	4, 50	6, 60
14	5 4 16	3 2 61	6 1 14	138 8 2 44	67 8071	50	3, 50	8, 50
15	6 1 57	3 5 9	6 4 9	151 8 5 7	74 1802	50	3, 75	8, 00
16	5 6 63	3 4 50	6 3 12	146 0 1 53	71 4750	50	3, 00	10, 00
17	7 7 0	4 7 51	7 7 3	189 0 0 0	92 5173	200	2, 00	60, 00

Département de Saône et Loire.

Numéros	dans l'air	dans l'eau	à la sortie de l'eau	EN LIVRES	EN KILOGRAM	tours	de profond	de dureté
1	6 5 65	4 1 30	6 5 67	183 14 7 36	90 0373	200	2, 00	60, 00
2	5 5 21	3 1 27	5 6 23	151 5 7 50	74 0084	200	4, 75	26, 80
3	6 7 63	4 3 31	6 7 64	191 2 7 14	93 5850	300	2, 50	72, 00
4	6 5 68	4 1 66	6 5 63	188 8 5 42	92 2939	200	1, 25	96, 00
5	5 1 8	3 0 27	5 4 44	142 3 2 63	69 6131	50	5, 00	6, 00
6	3 2 50	1 5 31	4 0 67	95 13 1 58	46 9080	10	7, 50	0, 80
7	5 0 9	3 0 49	5 0 13	181 3 2 60	88 7039	200	1, 50	80, 00
8	6 0 59	3 6 36	6 0 62	186 1 7 21	91 1073	400	1, 50	160, 00
9	5 2 0	3 1 58	5 2 2	181 3 5 67	88 7157	600	1, 25	288, 00
10	5 1 56	3 1 32	5 1 62	178 2 1 64	87 2006	200	3, 00	40, 00
11	6 6 19	4 1 38	6 6 20	183 0 7 39	89 6091	300	2, 00	60, 00
12	5 2 12	3 1 62	5 2 17	170 15 7 69	83 7060	200	3, 00	40, 00
13	3 3 54	2 2 21	3 5 55	181 8 3 18	88 8584	300	0, 50	360, 00
14	3 3 1	2 1 1	3 3 2	188 13 2 63	92 4365	200	1, 33	90, 00
15	3 5 38	2 0 57	3 5 41	161 12 1 28	79 1835	200	5, 00	24, 00
16	5 2 29	3 2 59	5 2 31	190 2 1 6	93 0722	200	0, 75	160, 00
17	6 0 70	3 6 64	6 0 70	189 9 0 68	92 7963	200	1, 00	120, 00
18	2 7 69	1 7 4	2 7 70	188 1 2 55	92 0690	200	1, 00	120, 00

Numéros des Échantillons.	INDICATION DES PAYS D'OÙ LES PIERRES ONT ÉTÉ EXTRAITES.	NATURE ET QUALITÉ DES PIERRES.
	GÉNÉRALITÉ DE BORDEAUX.	
	Départemens de la Gironde et de la Charente inférieure.	
1	Pierre de Roque de Tau, à cinq lieues de Bordeaux.............	Calcaire vive..
	GÉNÉRALITÉ DE LA ROCHELLE.	
	Département de la Charente inférieure.	
1	Pierre de Taillebourg...............	Calcaire vive..
2	Pierre de Saint-Savinien...............	Calcaire vive..
3	Pierre de Saint-Mesme, sur la Charente...............	Calcaire vive..
4	Pierre de Crazane...............	Calcaire vive..
	GÉNÉRALITÉ DE MOULINS.	
	Département de l'Allier.	
1	Pierre d'Apremont, au bec d'Allier...............	Calcaire vive..
2	Pierre de Messarge...............	o..
3	Pierre de Coulandon, employée au pont de Moulins............	o..
4	Marbre de Dioux...............	Calcaire vive..
5	Pierre herborisée de Doiturier, à onze lieues de Moulins, route de Lyon.	o..
6	Pierre herborisée, prise à deux lieues de Nevers.............	Calcaire vive..
7	Granit, pris dans l'allier, à Moulins...............	o..
8	Pierre de Nevers...............	Calcaire vive..
9	Pierre de Saint-Etienne du Bas, de couleur grise...............	Calcaire vive..
10	Pierre de Gerbau, granit rouge, noir et blanc...............	o..
11	Pierre de la Palice, rouge, tachée de gris...............	o..
	GÉNÉRALITÉ DE RIOM.	
	Département du Puy-de-Dôme.	
1	Pierre de Volvic, à deux lieues de Clermont et à deux lieues de Riom.	o....
2	Pierres que l'on trouve éparses aux environs de la montagne de Volvic.	o....
3	Laves que l'on trouve au pied de la montagne de Volvic.........	o....
4	Pierres que l'on trouve près de plusieurs montagnes d'Auvergne, particulièrement aux environs du Puy-de-Dôme.	o....
5 A	Pierres qui forment la base du côteau de Volvic, à l'aspect du midi, granit gris.	o....
5 B	Pierres *idem*, granit jaunâtre...............	o....

Numéros des Échantillons	POIDS DES ÉCHANTILLONS			POIDS D'UN PIED CUBE		NOMBRE des tours du foret.	DEGRÈS	
	dans l'air.	dans l'eau.	à la sortie de l'eau.	EN LIVRES.	EN KILOGRAM.		de profond.	de dureté.
	on. gr. gr.	on. gr. gr.	on. gr. gr.	liv. on. gr. gr.	kil.	tours.	lig.	deg.

Départemens de la Gironde et de la Charente inférieure.

N°	dans l'air	dans l'eau	à la sortie de l'eau	en livres	en kilogram	tours	de profond.	de dureté
1	7 0 2	4 0 69	7 0 26	167 9 2 59	82 0342	314	12, 00	15, 70

Département de la Charente inférieure.

N°	dans l'air	dans l'eau	à la sortie de l'eau	en livres	en kilogram	tours	de profond.	de dureté
1	5 0 10	2 7 29	5 3 17	141 10 5 24	69 3472	20	5, 50	2, 20
2	4 4 63	2 5 18	5 0 5	137 2 4 22	67 1405	20	8, 00	1, 50
3	4 5 52	2 5 60	5 2 71	124 13 2 41	61 1067	20	7, 50	1, 60
4	4 5 34	2 5 57	5 0 58	137 15 2 14	67 5301	20	6, 00	2, 00

Département de l'Allier.

N°	dans l'air	dans l'eau	à la sortie de l'eau	en livres	en kilogram	tours	de profond.	de dureté
1	5 0 57	2 7 0	5 3 13	141 7 7 12	69 2624	50	5, 00	6, 00
2	5 1 27	2 7 48	5 3 66	143 0 3 12	70 0120	50	2, 00	15, 00
3	5 2 48	3 1 2	5 4 60	150 12 6 24	73 8178	50	3, 00	10, 00
4	5 5 15	3 4 29	5 5 15	188 4 7 10	92 1775	200	3, 00	40, 00
5	11 7 64	7 2 37	12 0 19	177 9 6 17	86 9424	200	0, 67	180, 00
6	3 2 60	2 0 64	2 2 61	188 9 7 19	92 3309	100	1, 00	60, 00
7	3 5 44	2 2 13	3 5 43	188 1 6 66	92 0840	100	0, 50	120, 00
8	5 1 56	3 0 20	5 4 63	141 15 5 54	69 5018	50	8, 00	3, 75
9	18 7 56	11 1 69	18 7 60	171 11 2 47	84 0528	50	0, 75	40, 00
10	14 7 5	9 1 20	14 7 8	181 13 4 71	89 0180	100	0, 50	120, 00
11	6 7 25	3 7 66	7 0 30	158 2 1 19	177 4085	100	2, 00	30, 00

Département du Puy de Dôme.

N°	dans l'air	dans l'eau	à la sortie de l'eau	en livres	en kilogram	tours	de profond.	de dureté
1	4 2 31	2 3 30	4 5 18	135 2 2 68	66 1563	100	1, 25	48, 00
2	3 0 52	1 0 46	3 1 53	101 3 3 70	49 5474	100	2, 00	30, 00
3	13 3 3	8 5 23	13 3 20	197 6 3 0	96 6284	200	1, 00	120, 00
4	2 5 31	0 4 62	2 6 27	85 10 3 53	41 9285	20	6, 00	2, 00
5 A	19 3 20	12 0 38	19 3 34	184 6 3 28	90 2663	100	0, 75	80, 00
5 B	13 1 27	8 0 12	13 1 45	177 14 5 51	87 0934	100	0, 50	120, 00

Numéros des Échantillons.	INDICATION DES PAYS D'OÙ LES PIERRES ONT ÉTÉ EXTRAITES.	NATURE ET QUALITÉ DES PIERRES.
5 C	Pierres *idem*, espèce de caillou.	o.
6	Pierre de Vichel, entre Saint-Germain Lembron et Lempde.	Calcaire.
7	Pierre de Langeac, à une demi-lieue de la ville, sur le bord de l'Allier.	o.
8	Pierre de Charlannes, à une lieue des bains du Mont-d'Or.	o.
9	Pierre de Vendes, à trois cents toises du village.	o.
10	Roche du Puy de la Poix, à une lieue de Clermont.	o.
11	Sédiment jaunâtre que déposent les eaux minérales Saint-Alive, faubourg de Clermont (nage sur l'eau).	o.
12	Roches détachées de la muraille, formées par le sédiment ci-dessus.	Calcaire vive.
13	Caillous dont les champs sont couverts, à trois lieues de Saint-Flour.	o.
14	Pierres que l'on trouve éparses dans la campagne de Thiers.	o.
15	Granit qui borde l'Allier, entre le village de la Chaux et Vic-le-Comte.	o.

GÉNÉRALITÉ DE LIMOGES.

Département de la Haute-Vienne.

Numéros des Échantillons.	INDICATION DES PAYS D'OÙ LES PIERRES ONT ÉTÉ EXTRAITES.	NATURE ET QUALITÉ DES PIERRES.
1	Pierre de Grammont, à deux lieues en deçà de Brives.	o.
2	Pierre de Mezareth, à deux lieues par delà Brives.	Calcaire vive.
3	Pierre de Jaurent, paroisse de Nespoul, à une lieue et demie de Brives, sur la route de Toulouse.	Calcaire vive.
4	Pierre de la roche Beaucourt, à trois lieues d'Angoulême.	Calcaire vive.
5	Pierre de Saint-Mesme, à quatre lieues d'Angoulême.	Calcaire vive.
6	Pierre de l'Ile à trois quarts de lieue d'Angoulême.	Calcaire vive.
7	Pierre de Larche, à une demi-lieue d'Angoulême.	Calcaire vive.
8	Pierre de Charmé, à deux lieues de distance de Ruffec.	Calcaire vive.
9	Pierre des Salles, à trois lieues de Ruffec.	Calcaire vive.
10	Pierre de Plauts, paroisse des Salles, à deux lieues de Ruffec.	Calcaire vive.

PROVINCE DE ROUSSILLON.

Département des Pyrennées orientales.

Numéros des Échantillons.	INDICATION DES PAYS D'OÙ LES PIERRES ONT ÉTÉ EXTRAITES.	NATURE ET QUALITÉ DES PIERRES.
1	Pierre de la Palme, blanc sale et tendre, frontières de Languedoc et Roussillon.	Calcaire vive.
2	Pierre de Lasfons, gris sale.	Calcaire vive.
3	Pierre ou marbre de Baixat, bleu veiné de blanc et jaunâtre.	Calcaire vive.
4	Pierre de la montagne du Boulon, espèce de grès dont le grain est fin, pierre de sable.	o.
4 A	Pierre de la montagne du Boulon, pierre de sable dont le grain est gros.	o.
5	Marbre de Carvageal, dont on fait la chaux, blanc sale, mêlé de parties sombres.	o.
6	Marbre de Ville-Franche, rouge et blanc.	Calcaire vive.
7	Marbre de Ville-Franche, vert et rouge, ou brèche verte.	Calcaire vive.
8	Marbre de Ville-Franche, noir et blanc.	Calcaire vive.
9	Marbre de Ville-Franche, noir, rouge et blanc.	Calcaire vive.
10	Marbre de Ville-Franche, blanc.	Calcaire vive.

Numéros des échantillons	POIDS DES ÉCHANTILLONS			POIDS D'UN PIED CUBE		NOMBRE des tours du foret	DEGRÉS	
	dans l'air.	dans l'eau.	à la sortie de l'eau.	EN LIVRES.	EN KILOGRAM.	DU FORET.	de profond.	de dureté.
	on. gr. gr.	on. gr. gr.	on. gr. gr.	liv. on. gr. gr.	kil.	tours.	lig.	deg.
5 C	13 5 22	8 3 52	13 5 63	182 3 2 41	89 1924	100	0, 33	180, 00
6	5 4 1	3 3 0	5 4 12	179 7 4 49	87 8043	100	1, 50	40, 00
7	5 5 33	3 3 44	5 5 44	176 12 4 11	86 5367	100	0, 75	80, 00
8	5 4 44	3 1 57	5 5 27	169 7 3 0	78 0577	100	2, 50	24, 00
9	6 1 27	3 5 56	6 1 48	173 12 3 41	85 0660	100	1, 00	60, 00
10	3 7 66	2 2 31	4 0 2	164 4 7 54	80 4316	100	2, 67	22, 50
11	0 4 3	0 0 6	0 4 21	64 10 5 1	31 6537	10	2, 33	2, 50
12	5 1 7	2 5 37	6 3 70	94 7 1 48	46 2344	10	6, 00	1, 00
13	10 4 67	6 4 41	10 5 0	183 5 0 60	89 7364	100	0, 00	très-durs.
14	6 3 60	4 0 4	6 4 18	179 10 5 54	87 9502	100	0, 50	120, 00
15	12 1 32	7 4 0	12 1 37	181 13 2 7	89 0070	100	0, 25	240, 00

Département de la Haute-Vienne.

Numéros des échantillons	dans l'air.	dans l'eau.	à la sortie de l'eau.	EN LIVRES.	EN KILOGRAM.	DU FORET.	de profond.	de dureté.
1	4 0 55	2 2 71	4 2 42	147 0 5 42	71 9793	100	3, 50	17, 33
2	4 4 25	2 6 31	4 6 15	161 4 1 9	78 9377	100	3, 50	17, 33
3	5 1 26	3 1 26	5 3 60	156 11 6 23	76 7242	100	4, 00	15, 00
4	4 2 26	2 4 9	4 5 22	140 0 0 0	68 5314	30	4, 50	4, 00
5	3 4 39	2 0 27	3 7 53	130 1 0 7	63 6672	20	5, 50	2, 33
6	4 5 22	2 5 66	5 0 21	142 1 6 65	69 5674	30	5, 00	3, 60
7	4 7 17	2 6 16	5 1 33	142 12 3 59	69 8921	40	4, 50	5, 33
8	4 7 31	2 7 3	5 3 5	137 13 0 28	67 4620	30	4, 67	4, 00
9	5 2 36	3 1 33	5 4 68	152 10 6 9	74 7348	50	3, 50	8, 50
10	3 5 57	2 1 71	4 0 22	145 10 1 23	71 2899	50	6, 50	4, 60

Département des Pyrennées orientales.

Numéros des échantillons	dans l'air.	dans l'eau.	à la sortie de l'eau.	EN LIVRES.	EN KILOGRAM.	DU FORET.	de profond.	de dureté.
1	6 6 68	3 7 0	7 1 21	146 4 4 47	71 6086	100	5, 67	10, 75
2	7 7 19	4 7 16	7 7 71	180 0 0 52	88 1145	100	2, 00	30, 00
3	5 3 42	3 3 32	5 3 42	189 0 5 52	92 5392	100	1, 25	48, 00
4	7 4 4	4 3 13	7 4 10	168 6 7 61	82 4512	100	0, 50	120, 00
4 A	9 1 53	5 1 64	9 2 44	163 10 7 3	80 1229	100	1, 00	60, 00
5	6 2 18	3 6 35	6 2 23	177 7 5 6	86 8768	200	0, 25	480, 00
6	5 2 37	3 2 51	5 2 27	189 5 2 64	92 6813	100	2, 00	30, 00
7	4 5 52	2 7 64	4 5 52	199 14 1 7	93 4394	100	1, 33	45, 00
8	3 3 42	2 1 32	3 3 43	199 2 6 55	93 0939	100	1, 50	40, 00
9	5 4 15	3 3 62	5 4 13	189 4 6 59	92 6638	100	2, 00	30, 00
10	4 5 6	2 7 26	4 5 6	189 2 5 55	92 6006	100	1, 00	60, 00

Numéros des Échantillons.	INDICATION DES PAYS D'OÙ LES PIERRES ONT ÉTÉ EXTRAITES.	NATURE ET QUALITÉ DES PIERRES.
11	Pierre de Saint-Martin, près le Boulon, blanc sale, veiné de bleu. . .	Calcaire vive. .
12	Marbre de Ceret, blanc et bleu.	Calcaire vive. .
13	Marbre de la Sargane, près de Ceret, blanc et bleu.	Calcaire vive. .
14	Pierre de Sure des Bains, légère et spongieuse.	Calcaire vive. .
15	Marbre de . . . . . fond gris-rouge, veines blanches et bleuâtres. . . .	Calcaire vive. .
16	Marbre de . . . . . fond gris, taches noires et veines blanches. . . .	Calcaire vive. .
17	Marbre de . . . . . noir.	Calcaire vive. .
18	Marbre de . . . . . fond noir, taché de blanc sale.	Calcaire vive. .

GÉNÉRALITÉ D'AUCH.

Département du Gers.

Numéros des Échantillons.	INDICATION DES PAYS D'OÙ LES PIERRES ONT ÉTÉ EXTRAITES.	NATURE ET QUALITÉ DES PIERRES.
1	Béarn, marbre bleu foncé, tigré de blanc.	Calcaire vive. .
2	*Idem*, fouetté de blanc.	Calcaire vive. .
3	*Idem*.	Calcaire vive. .
4	Béarn, marbres de diverses couleurs.	Calcaire vive. .
5	*Idem*.	Calcaire vive. .
6	*Idem*.	Calcaire vive. .
7	Béarn, marbre noir uni.	Calcaire vive. .
8	Aubager d'Oléron, pétrification blanche, qui n'est ni cristal ni marbre.	Calcaire vive. .
9	Territoire de Saranne, marbre bleu foncé, fouetté de blanc.	Calcaire vive. .
10	Territoire d'Essor, vert et noir.	o. . . . . .
11	*Idem*, pierres de diverses couleurs.	Calcaire vive. .
12	*Idem*, pierre.	Calcaire vive. .
13	*Idem*, blanc, avec des taches vertes.	Calcaire. . . .
14	*Idem*, noir, veiné de rouge.	Calcaire vive. .
15	*Idem*, bleu, fouetté de blanc.	Calcaire vive. .
16	*Idem*, bleu, nuancé de blanc.	Calcaire vive. .
17	Territoire d'Arrête, bleu, fouetté de blanc.	Calcaire vive. .
18	Territoire d'Accous, blanc, nuancé de rouge, avec des veines vertes. .	Calcaire vive. .
19	Territoire d'Etsant, blanc jaspé et à bandes vertes.	Calcaire vive. .
20	*Idem*, gris de lin, jaspé en blanc et violet.	Calcaire vive. .
21	*Idem*, vert uni, avec taches grises.	Calcaire. . . .
22	*Idem*, violet clair.	o. . . . . .
23	Territoire de Lescun, feuille morte unie, avec des veines blanches. . .	Calcaire vive. .
24	Territoire d'Escot, vert, avec des veines d'un bleu foncé.	Calcaire. . . .
25	Marbre des Pyrennées en Basque Desturies, en Basse-Navarre.	Calcaire vive. .
26	*Idem*, d'Hasparn, en pays de Labour.	Calcaire vive. .
27	Marbre des Pyrennées en Bigorre, de Sarrancolin en la vallée d'Aure. .	Calcaire vive. .
28	Marbre de Campan.	Calcaire vive. .
29	Marbre de Bandera.	Calcaire vive. .
30	Marbre d'Arts, près Bagnères.	Calcaire vive. .
31	Marbre de Médous, près Bagnères.	Calcaire. . . .
32	Marbre de Bagnères.	Calcaire. . . .
33	Marbre de Saint-Pé, au dessous de Lourdes.	Calcaire. . . .
34	Marbre d'Aspin, dans la vallée de Bar sur Ygnères, près Lourdes. . . .	Calcaire. . . .
35	Marbre d'Arrat, dans la vallée d'Arun en Lavedau.	Calcaire vive. .
36	Maulne de Souy, en la vallée d'avant Aygnes, dans le Lairdau.	Calcaire vive. .
37	Marbre de Bordes, dans la même vallée.	Calcaire. . . .

Numéros des Échantillons.	POIDS DES ÉCHANTILLONS			POIDS D'UN PIED CUBE		NOMBRE des tours du foret.	DEGRÉS	
	dans l'air.	dans l'eau.	à la sortie de l'eau.	EN LIVRES.	EN KILOGRAM.		de profond.	de dureté.
	on. gr. gr.	on. gr. gr	on. gr. gr.	liv. on. gr. gr.	kil.	tours.	lig.	deg.
11	8 0 26	5 0 50	8 0 26	190 5 6 41	93 1849	100	1, 33	36, 00
12	6 6 15	5 2 2	6 6 15	188 0 4 3	92 0433	100	2, 50	24, 00
13	13 2 10	8 2 62	13 2 14	188 14 2 6	92 4641	100	1, 33	45, 00
14	4 3 43	2 1 24	4 7 65	110 6 3 71	54 0449	20	2, 50	4, 80
15	6 4 18	4 0 70	6 4 20	189 7 2 1	92 7392	100	1, 50	40, 00
16	6 7 56	4 3 18	6 7 60	189 11 0 19	92 8549	100	1, 00	60, 00
17	6 2 55	3 7 69	6 2 55	188 15 2 51	92 4971	100	1, 75	34, 33
18	6 1 71	3 7 45	6 2 1	190 4 3 55	93 1436	100	1, 00	60, 00

Département du Gers.

Numéros des Échantillons.	POIDS DES ÉCHANTILLONS			POIDS D'UN PIED CUBE		NOMBRE des tours du foret.	DEGRÉS	
	dans l'air.	dans l'eau.	à la sortie de l'eau.	EN LIVRES.	EN KILOGRAM.		de profond.	de dureté.
1	5 3 24	3 3 2	5 3 0	188 7 1 63	92 2491	200	3, 00	40, 00
2	4 5 60	2 7 56	4 5 60	188 6 5 45	92 2329	200	2, 25	53, 33
3	3 2 51	2 0 61	3 2 51	189 9 3 52	92 8069	200	3, 50	34, 25
4	4 0 49	2 4 46	4 0 49	189 15 5 3	92 9955	200	2, 75	43, 60
5	3 4 66	2 2 19	3 4 66	190 0 1 48	93 0132	200	2, 30	48, 00
6	2 0 22	1 2 20	2 0 22	189 5 5 30	92 6910	200	2, 50	48, 00
7	5 0 14	3 1 27	5 0 14	189 13 6 0	92 9380	200	1, 75	68, 50
8	6 2 67	4 0 7	6 2 67	189 4 6 23	92 6639	200	2, 50	48, 00
9	5 0 67	3 1 57	5 0 67	189 4 0 63	92 6435	200	2, 33	51, 40
10	3 7 54	2 3 40	3 7 54	182 4 0 47	89 2156	200	4, 00	30, 00
11	4 7 69	3 1 44	4 7 69	194 15 2 31	95 4331	100	4, 00	15, 00
12	2 7 70	1 7 16	2 7 70	191 12 3 4	93 8752	100	5, 50	11, 00
13	4 7 4	3 1 4	4 7 4	195 4 3 40	95 5994	100	3, 00	40, 00
14	5 1 24	3 1 64	5 1 25	187 2 5 53	91 6214	200	3, 33	36, 00
15	2 5 66	1 5 60	2 5 66	189 12 5 44	92 9059	200	2, 00	60, 00
16	2 7 53	1 6 70	2 7 53	189 9 3 19	92 8052	200	1, 00	120, 00
17	4 4 61	2 7 18	4 4 61	189 11 0 56	92 8568	200	2, 67	45, 00
18	4 6 23	3 0 18	4 6 24	190 7 3 24	93 2337	200	0, 75	160, 00
19	3 6 53	2 3 33	3 6 53	190 12 3 22	93 3866	200	1, 25	96, 00
20	4 4 33	2 7 7	4 4 33	191 0 1 5	93 5004	200	2, 25	53, 50
21	4 0 28	2 4 53	4 0 28	194 9 0 23	95 2414	100	4, 00	15, 00
22	3 3 62	2 1 46	3 3 64	193 4 2 50	93 1395	100	4, 00	15, 00
23	4 7 31	3 0 69	4 7 31	190 11 4 9	93 3592	200	2, 33	51, 40
24	2 2 37	1 3 58	2 2 37	193 3 0 8	94 5676	200	0, 50	240, 00
25	5 0 46	3 1 39	5 0 46	188 6 6 46	92 2368	200	2, 25	53, 50
26	4 6 19	3 0 7	4 6 19	189 1 0 56	92 5509	200	2, 00	60, 00
27	4 1 25	2 5 2	4 1 25	189 7 5 45	92 7530	200	3, 00	40, 00
28	3 0 42	1 7 39	3 0 42	190 5 1 21	93 1647	200	2, 00	60, 00
29	4 3 43	2 6 58	4 3 44	190 7 2 51	93 2363	200	1, 00	120, 00
30	2 6 26	1 6 12	2 6 26	191 0 2 12	93 5046	200	2, 00	60, 00
31	2 0 28	1 2 26	2 0 28	190 5 1 21	93 1617	200	1, 50	80, 00
32	4 0 29	2 4 27	4 0 29	188 9 1 17	92 3077	200	1, 00	120, 00
33	5 2 52	3 2 65	5 2 52	185 0 5 36	92 5384	200	1, 33	90, 00
34	2 7 17	1 6 46	2 7 18	188 14 1 30	92 4620	200	1, 00	130, 00
35	5 1 63	3 2 36	5 1 63	190 10 3 18	93 3252	200	1, 00	120, 00
36	3 5 26	2 2 36	3 5 26	189 3 5 57	92 6313	300	1, 00	180, 00
37	3 1 22	1 7 59	3 1 2	190 4 0 59	93 1323	200	2, 67	45, 00

Numéros des Échantillons.	INDICATION DES PAYS D'OÙ LES PIERRES ONT ÉTÉ EXTRAITES.	NATURE ET QUALITÉ DES PIERRES.
38	Marbre de l'hôpital de Bagnères.	Calcaire vive.
39	Marbre de Bagnos, près Bagnères.	Calcaire.
40	Marbre de Bedar, près Bagnères.	Calcaire.
41	Marbre d'Aspin, en Bar sur Ygnères, près le pont neuf de Lourdes.	Calcaire.
42	Marbre d'Ossun en Bar sur Ygnères.	Calcaire.
43	Marbre de la montagne d'avant Aygues, au dessous des carrières de Soug et de Bordes.	Calcaire.
44	Marbre de Lourdes, près le bois.	Calcaire.
45	Marbre de la montagne de Confolens, à un quart de lieue de la Taule, dans la vallée de Massat.	Calcaire.
46	Marbre de Reboueq, près Saraucolin, noir lustré, tigré de blanc.	Calcaire.
47	Marbre des roches de Gourdan, près Mont-Rejan, noir faible, ou gris-noir, jaspé de blanc.	Calcaire.
48	Marbre blanc, dans le voisinage de Mont-Rejan, découvert depuis peu.	Calcaire.
49	Caillou provenant du Gard, rivière éloignée de trois ou quatre lieues de Deux.	o.
50	Caillou, *idem.*	o.
51 52 53	Caillous *idem*, sous les granits des Pyrennées.	o.
52 A	. . . .	o.
52 B	. . . .	o.
53	. . . .	o.
54	Roche d'Amiante.	Calcaire.

GÉNÉRALITÉ DE MONTAUBAN.

Département du Lot.

1	Marbre de Caussolès, à quatre lieues de Montauban, premier banc.	Calcaire vive.
2	Marbre de Caussolès, deuxième banc.	Calcaire.
3	Marbre de Caussolès, troisième banc.	Calcaire vive.
4	Marbre de Caussolès, quatrième banc.	Calcaire.
5	Marbre de Caussolès, cinquième banc.	Calcaire.
6	Pierre de Marin, en deçà de Ville-Franche, premier banc.	Calcaire.
7	Pierre de Marin, deuxième banc.	Calcaire vive.
8	Pierre de Marin, troisième banc.	Calcaire vive.
9	Pierre de Cahors, blanchâtre, à une lieue et demie de Cahors.	Calcaire vive.
10	Pierre de Cahors, grise, proche la ville de Cahors, sortant vers Montauban.	Calcaire vive.

PROVINCE DE LANGUEDOC, TOULOUSE.

Départemens de la Haute-Garonne et de l'Aude.

1	Pierre de Carcassonne.	Calcaire vive.
2	Pierre de Furnes.	Calcaire vive.
3	Pierre de Roquefort, près Furnes.	Calcaire vive.
4	Pierre de Roquefort, près Furnes.	Calcaire vive.

Numéros des échantillons	POIDS DES ÉCHANTILLONS dans l'air (on. gr. gr.)	dans l'eau (on. gr. gr.)	À la sortie de l'eau (on. gr. gr.)	POIDS D'UN PIED CUBE EN LIVRES (liv. on. gr. gr.)	EN KILOGRAM (kil.)	NOMBRE des tours DU FORET (tours)	DEGRÉS de profond. (lig.)	de dureté (deg.)
38	4 1 18	2 7 0	4 4 18	191 8 1 15	93 7157	200	2, 25	53, 50
39	3 4 52	2 2 6	3 4 52	188 15 5 47	92 5083	200	3, 00	40, 00
40	5 3 63	3 3 54	5 3 63	190 7 3 38	93 2345	200	1, 50	00, 00
41	7 3 52	4 5 51	7 3 52	189 14 3 64	92 9605	200	3, 00	40, 00
42	3 5 11	2 2 30	3 5 11	190 1 1 67	93 0448	200	1, 00	120, 00
43	4 2 17	2 5 46	4 2 18	190 0 4 16	93 0230	200	1, 00	120, 00
44	2 4 43	1 5 3	2 4 43	190 13 1 63	93 4117	200	1, 50	80, 00
45	3 5 17	2 2 46	3 5 17	192 15 6 35	94 4696	200	2, 00	60, 00
46	6 5 19	4 1 44	6 5 20	189 9 2 48	92 8029	200	1, 33	90, 00
47	3 4 0	2 1 60	3 4 1	192 8 3 4	94 2423	200	2, 00	60, 00
48	3 5 12	2 2 26	3 5 12	188 15 1 6	92 4909	200	3, 00	40, 00
49	5 7 14	3 5 60	5 7 15	190 2 1 28	93 0733	200	1, 00	120, 00
50	1 4 7	0 7 39	1 4 7	185 14 1 12	90 9931	200	1, 00	120, 00
51 52 53 }	5 2 62	3 4 38	5 2 62	211 5 7 25	103 4676	200	0, 25	480, 00
52 A	5 1 46	3 3 29	5 1 46	204 11 6 65	100 2229			
52 B	4 4 10	2 7 60	4 4 10	205 9 1 49	100 6313	200	0, 50	240, 00
53	7 0 42	4 4 12	7 0 46	193 7 4 44	94 7072	200	1, 75	68, 50
54	2 6 31	1 6 10	2 6 44	185 5 1 69	90 7197	200	3, 00	40, 00

Département du Lot.

Numéros des échantillons	POIDS DES ÉCHANTILLONS dans l'air (on. gr. gr.)	dans l'eau (on. gr. gr.)	À la sortie de l'eau (on. gr. gr.)	POIDS D'UN PIED CUBE EN LIVRES (liv. on. gr. gr.)	EN KILOGRAM (kil.)	NOMBRE des tours DU FORET (tours)	DEGRÉS de profond. (lig.)	de dureté (deg.)
1	6 3 10	3 7 60	6 3 11	185 4 5 19	90 7018	200	1, 50	80, 00
2	5 7 4	3 4 68	5 7 70	173 1 6 1	84 7388	200	1, 75	68, 50
3	5 7 40	3 5 55	6 0 5	181 13 5 67	89 0217	200	1, 75	68, 50
4	6 4 37	4 0 60	6 4 64	183 4 5 4	89 7240	200	3, 25	37, 00
5	5 7 22	3 5 38	5 7 54	181 11 4 35	88 9549	200	1, 33	90, 00
6	5 5 40	3 3 39	5 7 43	159 0 0 26	77 8334	100	5, 75	10, 67
7	5 1 61	3 1 56	5 4 0	160 12 0 42	78 6909	100	4, 50	13, 33
8	5 1 38	3 1 27	5 4 14	154 7 3 37	75 6121	100	7, 00	8, 50
9	4 6 28	2 5 28	4 7 62	145 7 4 45	71 2107	100	8, 00	7, 50
10	5 6 67	3 5 14	5 7 1	184 5 5 49	90 2445	100	2, 67	22, 50

Départemens de la Haute-Garonne et de l'Aude.

Numéros des échantillons	POIDS DES ÉCHANTILLONS dans l'air (on. gr. gr.)	dans l'eau (on. gr. gr.)	À la sortie de l'eau (on. gr. gr.)	POIDS D'UN PIED CUBE EN LIVRES (liv. on. gr. gr.)	EN KILOGRAM (kil.)	NOMBRE des tours DU FORET (tours)	DEGRÉS de profond. (lig.)	de dureté (deg.)
1	· · ·	· · ·	· · ·	· · · ·	· ·	·	· ·	· ·
2	5 2 57	3 0 45	5 4 20	152 6 5 27	74 6096	50	4, 50	6, 60
3	4 1 70	2 3 25	4 2 65	152 14 0 0	74 8338	100	3, 00	20, 00
4	4 3 18	2 4 40	4 4 37	154 9 7 38	75 6886	100	5, 00	12, 00

Numéros des Echantillons.	INDICATION DES PAYS D'OÙ LES PIERRES ONT ÉTÉ EXTRAITES.	NATURE ET QUALITÉ DES PIERRES.
	PROVINCE DE PROVENCE.	
	Département de Vaucluse.	
1	Comté Venaissin, pierre de Carron, à cinq lieues d'Avignon.	Calcaire vive. .
2	Comtat, pierre de Saint-Disdidier, à cinq lieues d'Avignon.	Calcaire vive. .
3	Comtat, pierre d'Opède, à six lieues d'Avignon.	Calcaire vive. .
4	Comtat, pierre des Embrunes, à une lieue d'Avignon, a servi à la fondation du pont d'Avignon.	Calcaire vive. .
5	Comtat, pierre de Saint-André, à Villeneuve-lès-Avignon, employée aux voussoirs du pont d'Avignon.	Calcaire vive. .
6	Marbre d'Egalière, près Saint-Remy, à quatre lieues d'Avignon.	Calcaire vive. .
	GÉNÉRALITÉ DE GRENOBLE.	
	Département de l'Isère.	
1	Pierre de Sassenage, à une lieue de Grenoble.	Calcaire vive. .
2	Pierre de Lafrey, à trois lieues de Grenoble.	Calcaire. . . .
3	Pierre d'enceinte de la ville, qu'on emploie aux bâtimens de Grenoble.	Calcaire. . . .
4	Pierre du Fontenil, à une lieue et demie de Grenoble.	Calcaire. . . .
5	Pierre des roches du Tain, granit du Dauphiné, désigné par Davillers.	o. . . . .
6	Pierre du rocher de Pousas, à une lieue et demie de Tain.	o. . . . .
7	Pierre d'Eguille.	o. . . . .
	GÉNÉRALITÉ DE LYON.	
	Département du Rhône.	
1	Marbre granit de Saint-Bel, près la porte de Labresle, route de Lyon.	o. . . . .
2	Pierre à chaux de Saint-Germain, près Lyon.	Calcaire vive. .
3	Pierre à chaux de Ville-Bois en Dauphiné, près Lyon.	Calcaire vive. .
4	Mortier d'un aqueduc antique des Romains, à Lyon.	Calcaire. . . .
	GÉNÉRALITÉ DE TOURS.	
	Département d'Indre et Loire.	
1	Bouvé, à sept lieues de fonds, du côté de Montrichard.	Calcaire. . . .
2	Naitie, à deux lieues de la Flèche et huit lieues d'Angers.	Calcaire vive. .
3	Semblancay Chambault, à trois lieues de Tours.	Calcaire. . . .
4	Semblancay d'Olbeau, à trois lieues de Tours.	Calcaire vive. .
5	Athée, à quatre lieues de Tours.	Calcaire vive. .
6	Ardoise ou Marcreau, aux environs d'Angers.	o. . . . .

Numéros des échantillons	POIDS DES ÉCHANTILLONS			POIDS D'UN PIED CUBE		NOMBRE des tours DU FORET	DEGRÉS	
	dans l'air.	dans l'eau.	à la sortie de l'eau.	EN LIVRES.	EN KILOGRAM.		de profond.	de dureté.
	on. gr. gr.	on. gr. gr.	on. gr. gr.	liv. on. gr. gr.	kil.	tours.	lig.	deg.

Département de Vaucluse.

1	5 2 66	3 0 48	5 4 9	154 6 1 64	75 5753	237	12, 00	11, 80
2	4 6 6	2 6 33	5 2 44	131 1 5 53	64 1782	30	6, 00	5, 00
3	4 5 50	2 6 12	5 1 41	135 15 6 65	66 5691	104	12, 00	5, 20
4	4 3 50	2 4 3	5 0 30	122 10 0 57	60 0291	20	5, 00	2, 40
5	5 6 21	3 3 46	5 7 31	163 11 4 70	80 1456	298	12, 00	15, 00
6	5 2 24	3 2 48	5 2 26	188 13 0 15	92 4463	300	1, 50	120, 00

Département de l'Isère.

1	7 3 1	4 4 71	7 3 7	186 13 1 70	91 4541	340	1, 00	67, 00
2	8 2 41	5 2 2	8 2 45	189 7 1 12	92 7359	300	4, 00	45, 00
3	6 7 67	4 3 8	7 0 4	186 14 7 0	91 5039	300	3, 00	60, 00
4	6 3 22	4 0 12	6 3 24	187 6 0 16	91 7227	100	1, 33	45, 00
5	6 7 32	4 2 21	6 7 34	183 3 6 46	89 6974	300	0, 00	très-dure.
6	8 7 65	5 4 16	8 7 68	181 8 7 32	88 8745	300	0, 00	très-dure.
7	7 3 6	4 4 42	7 3 6	183 13 0 21	89 9791	300	0, 00	très-dure.

Département du Rhône.

1	6 6 6	4 1 22	6 6 5	182 0 5 71	89 1136	200	1, 00	120, 00
2	7 0 34	4 3 10	7 0 36	185 0 7 35	90 5879	200	4, 00	30, 00
3	6 7 68	4 3 0	6 7 70	186 11 5 18	91 4054	200	2, 33	51, 67
4	2 6 24	1 3 24	2 5 68	147 5 2 16	72 1194	100	2, 50	24, 00

Département d'Indre et Loire.

1	4 5 54	2 5 18	5 3 57	117 3 5 7	57 3839	52	1, 00	3, 00
2	4 7 53	2 7 45	5 3 40	139 8 7 58	68 3164	125	12, 00	6, 25
3	5 1 26	2 7 42	5 5 60	130 1 7 71	63 6974	150	12, 00	7, 50
4	6 6 37	4 0 54	6 6 63	172 7 4 42	84 4273	1000	9, 00	66, 00
5	6 5 38	4 0 46	6 5 48	178 3 0 25	87 2258	100	0, 75	82, 00
6	6 2 13	4 0 30	6 2 16	197 4 3 39	96 5693	300	4, 00	45, 00

Numéros des Échantillons.	INDICATION DES PAYS D'OÙ LES PIERRES ONT ÉTÉ EXTRAITES.	NATURE ET QUALITÉ DES PIERRES.
7	Champigny, à deux lieues de Saumur, banc de dessous, employée au pont de Saumur....................................	Calcaire vive..
8	Roussard, aux environs du Mans........................	o.........
9	Grès, aux environs du Mans et de Duretal.................	o.........
10	Lusseau, à trois lieues de Tours.........................	Calcaire vive..
11	Bernay, à six lieues du Mans...........................	Calcaire vive..
12 A	Mocsouris, près Monoye, à trois lieues de Tours...........	Calcaire vive..
13	Mocsouris, *idem*....................................	Calcaire vive..
14	Parigné, nature de tuffeau, à trois lieues du Mans..........	Calcaire.....
15	Pont Neuf, à sept lieues de Tours......................	Calcaire vive..
16	Chinon, aux environs de Chinon........................	Calcaire vive..
17	Marne, à cinq lieues de Tours..........................	Calcaire vive..
18	Azay sur Cher, à trois lieues de Tours...................	Calcaire vive..
19	Momenière, à deux lieues de Saumur, nature de tuffeau......	Calcaire....
20	Minerolle, à deux lieues de Saumur, nature de tuffeau......	Calcaire....
21	Pierre de Saumur, à Saumur............................	Calcaire....
22	Tuffeau de Tribouillé, sur le chemin d'Alençon, à deux lieues du Mans.	Calcaire....
23	Pierre de Bernay, sur le chemin d'Evron et de Mayenne, à cinq lieues du Mans...............................	Calcaire....
24	Tuffeau de Luché, aux environs du Mans..................	Calcaire....
25	Pierre de Cure, sur le chemin de Bernay, à cinq lieues du Mans....	Calcaire....
26	Pierre d'Ecomoy, sur la route de Tours, à quatre lieues du Mans...	Calcaire....
27	Pierre de Roussard à la Bazoge, sur le chemin d'Alençon, à deux lieues du Mans.................................	o.........
28	Grès, à une lieue du Mans, paroisse de Saint-Aubin..........	o.........
29	Marbre de Montron, paroisse d'Argentré..................	Calcaire vive.
30	Marbre de Saint-Bertevin, à une lieue de Carrel............	Calcaire....
31	Marbre d'Argentré....................................	Calcaire vive..

GÉNÉRALITÉ DE CHALONS.

Département de la Marne.

1	Pierre de Neuville-lès-Chêne...........................	Calcaire....
2	Pierre de Malrimogue.................................	Calcaire....
3	Pierre de Dom-le-Menil...............................	Calcaire....
4	Pierre de Saint-Maugé................................	Calcaire....
5	Pierre de Saint-Laurent...............................	o.........
6	Pierre employée à la cathédrale de Rheims................	Calcaire....
7	Pierre de Craye, à un quart de lieue de Châlons............	Calcaire....
8	Pierre de Faloise, à sept lieues de Châlons................	Calcaire....
9	Pierre de meulière, à deux lieues d'Epernay...............	o.........
10	Pierre de Chevillon..................................	Calcaire vive.
11	Pierre de Savonnière.................................	Calcaire vive.
12	Marbre de Chassenay, à deux lieues et demie de Bar sur Seine.	Calcaire vive.
13	Pierre de Curmont, à trois lieues et demie de Bar sur Seine....	Calcaire vive.
14	Pierre de Bossancourt, à deux lieues de Bar sur Aube........	Calcaire....
15	Pierre de craye de Laine aux Bois, à deux lieues de Troyes....	Calcaire vive.

Numéros des échantillons	POIDS DES ÉCHANTILLONS			POIDS D'UN PIED CUBE		NOMBRE des tours DU FORET.	DEGRÉS	
	dans l'air.	dans l'eau.	à la sortie de l'eau.	EN LIVRES.	EN KILOGRAM.		de profond.	de dureté.
	on. gr. gr.	on. gr. gr	on. gr. gr.	liv. on. gr. gr.	kil.	tours.	lig.	deg.
7	6 1 40	3 5 36	6 2 15	167 8 1 36	81 9986	300	2, 33	67, 50
8	5 7 48	3 5 42	6 1 41	166 9 5 3	81 5532	100	0, 00	très-dure.
9	6 5 28	4 0 51	6 5 54	177 9 6 11	86 9421	100	0, 00	très-dure.
10	5 3 24	3 0 66	5 7 22	135 7 5 67	66 3206	300	10, 00	18, 00
11	5 5 28	3 1 12	5 6 41	148 7 1 35	72 6673	500	12, 00	25, 00
12 A	6 3 68	3 6 56	6 6 5	156 1 6 25	76 4184	200	4, 00	30, 00
13 B	6 6 65	4 0 66	6 7 52	168 8 2 41	82 4927	200	2, 50	48, 00
14	3 4 13	1 6 60	4 4 35	91 1 5 16	44 5959	5	cassée.	1, 00
15	7 0 33	4 1 60	7 1 50	165 10 0 34	81 0768	200	5, 00	24, 00
16	5 6 24	3 3 0	6 0 66	147 15 6 4	72 4400	200	9, 00	13, 33
17	7 1 29	4 1 52	7 2 58	160 3 0 56	78 4163	200	1, 00	120, 00
18	7 2 46	4 4 3	7 2 67	179 5 6 41	87 8003	200	8, 00	15, 00
19	3 4 69	1 6 54	4 4 32	93 7 0 4	45 7388	50	12, 00	2, 50
20				92 1 4 5	45 0810			1, 00
21	3 1 24	1 4 27	4 0 27	88 10 5 24	43 4032	50	5, 00	6, 00
22	3 2 7	1 5 56	4 1 66	90 11 2 66	44 4036	56	12, 00	2, 80
23	5 3 21	3 2 7	5 5 9	161 9 7 46	79 1156	200	9, 00	13, 33
24	3 2 66	1 6 16	4 2 17	94 2 2 21	46 0839	33	4, 00	5, 00
25	5 5 65	3 2 11	5 7 6	153 8 2 12	75 1480	200	4, 00	30, 00
26	6 7 40	4 2 30	6 7 43	183 9 5 46	89 8772	200	1, 00	120, 00
27	5 1 47	3 1 24	5 6 51	136 6 4 5	66 7724	100	2, 00	30, 00
28	5 5 27	3 3 14	5 7 19	158 4 1 47	77 4712	100	1, 00	60, 00
29	5 3 44	3 3 35	5 3 47	188 13 2 32	92 4349	200	2, 00	60, 00
30	6 3 31	4 0 35	6 3 31	190 0 4 50	93 0248	200	4, 00	30, 00
31	4 6 0	2 7 69	4 6 0	189 6 7 60	92 7280	200	0, 50	240, 00

Département de la Marne.

Numéros des échantillons	POIDS DES ÉCHANTILLONS			POIDS D'UN PIED CUBE		NOMBRE des tours DU FORET.	DEGRÉS	
	dans l'air.	dans l'eau.	à la sortie de l'eau.	EN LIVRES.	EN KILOGRAM.		de profond.	de dureté.
1	5 2 10	3 0 46	5 5 20	142 14 5 60	69 9610	20	3, 00	4, 00
2	5 5 36	3 2 18	6 1 1	139 7 6 29	68 2805	109	12, 00	5, 50
3	5 0 44	2 7 10	5 5 18	128 9 0 49	62 9352	20	3, 50	3, 67
4	5 7 61	3 3 66	6 2 4	151 4 4 44	74 0560	400	5, 00	48, 00
5	7 2 36	4 4 24	7 2 39	184 6 1 68	90 2608	300	0, 00	très-dure.
6	5 7 39	3 2 5	6 0 66	145 10 4 31	71 3018	40	5, 00	4, 80
7	4 1 0	2 2 54	5 0 7	108 3 2 71	52 9702	10	5, 00	1, 20
8	4 6 32	2 3 36	5 0 63	125 14 3 14	61 6292	30	4, 00	4, 50
9	3 5 2	1 2 56	4 1 42	89 1 4 45	43 6146	51	4, 00	0, 75
10	4 7 45	2 5 57	5 2 63	131 8 7 61	64 4065	400	1, 75	137, 17
11	4 7 30	2 5 17	5 3 18	125 5 3 15	61 3539	1063	12, 00	53, 17
12	5 6 42	3 5 0	5 6 46	184 13 6 63	90 4938	300	1, 33	135, 00
13	6 0 34	3 5 57	6 2 40	163 6 4 47	79 9914	50	2, 25	13, 33
14	6 1 43	3 6 6	6 3 22	163 9 3 64	85 6883	300	3, 00	60, 00
15	4 3 6	2 4 42	5 1 36	117 6 4 38	57 4735	20	4, 00	3, 00

Numéros des Échantillons.	INDICATION DES PAYS D'OÙ LES PIERRES ONT ÉTÉ EXTRAITES.	NATURE ET QUALITÉ DES PIERRES.
16	Pierre d'Ourges, à quatre lieues de Rheims.	Calcaire.
17	Pierre de Moutarin, près Sonchery.	Calcaire.
18	Pierre de Magneux, à cinq lieues et demie de Rheims.	Calcaire.
19	Grès bâtard de Chency, à deux lieues de Rheims.	Calcaire.
20	Pierre agathisée de la montagne de Mery.	o.

BOURGOGNE ET FRANCHE-COMTÉ.

Départemens de l'Yonne, du Jura et de la Haute-Saône.

Numéros des Échantillons.	INDICATION DES PAYS D'OÙ LES PIERRES ONT ÉTÉ EXTRAITES.	NATURE ET QUALITÉ DES PIERRES.
1	Pierres ronges des carrières de Luxeul.	o.
2	Pierres grises des carrières de Luxeul.	o.
3	Pierres des carrières, près Lure.	o.
4	Pierres des carrières de Poligny, ou canton du Midi.	Calcaire vive.
5	Pierres des carrières de Poligny, sur la côte du Dau.	Calcaire vive.
	Même pierre, rougie par le feu ou par de l'eau forte.	o.
6	Albâtre de Saint-Loutin, veiné, espèce de pierre à plâtre.	o.
6	Albâtre de Saint-Loutin, blanc, espèce de pierre à plâtre.	o.
7	Pierre de Mierry, à cinq quarts de lieue de Poligny.	Calcaire.
8	Pierre de Mournans, à quatre lieues de Salins.	Calcaire vive.
9	Pierre de Sivoz, à cinq lieues de Poligny.	Calcaire.
10	Pierre de Crau, à six lieues de Poligny.	Calcaire vive.
11	Pierre de Némont, près Dôle; les ponts de Dôle et de Percey sont de cette pierre.	Calcaire.
12	Pierre de Dôle, à un quart de lieue de la ville.	Calcaire vive.
13	Pierre de Sampans, à trois quarts de lieue de Dôle.	Calcaire vive.
14	Pierre de l'abbaye de Damparis.	Calcaire.
15	Pierre de Buthal, proche l'Ile sur le Doubs.	Calcaire vive.
16	Pierre de Valleroy, à deux lieues de Besançon; le pont de Voray est de cette pierre.	Calcaire vive.
17	Pierre des Crozets, à trois lieues de Saint-Claude.	Calcaire vive.
18	Pierre de Mignovillars, à cinq lieues de Salins Verjougne.	Calcaire.
19	Pierre de Laxe, près Hericourt.	o.
20	Pierre de Vergenne, à trois lieues de Besançon, employée au pont de Cressy.	Calcaire.
21	Pierre de Placey, à trois lieues de Besançon; le pont de Marney est construit avec cette pierre.	Calcaire.
22	Pierre de Scay sur Saône, à une lieue de Port sur Saône.	Calcaire.
23	Pierre de Scay sur Saône, proche la précédente.	Calcaire.
24	Pierre de Ferrières-lès-Scay, nommée Pouding, à une lieue de Port sur Saône, employée au pont de Port sur Saône.	Calcaire.
25	Pierre de la Motte de Visoul, employée à l'ancien Pont Archer.	Calcaire.
26	Pierre de Chandamois, à trois quarts de lieue du Pont Archer.	Calcaire.
27	Pierre de Colombe, à une lieue du Pont Archer, employée au pont.	Calcaire.
28	Pierre de la carrière de Poligny, sous la côte du Dau; elle est la même que celle du n° 5.	Calcaire.
29	Pierre de Mignovillars; elle est la même que celle du n° 18.	Calcaire.
30	Pierre de Bouzailles, à trois lieues de Salins.	Calcaire vive.

Numéros des Échantillons	POIDS DES ÉCHANTILLONS			POIDS D'UN PIED CUBE		NOMBRE des tours DU FORET	DEGRES	
	dans l'air.	dans l'eau.	à la sortie de l'eau.	EN LIVRES.	EN KILOGRAM.		de profond.	de dureté.
	ou. gr. gr.	on. gr. gr.	on. gr. gr.	liv. on. gr. gr.	kil.	tours	lig.	deg.
16	5 5 71	3 3 12	6 0 0	154 8 1 51	75 6358	500	3, 75	80, 00
17	5 1 21	3 0 16	5 3 24	151 3 7 5	74 0348	100	4, 00	15, 00
18	5 4 13	3 0 6	5 5 42	143 13 3 71	70 4128	400	1, 75	137, 17
19	6 1 12	3 6 22	6 1 43	178 6 3 30	87 3294	100	2, 00	30, 00
20	5 3 68	2 6 54	5 5 20	136 8 6 6	66 8413	100	0, 00	très-dure.

Départemens de l'Yonne, du Jura et de la Haute-Saône.

Numéros des Échantillons	dans l'air	dans l'eau	à la sortie de l'eau	EN LIVRES	EN KILOGRAM	tours	de profond.	de dureté
1	6 2 10	3 4 35	6 3 3	155 9 5 17	76 1694	200	2, 00	60, 00
2	5 4 45	3 1 36	5 7 61	139 12 4 11	68 4249	200	3, 00	40, 00
3	5 3 42	3 0 70	5 5 48	147 6 6 9	72 1649	200	3, 50	33, 50
4	6 1 55	3 7 18	6 1 55	188 2 3 56	92 1035	200	7, 00	60, 00
5 {	6 0 20	3 6 24	6 0 22	188 0 4 54	92 0460	800	12, 00	40, 00
	4 6 60	3 0 9	4 6 64	184 1 7 29	90 1287			
6	4 7 56	2 5 66	4 7 64	154 14 7 7	75 8399	185	12, 00	9, 25
6	4 7 7	2 6 0	4 7 9	159 13 0 9	78 2302	310	12, 00	15, 50
7	5 6 59	3 5 36	5 6 60	189 1 2 4	92 5558	672	12, 00	33, 60
8	5 6 54	3 5 24	5 6 56	186 9 4 16	91 3403	200	2, 67	45, 00
9	6 1 16	3 6 67	6 1 17	188 3 4 54	92 1378	200	2, 00	60, 00
10	6 1 6	3 7 6	6 1 10	190 4 5 30	93 1499	1035	12, 00	51, 75
11	6 6 60	4 2 15	6 6 61	185 15 4 64	91 0369	200	1, 75	68, 50
12	6 0 9	3 4 62	6 2 61	180 3 4 27	75 0035	200	8, 00	15, 00
13	5 6 13	3 4 32	5 6 15	181 15 5 14	89 0800	200	3, 00	40, 00
14	6 3 50	3 7 66	6 3 54	182 7 1 52	89 3115	200	1, 50	80, 00
15	6 5 63	4 0 71	6 5 68	179 15 0 26	88 0825	200	3, 00	40, 00
16	5 5 39	3 4 33	5 5 40	186 7 2 46	91 2730	200	3, 00	40, 00
17	5 1 3	3 1 50	5 1 5	186 13 5 44	91 4680	100	2, 75	21, 80
18	7 3 35	4 5 56	7 3 39	188 14 0 17	92 4570	200	1, 75	68, 50
19	6 2 25	3 5 11	6 2 63	162 3 6 19	79 4163	200	2, 00	60, 00
20	6 2 39	3 6 58	6 2 46	178 6 0 68	87 3199	200	2, 00	60, 00
21	6 4 31	4 0 40	6 4 23	185 3 2 30	90 6668	200	3, 00	40, 00
22	6 5 47	3 7 55	6 6 30	165 12 5 45	81 1577	200	4, 50	26, 70
23	7 0 16	4 1 61	7 0 32	174 4 2 23	85 3059	200	2, 50	48, 00
24	6 4 37	3 7 37	6 4 54	173 10 2 15	84 5100			41, 50
25	5 3 31	3 2 28	5 2 44	183 1 3 44	89 6217	200	2, 00	60, 00
26	5 2 31	2 0 28	3 2 32	179 0 5 61	87 6416	300	4, 00	30, 00
27	4 4 9	2 6 30	4 4 18	183 12 6 40	89 4830	200	4, 00	30, 00
28	6 7 71	4 3 2	7 0 8	185 14 1 0	90 9914	100	1, 00	60, 00
29	5 4 19	3 3 66	5 4 30	189 6 0 49	92 7035	100	0, 75	80, 00
30	5 5 54	3 4 63	5 5 61	188 11 0 39	92 3639	100	1, 00	60, 00

Numéros des Échantillons.	INDICATION DES PAYS D'OÙ LES PIERRES ONT ÉTÉ EXTRAITES.	NATURE ET QUALITÉ DES PIERRES.
31	Pierre d'Arlay, à deux lieues de Lons-le-Saulnier.	Calcaire. . . .
32	Pierre de Crozets, la même que celle du n° 17.	Calcaire vive. .
33	Pierre de Mouchard, à une lieue et demie d'Arbois.	Calcaire. . . .
34	Pierre de Vuillecin, à une lieue de Pontarlier	Calcaire. . . .
35	Pierre d'Arbois.	Calcaire vive. .
36	Pierre de Grozon, à une lieue de Poligny, pierre à plâtre.	o. . . . .
37	Marbre rouge, semblable au porphyre, trouvé dans un parquet ancien à Fremont, à une lieue de Poligny.	Calcaire. . . .
38	Marbre blanc veiné, trouvé avec le précédent.	Calcaire vive. .

GÉNÉRALITÉ DE METZ.

Département de la Moselle.

1	Pierre de Bulcon, employée aux fortifications de Sedan, des quatrième et cinquième bancs.	Calcaire vive. .
2	Pierre d'Angecourt, employée aux Arceaux, entre Larignan et Sedan.	Calcaire vive. .
3	Pierre de Lazey, des bancs gelisses.	Calcaire vive. .
4	Pierre de Lazey, des bancs non gelisses.	Calcaire vive. .
5	Pierre de Villey-le-sec, à une lieue et demie de Toul.	Calcaire vive. .
6	Pierre d'Euville, à cinq lieues de Toul, employée au pont de Toul. . .	Calcaire vive. .
7	Pierre de Scorcy, à quatre lieues de Toul.	Calcaire vive.
8	Pierre de Jaumont, à deux lieues de Metz.	Calcaire vive.
9	Pierre d'Amanville, à une lieue de Metz.	Calcaire vive. .
10	Pierre du Pas-Baillard, à deux lieues de Longwy.	Calcaire vive. .
11	Pierre de Tinéré, à trois lieues de Vic, employée au pont de Burlecourt.	Calcaire vive. .
12	Pierre de sable de Cubulo.	o. . . . .
13	Pierre de sable de Merville, à une lieue de Baccarat.	Calcaire vive. .

PROVINCE D'ALSACE.

Départemens du Haut et Bas-Rhin.

1	Pierre de Chagey, à trois lieues de Beffort.	o. . . . .
2	Pierre de Chagey, à trois quarts de lieue de Beffort.	o. . . . .
3	Pierre de Chagey, frontières de Franche-Comté, à trois lieues de Beffort.	o. . . . .
4	Pierre d'Ostemont, à une lieue de Beffort.	o. . . . .
5	Pierre de Noppes, à une lieue et demie de Beffort.	o. . . . .
6	Pierre d'Auxelle, à trois lieues de Beffort.	o. . . . .
7	Pierre de la Chapelle sous Chaux, à deux lieues de Beffort.	o. . . . .
8	Pierre d'Altkirch, à six lieues et demie de Beffort.	Calcaire. . . .
9	Pierres d'Orans, à une lieue et demie de Beffort.	o. . . . .
10	Marbre de Lucelle, à six lieues d'Huningue.	Calcaire. . . .
11	Pierre de Flechbourg, pierre à plâtre, à cinq lieues de Strasbourg. . .	o. . . . .
12	Pierre de Soult-les-Bains, à quatre lieues de Strasbourg.	o. . . . .

Numéros des Échantillons	POIDS DES ÉCHANTILLONS			POIDS D'UN PIED CUBE		NOMBRE des tours	DEGRÉS	
	dans l'air.	dans l'eau.	à la sortie de l'eau.	EN LIVRES.	EN KILOGRAM.	DU FORET.	de profond.	de dureté.
	on. gr. gr.	on. gr. gr.	on. gr. gr.	liv. on. gr. gr.	kil.	tours.	lig.	deg.
31	5 5 11	3 4 28	5 5 11	188 8 5 25	92 2930	100	1, 00	60, 00
32	4 7 54	3 0 69	4 7 54	188 1 6 30	92 0829	100	2, 50	24, 00
33	4 3 64	2 6 31	4 3 68	185 14 3 7	90 9995	100	1, 33	45, 00
34	5 4 21	3 3 60	5 4 24	187 14 3 51	91 9808	100	0, 75	80, 00
35	4 6 37	2 7 69	4 6 43	184 2 5 9	90 1506	100	1, 50	40, 00
36	4 4 31	2 4 48	4 4 34	161 5 4 6	78 9796	100	3, 50	17, 17
37	4 0 5	2 4 21	4 0 5	190 9 4 70	93 3012	100	1, 00	60, 00
38	1 5 45	1 0 43	1 5 46	189 2 6 15	92 6023	100	1, 00	60, 00

Département de la Moselle.

Numéros des Échantillons	dans l'air.	dans l'eau.	à la sortie de l'eau.	EN LIVRES.	EN KILOGRAM.	DU FORET.	de profond.	de dureté.
1	5 2 1	2 7 17	5 6 3	128 15 2 50	63 1265	50	3, 00	10, 00
2	6 2 49	3 4 51	6 5 46	142 4 6 36	69 6576	50	4, 25	7, 05
3	5 3 62	3 2 15	5 7 58	142 2 4 42	69 5891	100	2, 25	26, 60
4	6 2 10	3 6 10	6 4 25	158 0 4 46	77 3603	100	3, 00	20, 00
5	5 0 71	2 7 55	5 3 60	142 15 2 17	69 9778	50	5, 33	5, 75
6	5 3 63	3 2 15	5 5 1	163 5 0 33	79 9448	100	4, 00	15, 00
7	5 0 59	3 0 37	5 4 48	141 12 4 34	69 4051	100	4, 00	15, 00
8	5 5 1	3 1 36	5 6 14	152 4 1 36	74 5336	50	3, 67	8, 20
9	5 1 28	3 0 5	5 4 28	142 9 2 52	69 7961	50	4, 75	6, 33
10	5 5 37	3 2 70	6 0 52	146 7 5 45	71 7041	50	4, 50	6, 70
11	5 6 10	3 3 6	6 0 51	149 5 4 70	73 1089	50	3, 00	10, 00
12	6 0 49	3 3 18	6 1 46	152 3 1 64	74 5045	200	5, 00	24, 00
13	2 4 28	1 3 58	2 5 46	159 4 1 71	77 9620	50	4, 00	7, 50

Départemens du Haut et Bas-Rhin.

Numéros des Échantillons	dans l'air.	dans l'eau.	à la sortie de l'eau.	EN LIVRES.	EN KILOGRAM.	DU FORET.	de profond.	de dureté.
1	5 5 3	3 1 18	5 5 58	153 6 1 21	75 0835	200	6, 00	20, 00
2	6 0 13	3 3 60	6 0 30	163 13 5 12	80 2076	200	2, 00	60, 00
3	5 4 34	3 1 24	5 5 17	156 6 4 63	76 5657	200	1, 50	80, 00
4	5 5 28	3 2 0	5 5 43	162 2 0 11	79 3623	200	1, 67	72, 00
5	5 4 7	3 1 4	5 6 2	147 2 7 53	72 0487	200	2, 50	48, 00
6	5 6 50	3 2 66	6 0 7	154 5 1 9	75 5418	200	2, 50	48, 00
7	5 5 53	3 2 18	5 6 42	157 7 1 63	77 0744	200	4, 00	30, 00
8	5 3 7	3 0 42	5 4 58	149 2 7 28	73 0264	400	12, 00	20, 00
9	4 2 68	2 4 69	4 5 54	157 4 0 1	76 9751	43		2, 17
10	5 0 24	3 1 28 (eau de riv. 30)	5 0 22	189 4 3 3	92 6513	625	7, 00	53, 50
11	1 1 21	0 5 24	1 1 21	164 5 0 30	80 4342	100	2, 00	30, 00
12	5 4 41	3 1 46	5 5 36	157 1 2 52	76 8941	200	3, 00	40, 00

Numéros de Echantillons.	INDICATION DES PAYS D'OÙ LES PIERRES ONT ÉTÉ EXTRAITES.	NATURE ET QUALITÉ DES PIERRES.
13	Pierre à plâtre de Valtenhem, à quatre lieues de Strasbourg.	o.
14	Pierre à plâtre de Valtenhem.	o.
15	Pierre à plâtre de Valtenhem.	o.
16	Pierre à plâtre de Valtenhem.	o.
17	Pierre de Vasselonne, à quatre lieues de Strasbourg.	o.
18	Pierre *idem*.	o.
19	Pierre de Rosheim, à quatre lieues de Strasbourg.	o.
20	Pierre de Bersche, à quatre lieues et demie de Strasbourg.	o.

DUCHÉS DE LORRAINE ET DE BAR.

Départemens de la Meuse et de la Meurthe.

1	Pierre de Viterne, employée au pont de Pont Saint-Vincent.	Calcaire vive.
2 A	Eguille de Château-Salins, composée de ce qu'on appelle le scholt, ou sédiment pierreux que l'on trouve au fond des chaudières où l'on cuit le sel.	Calcaire.
3 B	Sédiment pierreux de Château-Salins, qu'on trouve au fond des chaudières où l'on cuit le sel.	o.
4 C	Sédiment pierreux de Château-Salins, *idem*.	o.

PIERRES

Extraites de différens départemens de la France.

1 A	Pierre blanche tendre.	ne fermente pas.
2 B	Pierre blanche tendre.	o.
3	Grenoble, pierre des roches du Tain.	o.
4	Metz, pierre de sable de Cubulo.	o.
5	Grenoble, pierre de Fontenil.	Calcaire.
6	Besançon, Mignovillard.	Calcaire.
7	Champagne marquée I par M.	Calcaire.
8	Ardoise, ou marcreau des environs d'Angers.	o.
9	Champagne A, pierre de craie.	Calcaire.
10	De Senlis, nº 10, B 2, pierre de Luzarches.	Calcaire.
11	De Senlis, nº 3, B 3, pierre de Butry.	Calcaire.
12	De Senlis, E 1, pierre de la Gatelière.	Calcaire.
13	De Senlis, nº 15, B 2, pierre de Saint-Leu.	Calcaire.
14	De Senlis, A 2, pierre de Senlis.	Calcaire.
15	De Senlis, nº 11, B 3, pierre des Quatre-Vents, près Luzarches.	Calcaire.
16	Valois, Soissons, 3 c, banc de dix-huit pouces, pierre de Trouenne.	Calcaire.
17	Athée, à quatre lieues de Tours.	Calcaire vive.
18	De Lagny, nº 3, près de Saint-Maur.	Calcaire.
19	De Senlis, espèce de granit.	Calcaire.
20	De Senlis, D 1, grès de Craquelot.	o.

Numéros des Échantillons	POIDS DES ÉCHANTILLONS			POIDS D'UN PIED CUBE		NOMBRE des tours	DEGRÉS	
	dans l'air.	dans l'eau.	à la sortie de l'eau.	EN LIVRES.	EN KILOGRAM.	DU FORET.	de profond.	de dureté.
	on. gr. gr.	on. gr. gr.	on. gr. gr.	liv. on. gr. gr.	kil.	tours.	lig.	deg.
13	5 4 52	3 1 20	5 4 54	160 12 2 43	78 6986	686	12, 00	34, 33
14	5 3 69	3 0 69	5 3 71	161 11 3 9	79 1595	220	12, 00	11, 00
15	5 4 12	3 0 70	5 4 12	161 1 1 6	78 8158	697	12, 00	35, 00
16	5 5 13	3 1 48	5 5 13	162 1 1 8	79 3354	572	12, 00	28, 75
17	5 5 8	3 2 29	5 7 9	151 5 7 40	74 0978	200	4, 00	30, 00
18	5 3 30	3 0 18	5 4 25	151 3 4 41	74 0352	300	3, 75	48, 00
19	5 3 16	3 0 12	5 4 19	150 8 5 64	73 6937	200	4, 00	30, 00
20	5 1 5	2 7 24	5 2 50	148 7 6 18	72 6855	200	3, 08	40, 00

Départemens de la Meuse et de la Meurthe.

N°	dans l'air	dans l'eau	à la sortie de l'eau	en livres	en kilogram	des tours du foret	de profond.	de dureté.
1	5 4 29	3 0 42	5 4 63	153 2 6 37	76 9811	100	5, 50	11, 00
2 A	3 4 54	1 7 30	3 4 44	152 8 3 27	74 6631	200	4, 00	30, 00
3 B	3 2 1	1 5 60	3 2 17	146 13 0 46	71 8686	100	2, 00	30, 00
4 C	4 4 58	2 4 18	4 4 48	156 14 7 71	76 8224	100	2, 00	30, 00

PIERRES

Extraites de différens départemens de la France.

N°	dans l'air	dans l'eau	à la sortie de l'eau	en livres	en kilogram	des tours du foret	de profond.	de dureté.
1 A	2 7 46	0 7 24	3 3 61	80 10 4 67	39 4856	23		
2 B	3 0 32	0 7 36	3 4 10	82 14 4 8	40 5836	26		
3	6 7 32	4 2 21	6 7 34	183 3 6 46	89 6974	le foret ne mord pas		
4	6 0 49	3 3 18	6 1 46	152 3 1 64	74 5045	200	5, 00	
5	6 3 22	4 0 12	6 3 24	187 6 0 16	91 7327	100	1, 50	
6	7 3 35	4 5 36	7 3 39	188 14 0 17	92 4570	200	1, 75	
7	5 5 26	3 2 18	6 1 1	139 7 6 29	68 2805	109		
8	6 2 13	4 0 30	6 2 16	197 4 3 39	96 5693	300	4, 00	
9	4 1 0	2 2 54	5 0 7	108 3 2 71	52 9702	29	fenduc.	
10	5 6 35	3 2 18	5 7 38	152 14 7 10	74 8611	264		
11	5 4 63	3 1 18	5 6 4	150 15 5 44	73 9068	262		
12	5 4 15	3 1 18	5 6 64	143 0 1 23	70 0049	263		
13	4 1 18	2 2 30	4 6 41	115 4 0 31	56 4176	36		
14	5 5 16	3 1 18	5 5 71	152 11 4 67	74 7609	300		
15	6 0 7	3 3 60	6 0 69	159 6 0 4	78 0158	500	6, 75	
16	6 3 22	3 4 66	6 2 43	161 7 6 2	79 0183	300	1, 75	
17	6 5 38	4 0 46	6 5 48	178 3 0 25	87 2258	100	0, 75	
18	6 3 64	3 4 48	6 4 60	150 4 6 18	73 5727	300	5, 00	
19	6 0 23	3 2 18	6 0 56	150 2 2 11	73 4959	40	3, 00 toutcassé	
20	6 6 57	4 1 8	6 7 5	174 10 5 36	85 5017	000		

Numéros des Échantillons.	INDICATION DES PAYS D'OÙ LES PIERRES ONT ÉTÉ EXTRAITES.	NATURE ET QUALITÉ DES PIERRES.
21	De Senlis, nº 7, pierre de Presle.	Calcaire.
22	De Senlis, B 1, pierre de Mont-l'Evêque.	Calcaire.
23	Agathe polie.	o.
24	Alsace, pierre de Valtenheim.	o.
25	Champigny, à deux lieues de Saumur.	Calcaire vive.
26	Marbre des Galières, près Saint-Remi en Provence.	Calcaire vive.
27	Pierre de Trevel, blanche, en Languedoc.	Calcaire.
28	Nº 4, Besançon, pierre des carrières de Poligny.	Calcaire vive.
29	Lyon.	o.
30 A	Pierre employée au pont de Trilport.	Calcaire.
31	Environs de Rheims, pierre d'Ourges.	Calcaire.
32	Champagne.	o.
33	Champagne.	Calcaire.
34	Champagne, pierre de Chevillon, D.	Calcaire vive.
35	Champagne, C, pierre de Fleury.	Calcaire.
36	Lorraine, pierre de Savonnière.	Calcaire vive.
37	De Berne en Suisse.	Calcaire.
38	Franche-Comté, nº 5, pierre des carrières de Poligny.	Calcaire vive.
39	Franche-Comté, nº 6, de Saint-Loutin.	Espèce de plâtre.
40	Franche-Comté, nº 7, de Nucry.	Calcaire.
41	Franche-Comté, nº 6, pierre des carrières de Saint-Loutin.	Espèce de plâtre.
42	Franche-Comté, nº 10, pierre des carrières de Crau.	Calcaire vive.
43	Rairie, à deux lieues de la Flèche et à huit d'Angers.	Calcaire vive.
44	Roussard, aux environs du Mans.	o.
45	Semblançay-Chambault, à trois lieues de Tours.	Calcaire.
46	Bouré, à sept lieues de Tours, du côté de Montrichand.	Calcaire.
47	Poitiers, carrières de Saint-Maixant.	Calcaire vive.
48	Poitiers, carrières de Lusseraye, 3 B.	Calcaire vive.
49	Poitiers, Curjais, deuxième banc.	Calcaire.
50	Poitiers d'Aunay, troisième banc.	Calcaire vive.
51	Poitiers, carrières de Puy-Beutan.	Calcaire.
52	Poitiers, carrières de Mardre, près Mesle.	Calcaire vive.
53	Election de Soissons, nº 1 D.	Calcaire vive.
54	Election de Soissons, nº 1 B.	Calcaire vive.
55	Alsace, nº 18, pierre de Vasselone.	o.
56	Alsace, nº 12, pierre de Soult-les-Bains.	o.
57	Alsace, nº 4, carrières d'Ottemant, proche Beffort.	o.
58	Alsace, nº 3, carrières de Chagey.	o.
59	Languedoc, pierre de Turel, bleuâtre.	Calcaire vive.
60	Pierre de Villeneuve-lès-Avignon, qui a servi à la fondation du pont sur le Rhône.	Calcaire.
61	Pierre de Villeneuve-lès-Avignon, employée aux arches du même pont.	Calcaire vive.
62	Pierre de Carron, dans le Comtat.	Calcaire vive.
63	Pierre d'Opède, dans le Comtat.	Calcaire vive.
64	Nº 1, Grenoble, pierre de Sassenaye.	Calcaire vive.
65	Nº 2, Grenoble, pierre de la Fraye.	Calcaire.
66	Nº 3, Grenoble, pierre d'enceinte de la ville.	Calcaire.
67	Bordeaux.	Calcaire vive.
68	N. Courcelle Saint de Meaux.	Calcaire.
69	Pierre de Saillancourt.	Calcaire vive.
70	Département de Compiègne, pierre de Saint-Mauge.	Calcaire vive.

Numéros des Échantillons.	POIDS DES ÉCHANTILLONS			POIDS D'UN PIED CUBE		NOMBRE des tours DU FORET.	DEGRES	
	dans l'air.	dans l'eau.	à la sortie de l'eau.	EN LIVRES.	EN KILOGRAM.		de profond.	de dureté.
	on. gr. gr.	on. gr. gr.	on. gr. gr.	liv. on. gr. gr.	kil.	tours.	lig.	deg.
21	6 4 33	3 7 64	6 4 57	175 10 6 23	85 9943	200	1, 00	
22	5 4 45	3 2 18	5 6 51	152 11 0 8	74 7424	545		
23	7 0 0	4 2 45	7 0 0	183 6 2 11	89 7721			
24	5 5 13	3 1 48	5 5 13	162 1 1 8	79 3354	572		
25	6 1 40	3 5 36	6 2 15	167 8 1 36	81 9986	300	2, 67	
26	5 2 24	3 2 48	5 2 26	188 13 0 15	92 4263	300	1, 50	
27	6 1 49	3 5 29	6 3 23	158 10 6 34	77 6732	666		
28	6 1 55	3 7 18	6 1 55	188 2 3 56	92 1035	700	7, 00	
29	6 6 0	4 1 22	6 6 5	182 0 5 71	89 1136			
30 A	5 7 41	3 4 48	5 7 63	173 5 5 32	84 8590	200	0, 50	
31	5 5 71	3 3 12	6 0 0	154 8 1 51	75 6358	500	3, 75	
32	7 2 36	4 4 24	7 2 39	184 6 1 68	90 2608			
33	5 7 61	3 3 66	6 2 4	151 4 4 44	74 0560	400	5, 00	
34	4 7 45	2 5 57	5 2 63	131 8 7 61	64 4005	400	1, 75	
35	5 4 13	3 0 6	5 5 42	143 13 3 71	70 4128	400	1, 75	
36	4 7 30	2 5 17	5 3 18	125 5 3 15	61 3539	1063		
37	9 4 21	5 4 35	9 6 42	156 9 7 56	76 6686	n'a point été éprouvée.		
38	6 0 20	3 6 24	6 0 22	188 0 4 54	92 0460	800		
39	4 7 56	2 5 66	4 7 64	154 14 7 7	75 8399	185		
40	5 6 59	3 5 36	5 6 60	189 1 2 4	92 5558	672		
41	4 7 7	2 6 0	4 7 9	159 13 0 9	78 2302	310		
42	6 1 6	3 7 6	6 1 10	190 4 5 30	93 1499	1035		
43	4 7 53	2 7 45	5 3 40	139 8 7 58	68 3164	125		
44	5 7 48	3 5 42	6 1 44	166 9 5 3	81 5532	0		
45	5 1 26	2 7 42	5 5 60	130 1 7 71	63 6974	150		
46	4 5 54	2 5 18	5 3 57	117 3 5 7	57 3839	52	fendue.	
47	6 4 12	3 7 18	6 6 26	165 2 3 21	80 8429	730		
48	6 6 59	4 1 18	7 2 50	150 13 0 8	73 8246	1862		
49	6 5 56	3 7 60	6 7 48	157 15 1 27	77 3172	550		
50	6 2 51	3 5 66	6 6 20	145 11 2 35	71 3249	414		
51	6 7 50	4 1 45	7 1 44	162 8 4 46	79 5631	284		
52	6 7 24	4 0 63	7 2 46	150 5 3 34	73 5927	318		
53	3 6 33	2 0 42	4 4 44	106 7 2 29	52 1114	31		
54	5 5 50	3 2 64	5 6 37	162 15 6 20	79 7835	534		
55	5 3 30	3 0 18	5 4 25	151 3 4 41	74 0252	300	3, 75	
56	5 4 41	3 1 46	5 5 36	157 1 2 53	76 8941	200	3, 00	
57	5 5 28	3 2 0	5 5 43	162 2 0 11	79 3623	200	1, 67	
58	5 4 34	3 1 24	5 5 17	156 6 4 63	76 5657	200	1, 50	
59	7 0 60	4 2 43	7 0 66	178 3 7 28	87 2528	517		
60	4 3 50	2 4 3	5 0 30	122 10 0 57	60 0291	41	cassée.	
61	5 6 21	3 3 46	5 7 31	163 11 4 70	80 1456	298		
62	5 2 66	3 0 48	5 4 9	154 6 1 64	75 5753	237		
63	4 5 50	2 6 12	5 1 41	135 15 6 65	66 5691	104		
64	7 3 1	4 4 71	7 3 7	186 13 1 70	91 4541	1340		
65	8 2 41	5 2 2	8 2 45	189 7 1 12	92 7359	300	4, 00	
66	6 7 67	4 3 8	7 0 4	186 14 7 0	91 5039	300	3, 00	
67	7 0 2	4 0 69	7 0 26	167 9 2 59	82 0342	314		
68	6 4 6	3 7 60	6 4 19	178 7 1 44	87 3530	100		
69	5 3 30	3 1 64	5 5 25	156 3 0 9	76 4558	344		
70	6 0 56	3 4 58	6 2 51	155 14 2 3	76 3101	520		

Numéros des Échantillons.	INDICATION DES PAYS D'OÙ LES PIERRES ONT ÉTÉ EXTRAITES.	NATURE ET QUALITÉ DES PIERRES.
71	Grès de Chantilly.	o. . . . . .
72 I	Seignes, inspection de Meaux.	o. . . . . .
73 H	Mont-Bernard, sous-inspection de Meaux.	Calcaire. . . .
74 M	Charmentray, sous-inspection de Meaux.	Calcaire vive. .
75 B	Dure de Vareddes, liais gelisse, inspection de Meaux.	Calcaire vive. .
76	Sous-inspection de Versailles, Saint-Nom, banc franc.	Calcaire. . . .
77	Roche de Saint-Nom.	Calcaire vive. .
78	Saint-Nom, fin.	Calcaire. . . .
79	Saint-Cloud.	Calcaire vive. .
80	Pierre de Grignon.	Calcaire vive. .
81	Grès de Saint-Remy.	o. . . . . .
82	Grès de Sarges.	o. . . . . .
83	Grès d'Orsay.	o. . . . . .
84	Cristal de Roche, Mémoire de l'Académie des Sciences, année 1735, page 195.	o. . . . . .
85	Cristal de roche, pesé en juillet 1762.	o. . . . . .
86	Creuset de verrerie.	o. . . . . .
87	Brique qui a servi à un fourneau de verrie.	o. . . . . .

GÉNÉRALITÉ DE BOURGES.

Département du Cher.

Numéros des Échantillons.	INDICATION DES PAYS	NATURE ET QUALITÉ DES PIERRES.
1	Marbre de Bourges, à trois lieues de cette ville.	Calcaire. . .
2	Pierre de la Selle, à neuf lieues de Bourges et une lieue de St.-Amand. .	Calcaire. . .
3	Pierre de la Cité; la carrière est à Millon, à neuf lieues de Bourges. . .	Calcaire. . .
4	Pierre de Charlay, à huit lieues de Bourges.	Calcaire vive. .
5	Pierre de Bourges, se tire à une lieue de la ville.	Calcaire vive. .
6	Pierre de la Chapelle, à une lieue de Bourges.	Calcaire vive. .
7	Pierre de Nohan, près Gracay, à trois lieues et demie de Vierzon et à trois de Vatan.	Calcaire vive. .
8	Pierre de la Marinière, près Gracay, à un quart de lieue, et à quatre lieues de Vierzon.	Calcaire. . .
9	Pierre de Buxeuil, à sept lieues de Vierzon, et à une demi-lieue de Vatan.	Calcaire vive. .
10	Pierre de Cubardières, à trois lieues de Vierzon.	Calcaire vive. .
11	Pierre de Cornancay, à trois lieues de Vierzon.	Calcaire vive. .
12	Pierre de Cerbois, à trois lieues de Vierzon.	Calcaire vive. .
13	Pierre de l'étang de Mehun, à quatre lieues de Vierzon.	Calcaire vive. .
14	Pierre de Chancenay, à quatre lieues de Vierzon.	Calcaire vive. .
15	Pierre du Colombier, paroisse de Foissy, à trois lieues de Vierzon. . .	Calcaire. . .
16	Pierre de Valdiche, paroisse de Foissy, à deux lieues un quart de Vierzon.	Calcaire. . .
17	Pierre de Prunget, à trois cents toises de la route de Toulouse. . . .	Calcaire vive. .
18	Pierre de rivière de Boussane.	Calcaire vive. .
19	Pierre de Mont, proche la rivière de Boussane.	Calcaire. . .
20	Pierre de Moulin des Roches, proche la rivière de Boussane.	Calcaire. . .
21	Pierre de Theay, sur la gauche de la rivière de Creuse, vis-à-vis Saint-Gautres.	Calcaire vive. .

Numéros des Échantillons	POIDS DES ÉCHANTILLONS			POIDS D'UN PIED CUBE		NOMBRE des tours	DEGRÉS	
	dans l'air.	dans l'eau.	à la sortie de l'eau.	EN LIVRES.	EN KILOGRAM.	DU FORET.	de profond.	de dureté.
	on. gr. gr.	on. gr. gr	on. gr. gr.	liv. on. gr. gr.	kil.	tours.	lig.	deg.
71	7 0 63	4 2 59	7 1 21	177 2 4 64	86 7231	0		
72 I	6 2 10	3 6 67	6 2 28	180 5 7 37	88 2934	0		
73 H	5 5 49	3 3 52	5 6 12	173 5 6 61	84 8643	400	2, 00	
74 M	5 5 68	3 3 65	5 6 27	174 1 5 34	85 2262	800	5, 00	
75 B	5 7 48	3 4 51	6 1 0	164 6 7 52	80 4927	1.435		
76	5 7 43	3 4 32	6 1 27	160 3 7 46	78 4425	700	4, 00	
77	5 4 5	3 0 70	5 5 71	146 12 6 39	71 8606	490		
78	6 3 29	3 6 63	6 3 61	171 9 0 65	83 9848	500	2, 75	
79	5 7 25	3 3 32	6 1 1	153 10 4 11	75 2168	523		
80	6 4 50	3 7 65	6 5 14	173 4 7 24	84 8356	400	2, 00	
81	6 1 3	3 5 24	6 2 0	166 1 5 68	81 3119	0		
82	6 0 14	3 4 36	6 1 20	162 5 6 64	79 4799	0		
83	6 1 47	3 5 42	6 4 40	151 4 6 28	74 0628	200	1, 00	
84				236 10 0 0	115 8302	pouce cube. 2°.198.58g.		
85	35 2 50	22 7 70		200 7 1 19	98 1209	0		
86	9 5 6	5 2 12	9 6 14	149 12 2 29	73 3133	0		
87	16 3 15	8 2 0	18 3 55	112 3 3 6	54 9287	0		

Département du Cher.

Numéros des Échantillons	POIDS DES ÉCHANTILLONS			POIDS D'UN PIED CUBE		NOMBRE des tours	DEGRÉS	
	dans l'air.	dans l'eau.	à la sortie de l'eau.	EN LIVRES.	EN KILOGRAM.	DU FORET.	de profond.	de dureté.
1	6 3 7	4 0 14	6 3 10	188 12 7 2	92 4218	100	1, 00	60, 00
2	6 3 34	3 7 15	6 4 47	168 0 2 23	82 2465	100	1, 50	40, 00
3	5 7 22	3 4 59	6 2 57	150 11 2 44	73 7730	50	6, 00	5, 00
4	5 5 15	3 2 53	5 7 63	149 9 5 41	73 2336	50	3, 67	8, 20
5	5 2 1	3 1 19	5 7 47	131 5 8 64	64 3127	50	9, 00	3, 40
6	6 7 19	4 1 54	6 7 49	176 6 2 53	86 3477	50	2, 50	12, 00
7	5 0 50	2 7 0	5 4 9	134 13 4 16	66 0082	50	8, 00	3, 75
8	6 5 14	3 5 48	6 6 36	149 15 0 6	73 3962	50	5, 00	6, 00
9	6 2 28	3 6 30	6 6 26	147 4 7 35	72 1089	50	4, 00	7, 50
10	5 5 59	3 2 66	5 7 7	158 14 7 32	77 7993	50	4, 00	7, 50
11	7 1 49	4 2 60	7 2 39	170 0 3 64	83 2315	50	2, 00	15, 00
12	7 4 14	4 5 0	7 4 48	178 0 5 8	87 1523	50	2, 33	13, 90
13	6 6 29	4 0 60	6 6 58	173 5 0 56	84 8411	50	1, 67	18, 00
14	7 4 64	4 6 6	7 4 71	186 1 4 64	91 0981	50	1, 67	18, 00
15	8 0 28	5 0 28	8 0 32	187 5 7 0	91 7180	100	2, 25	26, 60
16	6 2 49	3 5 16	6 3 54	157 7 5 17	77 0872	50	2, 25	13, 50
17	5 2 54	3 1 69	5 5 59	150 10 5 67	73 7551	50	6, 67	4, 50
18	5 2 60	3 2 36	5 5 0	162 1 1 16	79 3358	50	4, 00	7, 50
19	6 1 4	3 6 3	6 4 47	151 13 7 1	74 3405	50	4, 67	6, 40
20	5 5 61	3 3 60	6 1 7	150 14 6 61	73 8810	50	4, 00	7, 50
21	5 6 32	3 4 48	6 1 15	158 4 2 32	77 4743	50	1, 00	4, 00

Numéros des Échantillons.	INDICATION DES PAYS D'OÙ LES PIERRES ONT ÉTÉ EXTRAITES.	NATURE ET QUALITÉ DES PIERRES.
22	Pierre du Blanc, à une demi-lieue de la ville.	Calcaire vive. .
23	Pierre de Saint-Avigny, à trois quarts de lieue de la ville du Blanc. .	Calcaire vive. .
24	Pierre de Chassin-Grimont, entre Saint-Benoît du Sault et Argenton.	o. . . . .
25	Pierre du lac Renaud, à une lieue de Château-Roux.	Calcaire vive. .
26	Pierre de Claviers, à deux lieues de Château-Roux.	Calcaire. . .
27	Pierre d'Ambrault, à quatre lieues d'Issoudun.	Calcaire vive. .
28	Pierre de Levroux, à une demi-lieue de cette ville.	Calcaire. . .
29	Pierre de Buzançois, à une lieue de cette ville.	Calcaire vive. .
30	Pierre de Mignard, paroisse de Narcy, à deux lieues de la Loire. . .	Calcaire vive. .
31	Pierre de la Pépinière, paroisse de Narcy, à deux lieues de la Loire. .	Calcaire vive. .
32	Pierre de la Riborde, paroisse de Narcy.	Calcaire vive. .
33	Pierre de Miniée, paroisse de Narcy.	Calcaire vive. .
34	Pierre de Maluau, paroisse de Bulcy, à cinq quarts de lieue de la Loire.	Calcaire vive. .
35	Pierre de Bulcy.	Calcaire vive. .
36	Pierre des Châtelets, paroisse de Bulcy.	Calcaire. . .
37	Pierre de la Terre Rouge, paroisse de Merve, à une lieue de la Loire.	Calcaire. . .
38	Pierre de la Pointe, proche la Charité.	Calcaire. . .
39	Pierre de la Marche.	Calcaire vive. .
40	Pierre de Trousange, à une demi-lieue de la Loire.	Calcaire vive. .

MARBRES, GRANITS, CHIPOLINS ET ALBATRES.

Marbres des pays étrangers.

1	Brocatelle, se tire sur les terres d'Espagne.	Calcaire. . .
2	Brèche violette, se tire dans la république de Lucques, du côté de Florence.	Calcaire. . .
3	Vert d'Egypte, se tire dans la Turquie.	Calcaire. . .
4	Vert de Mer, se tire dans la république de Lucques, à deux lieues et demie de Gênes.	Calcaire. . .
5	Brèche grise, se tire dans la république de Lucques.	Calcaire vive. .
6	Bleu turquin, se tire à Carrera, près Massa en Toscane.	Calcaire vive. .
7	Blanc statuaire, se tire de Calabre, terres du Pape, environ à quarante lieues de Gênes.	Calcaire vive. .
8	Blanc veiné, se tire de Calabre.	Calcaire. . .

MARBRES DE FRANCE.

Départemens de l'Aude et des Bouches du Rhône.

1	Serancolin, se tire à deux lieues de Carcassonne, en Languedoc. . . .	Calcaire vive. .
2	Griote, se tire à deux lieues de Bordeaux.	Calcaire vive. .
3	La Verrette, se tire à trois lieues de Carcassonne.	Calcaire vive. .
4	Campan vert, se tire à quatre lieues de Carcassonne.	Calcaire vive. .
5	Campan rouge, se tire à quatre lieues de Carcassonne.	Calcaire vive. .
6	Cervlat, se tire à deux lieues de Cosne.	Calcaire. . .

Numéros des Échantillons.	POIDS DES ÉCHANTILLONS			POIDS D'UN PIED CUBE		NOMBRE des tours	DEGRÉS	
	dans l'air.	dans l'eau.	à la sortie de l'eau.	EN LIVRES.	EN KILOGRAM.	DU FORET.	de profond.	de dureté.
	on. gr. gr.	on. gr. gr.	on. gr. gr	liv. on. gr. gr.	kil.	tours.	lig.	deg.
22	5 1 56	3 1 48	5 3 40	163 7 5 15	80 0242	50	5, 50	5, 50
23	5 2 49	3 1 48	5 5 70	147 2 1 12	72 0236	50	5, 00	6, 00
24	5 6 13	3 2 21	6 1 12	141 5 0 46	69 1763	50	2, 00	15, 00
25	6 0 51	3 5 54	6 2 18	166 5 1 8	81 4158	50	4, 33	7, 00
26	5 1 23	3 0 70	5 5 0	144 6 5 31	70 6937	50	9, 00	3, 40
27	5 5 38	3 3 2	6 0 69	145 5 0 67	71 1354	50	6, 67	4, 50
28	5 6 13	3 1 71	6 0 24	144 10 3 61	70 8100	50	3, 67	8, 20
29	7 2 23	4 2 53	7 3 30	164 9 7 27	80 5831	50	2, 67	11, 25
30	6 2 26	3 6 16	6 4 61	154 15 2 7	75 8514	50	6, 67	4, 50
31	6 6 23	4 0 41	6 7 16	167 13 5 23	82 1662	50	3, 50	8, 75
32	5 6 64	3 3 23	6 1 43	147 5 2 33	72 1203	50	6, 00	5, 00
33	6 1 51	3 4 0	6 2 36	154 10 2 68	75 7017	50	5, 50	5, 50
34	5 6 71	3 4 16	6 0 63	159 4 0 32	77 9561	50	1, 67	18, 00
35	5 7 36	3 4 53	6 2 12	155 2 3 35	75 9485	50	2, 00	15, 00
36	5 3 57	3 2 19	5 7 17	146 2 5 13	71 5494	50	5, 67	5, 33
37	5 5 43	3 3 18	6 1 25	144 7 1 57	70 7104	50	7, 00	4, 33
38	5 4 1	3 1 71	6 0 15	138 10 2 28	67 8674	50	9, 00	3, 40
39	6 5 4	4 0 56	6 7 35	163 8 6 4	80 0580	50	6, 00	5, 00
40	5 7 24	3 6 7	6 1 44	169 12 5 42	83 1156	50	6, 50	4, 60

MARBRES, GRANITS, CHIPOLINS ET ALBATRES.

Marbres des pays étrangers.

	dans l'air.	dans l'eau.	à la sortie de l'eau.	EN LIVRES.	EN KILOGRAM.	DU FORET.	de profond.	de dureté.
1	4 7 18	3 0 52	4 7 19	188 15 0 21	92 4878	100	1, 75	34, 00
2	5 0 7	3 1 38	5 0 13	191 8 6 70	93 7678	100	1, 75	34, 00
3	6 4 57	4 0 57	6 4 59	184 8 1 62	90 3216	100	3, 00	20, 00
4	5 0 2	3 1 28	5 0 2	191 6 3 52	93 6941	100	3, 33	18, 00
5	5 6 35	3 5 20	5 6 36	188 15 0 55	92 4897	100	3, 00	20, 00
6	5 2 57	3 3 3	5 2 57	190 2 7 50	93 0974	100	2, 00	30, 00
7	5 3 0	3 3 14	5 3 1	190 4 2 60	93 1400	100	0, 67	90, 00
8	4 7 70	3 1 29	5 0 0	191 10 7 40	93 8312	100	0, 67	90, 00

Départemens de l'Aude et des Bouches du Rhône.

	dans l'air.	dans l'eau.	à la sortie de l'eau.	EN LIVRES.	EN KILOGRAM.	DU FORET.	de profond.	de dureté.
1	5 1 55	3 2 33	5 1 55	191 0 0 66	93 4999	100	1, 75	34, 00
2	6 1 42	3 7 43	6 1 46	192 6 0 34	94 1712	100	2, 50	24, 00
3	6 0 7	3 6 28	6 0 7	190 2 0 4	93 0682	100	1, 00	60, 00
4	6 7 25	4 3 6	6 7 26	191 0 7 64	93 5265	100	0, 50	120, 00
5	6 3 1	4 0 36	6 3 2	192 11 6 16	94 3462	100	1, 50	40, 00
6	5 4 14	3 4 0	5 4 14	191 0 3 52	93 5106	100	1, 67	36, 00

Numéros des Echantillons.	INDICATION DES PAYS D'OÙ LES PIERRES ONT ÉTÉ EXTRAITES.	NATURE ET QUALITÉ DES PIERRES.
7	Le Tray, se tire à Sainte-Beaume en Provence.	Calcaire vive. .
8	La Sainte-Beaume, se tire de Sainte-Beaume en Provence.	Calcaire. . . .
9	Brèche d'Alep, se tire à deux lieues d'Aix en Provence.	Calcaire vive. .
10	Brèche de Memphis, se tire à trois lieues de Marseille, dans le marquisat d'Encins.	Calcaire vive. .
11	Le Languedoc, se tire à deux lieues de Cosne en Languedoc.	Calcaire. . . .
12	Le Bourbonnais, se tire proche de Bourbon-les-Bains.	Calcaire. . . .

MARBRE DE FLANDRES.

Département des Ardennes.

1	Le Saint-Remy, se tire à Saint-Hubert, pays d'Ardennes.	Calcaire vive. .
2	Rance, se tire à Philippeville, à une demi-lieue de Rance.	Calcaire. . . .
3	Bergopzoom, se tire de Chimay, dans le Hainault, à quatre lieues d'Avesnes.	Calcaire vive. .
4	Lusson, se tire à deux lieues de Givet.	Calcaire. . . .
5	Brèche de Vausore, se tire à trois lieues de Givet.	Calcaire vive. .
6	Le Tigre, se tire à Franchinon, à une lieue de Philippeville.	Calcaire. . . .
7	Merlemont, se tire à deux lieues de Philippeville.	Calcaire vive. .
8	Marbre de Givet, se tire à Givet, que l'on peut nommer Hain. . . .	Calcaire. . . .
9	Cerf-Fontaine, se tire à trois lieues de Philippeville.	Calcaire vive. .
10	Gauchenet, se tire à deux lieues de Dinant, proche Givet.	Calcaire vive. .

GRANITS, MARBRES, CHIPOLINS ET ALBATRES.

1	Granit antique, poli.	o. . . . .
2	Granit antique, non poli.	o. . . . .
3	Vert antique.	o. . . . .
4	Marbre de Paros.	Calcaire vive. .
5	Porphire.	o. . . . .
6	Lave du mont Vésuve (on croit que c'est du mortier et non de la lave).	Peu calcaire. .
7	Mine de cuivre d'Ibbel, proche Labrolle, à sept lieues en deçà de Livro.	o. . . . .
8	Pyrite de Champagne, trouvée dans de la craie.	o. . . . .
9	Tête d'une figure chinoise de marbre blanc.	o. . . . .
10	No 27, marbre rouge, semblable au porphire trouvé dans un ancien parquet à Fremont, à une lieue de Poligny.	Calcaire. . . .
11	No 28, marbre blanc, veiné, trouvé avec le précédent.	Calcaire. . . .
12	Marbre trouvé dans un ancien monument souterrein, aux environs de Soissons, en 1760.	o. . . . .
13	Chipolin.	Calcaire. . . .
14	Chipolin.	Calcaire. . . .
15	Chipolin.	Calcaire. . . .
16	Chipolin.	Calcaire. . . .
17	Albâtre.	Calcaire. . . .
18	Jaune antique de Sienne.	Calcaire. . . .
19	Brèche violette.	Calcaire. . . .
20	Mortier du même monument.	Calcaire. . . .
21	Pierre Molesse de Turin, qui résiste à la fonte des métaux, pour la Monnaie de Paris, reçue par M. Soufflot, le 16 novembre 1761. . . .	Calcaire. . . .

Numéros des Échantillons	POIDS DES ÉCHANTILLONS			POIDS D'UN PIED CUBE		NOMBRE des tours DU FORET.	DEGRÉS	
	dans l'air.	dans l'eau.	à la sortie de l'eau.	EN LIVRES.	EN KILOGRAM.		de profond.	de dureté.
	on. gr. gr.	on. gr. gr.	on. gr. gr.	liv. on. gr. gr.	kil.	tours.	lig.	deg.
7	6 1 59	3 7 27	6 1 61	188 12 5 3	92 4142	100	0, 67	90, 00
8	6 2 54	4 0 13	6 2 54	191 4 7 38	93 6475	100	0, 50	120, 00
9	5 5 53	3 4 52	5 5 53	188 2 5 67	92 1117	100	1, 50	40, 00
10	5 6 1	3 4 70	5 6 2	188 13 5 2	92 4448	100	1, 50	40, 00
11	5 7 0	3 5 50	5 7 0	190 1 6 27	93 0618	100	0, 75	80, 00
12	6 4 16	4 0 65	6 4 17	189 1 2 21	92 5567	100	3, 00	20, 00

Département des Ardennes.

Numéros des Échantillons	dans l'air.	dans l'eau.	à la sortie de l'eau.	EN LIVRES.	EN KILOGRAM.	NOMBRE des tours	de profond.	de dureté.
1	6 1 65	3 7 30	6 1 65	188 15 3 20	92 4993	100	1, 00	60, 00
2	6 1 22	3 7 10	6 1 22	189 15 6 3	92 9993	100	1, 50	40, 00
3	6 0 16	3 6 34	6 0 16	190 2 6 1	93 0910	100	0, 67	90, 00
4	6 4 45	4 1 22	6 4 45	190 10 6 35	93 3376	100	0, 33	180, 00
5	6 2 61	3 7 71	6 2 65	188 2 4 8	92 1047	100	0, 75	80, 00
6	6 4 61	4 1 24	6 4 61	189 9 1 24	92 7978	100	1, 00	60, 00
7	5 5 50	3 4 68	5 5 50	190 15 3 7	93 4776	100	3, 00	20, 00
8	6 0 17	3 6 36	6 0 17	190 6 0 8	93 1908	100	0, 33	180, 00
9	6 4 44	4 1 12	6 4 44	189 6 3 14	92 7131	100	2, 50	24, 00
10	6 2 35	3 7 60	6 2 35	182 0 2 20	89 0995	100	1, 00	60, 00

GRANITS, MARBRES, CHIPOLINS ET ALBATRES.

Numéros des Échantillons	dans l'air.	dans l'eau.	à la sortie de l'eau.	EN LIVRES.	EN KILOGRAM.	NOMBRE des tours	de profond.	de dureté.
1	1 3 68	0 7 32	1 3 68	185 12 6 52	90 9521	200	0, 85	720, 00
2	1 4 55	1 0 5	1 4 55	190 5 1 47	93 1661	200	0, 25	480, 00
3	2 6 20	1 6 54	2 6 20	207 2 4 22	101 4062	200	0, 33	360, 00
4	3 1 6	1 7 64	3 1 7	190 10 6 63	93 3391	200	1, 50	80, 00
5	4 1 65	2 5 47	4 1 66	193 8 1 27	94 7254	400	0, 00	très-dure.
6	1 4 38	0 6 33	1 4 57	138 7 3 36	67 7799	20	3, 00	4, 00
7	7 6 19	5 7 10	7 6 20	287 14 3 6	140 9294			
8	7 4 32	5 6 39	7 4 31	304 10 1 66	149 1242			
9	3 5 12	2 2 44	3 5 12	193 6 5 64	94 6815			
10	4 0 5	2 4 21	4 0 5	190 9 4 70	93 3012	100		60, 00
11	1 5 45	1 0 43	1 5 46	189 2 6 15	92 6023	100		60, 00
12								
13	3 1 63	2 0 24	3 1 63	189 13 1 46	92 9213	100	0, 50	120, 00
14	2 2 17	1 3 36	2 2 20	188 5 3 39	92 1943	100	0, 75	80, 00
15	1 3 26	0 7 12	1 3 26	189 9 5 10	92 8123	100	0, 75	80, 00
16	0 6 42	0 4 12	0 6 42	190 1 0 59	93 0406	100	0, 50	120, 00
17	1 4 23	0 7 56	1 4 24	189 4 6 17	92 6636	100	0, 75	80, 00
18	0 7 68	0 5 1	0 7 68	189 12 1 48	92 8908	100	0, 50	120, 00
19	0 7 30	0 4 50	0 7 30	190 11 3 31	93 3565	100	1, 33	45, 00
20	0 6 58	0 3 68	0 7 2	153 2 0 0	74 9562			
21	1 1 42	0 4 34	1 3 20	98 9 1 10	48 2516	6	3, 00	1, 20

Numéros des Échantillons.	INDICATION DES PAYS D'OÙ LES PIERRES ONT ÉTÉ EXTRAITES.	NATURE ET QUALITÉ DES PIERRES
	PIERRES DE WIRTEMBERG, ENVOYÉES A M. PERRONET. *(De Stutgard.)*	
1	Marbre gris-noir.	Calcaire.
2	Marbre gris-noir, veiné de blanc.	Calcaire vive.
3	Marbre jaune, veiné de gris.	Calcaire vive.
4	Marbre herborisé.	Calcaire vive.
5	Marbre rougeâtre, veiné.	Calcaire vive.
6	Marbre blanc, veiné de rouge ondé.	Calcaire vive.
7 8 9	Grès ; ces trois échantillons sont les meilleures pierres.	o.
10	Grès gris.	o.
11	Grès verdâtre.	o.
12	Grès rougeâtre.	o.
13	Grès gris, veiné, marqué 4.	o.
14	Grès gris, marqué 4.	o.
15	Grès rouge, veiné, marqué 4.	o.
16	Grès gris, marqué 3.	o.
17	Grès gris, marqué Z.	o.
18	Grès gris, veiné, marqué Z.	o.
19	Grès rougeâtre, veiné, marqué Z.	o.
	BRIQUES ET CRISTAL DE ROCHE.	
	De Scheffer.	o.
1	De M. Laurent.	o.
2		o.
3		o.
4		o.
5		o.
6		o.
1	Cristal de roche.	o.
2	Le marbre de Mont-Roche, de Tarentain Pesé.	o.

Numéros des échantillons	POIDS DES ÉCHANTILLONS			POIDS D'UN PIED CUBE		NOMBRE des tours DU FORET	DEGRÉS	
	dans l'air.	dans l'eau.	à la sortie de l'eau.	EN LIVRES.	EN KILOGRAM.		de profond.	de dureté.
	on. gr. gr.	on. gr. gr.	on. gr. gr.	liv. on. gr. gr.	kil.	tours	lig.	deg.

PIERRES DE WIRTEMBERG, ENVOYÉES A M. PERRONET.

(De Stutgard.)

Num.	on. gr. gr.	on. gr. gr.	on. gr. gr.	liv. on. gr. gr.	kil.	tours	lig.	deg.
1	5 7 56	3 2 8	5 7 56	154 5 5 68	75 5602	200	4, 00	30, 00
2	6 1 13	3 7 16	6 1 14	191 8 6 59	93 7672	200	4, 33	27, 60
3	5 7 3	3 5 42	5 7 3	188 9 6 58	92 3292	200	3, 33	36, 00
4	6 4 11	4 0 56	6 4 14	188 0 2 27	92 0369	200	3, 33	36, 00
5	5 7 33	3 6 4	5 7 34	190 11 6 66	93 3698	200	3, 33	36, 00
6	5 1 66	3 2 0	5 2 1	183 3 4 70	89 6911	200	3, 67	32, 80
7	6 1 26	3 4 2	6 3 3	150 2 1 55	73 4944	100	2, 00	30, 00
8	6 2 47	3 5 21	6 4 64	150 4 1 10	73 5532	100	3, 67	16, 40
9	6 1 33	3 4 48	6 4 4	148 0 2 63	72 4584	100	4, 67	13, 00
10	6 3 51	3 6 28	6 5 36	156 9 6 6	76 6653	100	1, 67	36, 00
11	6 3 18	3 7 6	6 4 7	170 11 4 16	83 5693	100	1, 67	36, 00
12	6 6 42	4 0 5	6 7 54	161 5 4 48	78 9819	100	2, 67	22, 50
13	6 4 10	3 7 45	6 6 6	162 8 1 27	79 5506	100	2, 33	25, 80
14	5 7 21	3 3 33	6 2 12	145 12 3 58	71 3606	100	3, 00	20, 00
15	6 5 21	3 7 60	6 7 38	157 7 0 8	77 0676	100	3, 00	20, 00
16	5 7 11	3 4 16	6 1 2	158 10 2 39	77 6582	100	3, 00	20, 00
17	6 2 64	3 6 0	6 5 31	152 0 4 17	74 4217	100	1, 67	36, 00
18	6 1 56	3 5 31	6 4 8	153 10 0 58	75 2040	100	2, 33	25, 80
19	5 4 47	3 3 1	5 6 6	163 14 4 45	80 2361	100	1, 67	36, 00

BRIQUES ET CRISTAL DE ROCHE.

Num.	on. gr. gr.	on. gr. gr.	on. gr. gr.	liv. on. gr. gr.	kil.
	13 5 66	5 5 29	15 61 36	94 14 0 8	46 4427
	7 7 3	3 1 57	9 5 5	86 0 7 40	42 1267
1	8 4 66	3 2 24	9 4 12	96 12 7 12	47 3875
2	10 3 60	4 2 22	11 4 41	100 11 4 11	49 3031
3	4 2 69	1 4 4	5 6 61	70 5 2 66	34 4298
4	6 2 30	1 7 8	7 1 0	84 4 0 6	41 2415
5	6 7 6	2 7 9	7 5 42	100 4 1 20	49 0782
6	5 7 63	2 4 24	6 4 56	102 15 7 1	50 4157

Num.	on. gr. gr.	on. gr. gr.	on. gr. gr.	liv. on. gr. gr.	kil.
1	2 3 2	36 1 5	7 48 0	185 1 4 71	90 6089
2				193 3 2 16	94 5756

Fin de la Table Lythologique.

TABLE DES ARTICLES

INDIQUANT

Les Provinces, Généralités, Cantons *et* Pays *d'où l'on a tiré les Pierres d'échantillons du Cabinet Lythologique de feu* M. PERRONET.

Numéros d'ordre.	INDICATION DES PAYS D'EXTRACTION DES PIERRES.	NOMBRE des PIERRES.	NUMÉROS des PAGES.
21	GÉNÉRALITÉ de Limoges, DÉPARTEMENT de la Haute-Vienne.	10	20 et 21
22	PROVINCE de Roussillon, DÉPARTEMENT des Pyrennées orientales.	18	20, 21, 22 et 23
23	GÉNÉRALITÉ d'Auch, DÉPARTEMENT du Gers.	54	22, 23, 24 et 25
24	GÉNÉRALITÉ de Montauban, département du Lot.	10	24 et 25
25	PROVINCE de Languedoc, Toulouse, DÉPARTEMENS de la Haute-Garonne et de l'Aude.	4	24 et 25
26	PROVINCE de Provence, DÉPARTEMENT de Vaucluse.	6	26 et 27
27	GÉNÉRALITÉ de Grenoble, DÉPARTEMENT de l'Isère.	7	26 et 27
28	GÉNÉRALITÉ de Lyon, DÉPARTEMENT du Rhône.	4	26 et 27
29	GÉNÉRALITÉ de Tours, DÉPARTEMENT d'Indre et Loire.	31	26, 27, 28 et 29
30	GÉNÉRALITÉ de Châlons, DÉPARTEMENT de la Marne.	20	28, 29, 30 et 31
31	BOURGOGNE et FRANCHE-COMTÉ, DÉPARTEMENS de l'Yonne, du Jura et de la Haute-Saône.	38	30, 31, 32 et 33
32	GÉNÉRALITÉ de Metz, DÉPARTEMENT de la Moselle.	13	32 et 33
33	PROVINCE d'Alsace, DÉPARTEMENT du Haut et Bas-Rhin.	20	32, 33, 34 et 35
34	DUCHÉS de Lorraine et de Bar, DÉPARTEMENS de la Meuse et de la Meurthe.	4	34 et 35
35	PIERRES extraites de différens départemens de la France.	87	34, 35, 36, 37, 38 et 39
36	GÉNÉRALITÉ de Bourges, DÉPARTEMENT du Cher.	40	38, 39, 40 et 41
37	MARBRES, GRANITS, CHIPOLINS et ALBATRES, Marbres des pays étrangers.	8	40 et 41
38	MARBRES de France, DÉPARTEMENS de l'Aude et des Bouches du Rhône.	12	42 et 43
39	MARBRES de Flandres, DÉPARTEMENS des Ardennes.	10	42 et 43
40	GRANITS, MARBRES, CHIPOLINS et ALBATRES.	21	42 et 43
41	PIERRES de Wirtemberg, envoyées de Stutgard à M. Perronet.	19	44 et 45
42	BRIQUES.	6	44 et 45
43	CRISTAL de Roche et Marbre.	2	44 et 45

TOTAL DES ÉCHANTILLONS. . . 745

PHARE D'EDYSTONE.

PRÉCIS HISTORIQUE

DE LA

CONSTRUCTION DU PHARE D'ÉDYSTONE,

Par J. SMEATON,

INGÉNIEUR, MEMBRE DE LA SOCIÉTÉ ROYALE DE LONDRES, EN 1759;

Extrait de la Bibliothèque britannique des Sciences et Arts de Londres, tome Ier, pages 89 et 611;

TRADUIT DE L'ANGLAIS, PAR M. A. PICTET, DE GENÈVE (1).

Le tems et l'industrie humaine, aiguillonnés par tous les motifs qui peuvent la développer, ont amené l'art sublime de la navigation à un degré voisin de la perfection absolue. Une tempête en pleine mer n'est, pour le matelot expérimenté, qu'une occasion de déployer son adresse à maîtriser l'élément dont il brave la fureur; mais c'est au voisinage de la terre qu'arrive l'heure du danger. Lorsque cette terre est inhospitalière et bordée de brisans; lorsqu'une nuit profonde ajoute aux difficultés de la manœuvre toutes les anxiétés du doute, alors l'adresse, le

---

(1) J'ai cru devoir ajouter à la traduction faite par M. Pictet, cinq des principales planches que j'ai fait graver sur les dessins de M. Smeaton, et dont je donne la description d'après celles qu'on trouve dans son grand ouvrage. On y verra les moyens ingénieux employés par l'auteur à la construction de ce monument. L. S.

7

courage deviennent inutiles; chaque minute, chaque instant menacent de la mort, et semblent la multiplier : le matelot l'attend dans une sombre résignation voisine du désespoir.

Mais si, dans l'horreur de cette situation, la lumière bienfaisante d'un fanal placé sur l'écueil redoutable, frappe les yeux du navigateur, alors il passe tout à coup de son accablante incertitude à la connaissance précise du gissement des côtes, de la route à suivre pour éviter le danger. Ce n'est plus en tremblant que la main du pilote tient le gouvernail : l'espoir, le courage, la gaîté renaissent dans l'équipage qu'une manœuvre sûre va sauver.

A l'entrée du canal de la Manche, quatorze milles en mer, au sud-sud-ouest de la rade de Plymouth, est un banc de rochers dont la pointe seule se montre au dessus de l'eau, et dont l'arrête se prolonge au dessous, en formant un écueil d'environ cent brasses d'étendue dans la direction du *nord* au *sud*. Cet écueil est sur le passage des vaisseaux qui entrent et sortent du canal; il est souvent le premier point de reconnaissance après des voyages lointains; il est donc à redouter pour la très-grande pluralité des navires de la marine anglaise, indépendamment de ceux des autres nations qui suivent cette route pour le commerce du nord : on le nomme le Roc d'Edystone (1).

Des circonstances particulières contribuent à rendre cet écueil plus effrayant encore. Il est le premier obstacle que rencontrent les lames qui viennent de la haute mer, du côté de la baie de Biscaye; les sondes donnent à l'entour depuis quatre-vingts brasses à quarante de profondeur; on trouve encore trente brasses à côté du rocher, qui s'offre ainsi comme une muraille verticale contre laquelle les vagues, amenées par

-----

(1) *Edeastone*, *Edystone*, est un mot d'origine saxonne. Il est composé des mono-syllabes *ed*, qui signifie en arrière, et *ea*, qui se prononce *y*, eau. Les marins appellent *eddy* le mouvement par lequel l'eau revient en arrière, à la rencontre d'un obstacle; *stone* veut dire pierre, rocher.

un plan incliné, viennent heurter avec la dernière furie; et, dans ces eaux profondes, le balancement des vagues, à la suite d'une tempête au *sud-ouest* dans la baie de Biscaye, ne cesse point avec l'orage. Il subsiste pendant plusieurs jours encore autour du rocher, tellement, que lorsqu'ailleurs la mer est unie comme une glace, ces lames sourdes viennent encore se briser sur la crête du roc, et empêchent qu'on puisse non seulement y entreprendre aucun ouvrage, mais même y aborder en tems calme, lorsqu'un vent a soufflé quelque tems.

On ne s'étonnera pas que les dangers dont nous venons de parler aient fait souhaiter aux marins qu'un fanal fût établi sur ce rocher; mais on croira difficilement qu'il se soit trouvé des ingénieurs assez hardis pour en entreprendre la construction, et assez habiles pour y réussir. Deux tentatives ont été suivies d'événemens désastreux; mais la troisième, conduite par le célèbre *Smeaton*, a réussi. Pour la troisième fois, une tour est bâtie sur ce roc isolé; elle a résisté, jusqu'à ce jour, à toutes les tempêtes; et, depuis le premier octobre 1759, un fanal, entretenu au sommet, n'a point cessé d'éclairer les navigateurs. L'ouvrage splendide que nous avons sous les yeux, grand in-folio de deux cents pages, avec nombre de planches supérieurement exécutées, donne tous les détails qu'on peut desirer sur cette construction merveilleuse, ainsi que l'histoire des tentatives précédentes. On ne sait si la mémoire de son auteur, que les arts et les sciences ont perdu il n'y a pas longtems, doit recevoir plus de gloire de la construction d'un édifice qui s'élève, comme par enchantement, au dessus des vagues, et qui est d'un avantage inestimable au monde commerçant, qu'elle n'en retire de la description, indépendamment de son utilité pour des constructions analogues, comme un monument élevé à la fois à tous les arts relatifs à l'architecture, à l'art typographique qu'elle honore en particulier, et au génie humain lui-même dont elle déploie et fait admirer les étonnantes ressources.

La nécessité d'établir des fanaux ou phares sur les côtes dangereuses avait été sentie dès les premiers âges de la navigation. On sait que le fameux phare d'Alexandrie était une des sept merveilles du monde : on le dut, il y a environ vingt siècles, aux Ptolémée, successeurs d'Alexandre. Sa hauteur, suivant le Nubien, géographe du douzième siècle, était de trois cents coudées (1) (environ cinq cent quarante-sept pieds anglais). Abulfeda, auteur arabe du douzième siècle, en parle encore à cette époque, comme de l'un des beaux monumens de l'Egypte. On en découvre aujourd'hui quelques traces parmi les rochers de l'île de Pharillon, au dessus de la surface de l'eau. Sans doute il aura été détruit par quelque tremblement de terre, mais on ne peut douter qu'il n'ait subsisté pendant une période au moins de seize cents ans.

Le plus remarquable des phares modernes est la tour de Cordouan, commencée, il y a plus de deux cents ans, sous Henri II, et achevée sous le règne de Henri IV, en 1610. On employa vingt-six ans à la bâtir. Elle est placée dans une petite île près de l'embouchure de la Garonne : elle fut dirigée par *Louis de Foix*, architecte célèbre. Son accès est très-difficile à cause des bas-fonds qui ne permettent pas à des bâtimens de plus de trois tonneaux d'en approcher : elle est construite avec beaucoup d'élégance et même de luxe.

Le premier homme assez hardi pour concevoir la possibilité d'élever un fanal sur le roc d'Edystone, fut Henri *Winstanley* de Littlebury, dans le comté d'Essex. La corporation de Trinity House (2) lui donna, en 1696, les pouvoirs nécessaires pour exécuter son entreprise.

---

(1) D'après la mesure encore existante sur une colonne au bord du Nil, et qui paraît être une copie exacte de celle élevée, il y a deux mille ans, pour mesurer les inondations du fleuve, la coudée répond à 21 $\frac{888}{10000}$ pouces anglais ; quatre cents de ces coudées faisaient un stade, et cinq cents stades, un degré du méridien. Il paraît que cette mesure n'avait pas été prise arbitrairement, mais qu'elle répondait à $\frac{1}{200000}$ de degré : la base de la grande pyramide est un stade de cette mesure.

(2) C'est une corporation ou collége de Deptford, près de Londres. Il reçut de Henri VIII, en 1515, une première charte, qui fut confirmée, et successivement étendue par Elizabeth, Charles II et Jacques II. Il est composé de trente-un membres

Ce gentilhomme s'était fait une réputation dans une certaine branche des mécaniques, pour laquelle il avait un goût particulier, c'est-à-dire, dans toutes les inventions dont le principal objet était d'exciter la surprise. Sa maison, à Littlebury, en offrait une collection bisarre. On vous faisait entrer dans une chambre, au milieu de laquelle se trouvait une vieille pantoufle; si, comme cela est assez naturel, on la

---

choisis parmi les officiers les plus distingués et les plus expérimentés de la marine, qui s'adjoignent un nombre illimité de contre-maîtres et de pilotes, sous le titre de Jeunes Frères. Cette corporation est chargée de l'examen des mathématiques des élèves de l'hôpital de Christ, et de celui des contre-maîtres des vaisseaux du roi. Elle fournit les pilotes-côtiers pour la sortie et l'entrée de la Tamise; elle établit les prix du pilotage; elle a la direction des fanaux et des signaux permanens de la navigation; elle veille à ce que les étrangers ne puissent s'enrôler comme matelots anglais; elle punit la désertion ou la mutinerie dans les équipages de la marine marchande, et connaît, en première instance, des plaintes des officiers et matelots de ce service, avec appel de son jugement à l'amirauté; elle a des fanaux qui lui appartiennent, et pour l'entretien desquels les vaisseaux payent un demi-denier sterling de péage par tonneau; enfin, elle emploie annuellement environ 6,000 liv. sterlings de ses revenus pour secourir, dans trois hôpitaux, des matelots invalides et leurs familles.

En voyant cette belle institution, régie, comme beaucoup d'autres en Angleterre, par une société particulière, nous sommes frappés d'un fait, c'est qu'en général l'esprit d'association paraît être un des traits caractéristiques de la nation anglaise, et qu'en même tems qu'il fait honneur à la bonne foi et à la moralité des individus, il contribue plus qu'on le pense à leur bonheur et à la prospérité de la nation entière; car, sans cette ramification dans l'organisation sociale, l'individu est trop disproportionné au grand tout; il n'y trouve pas de semblables qu'il puisse connaître, aimer, auxquels il puisse associer son existence, qu'il concentre alors en lui-même, ou tout au plus sur sa famille. Mais si cet esprit de société existe chez un peuple, alors les nombreux rapports sous lesquels l'homme peut être utile ou agréable à l'homme, forment comme des classes d'affinités qui rapprochent les individus, et qui les réunissent dans des associations nombreuses et variées, dont les membres éprouvent journellement la douceur et les avantages. Peu à peu l'égoïsme naturel se modifie; on prend l'habitude de penser et d'agir pour les autres comme pour soi-même; et c'est ainsi que le véritable esprit public se forme et s'entretient dans un grand pays. (R.)

poussait de côté d'un coup de pied, à l'instant un fantôme sortait du plancher, et se présentait devant vous ; si on s'asseyait dans une certaine chaise, on se trouvait tout à coup embrassé par une paire de bras, dont on ne pouvait se défaire sans un secours étranger ; si on se reposait dans un certain bosquet au bord d'un canal, ce bosquet se mettait à flotter, et s'éloignait du bord, dont il ne se rapprochait qu'à la volonté du maître de la maison. On explique, par la singularité de l'auteur de ces inventions, celle du bâtiment qu'il éleva sur le rocher d'Edystone ; car, non content de ce qu'il y avait déjà d'extraordinaire dans le choix du local, il lui donna une élévation et une forme qui le rendaient moins capable que tout autre de résister à l'action du vent et des vagues.

Il paraît, d'après le rapport de M. W. lui-même, qu'il mit plus de quatre ans à bâtir son fanal. Le premier été fut employé à faire douze trous dans le rocher, et à y loger douze montans de fer destinés à consolider l'ouvrage. On éleva, dans l'été suivant, une masse cylindrique solide de douze pieds de haut et de quatorze de diamètre. La troisième année, on grossit cette colonne jusqu'à seize pieds de diamètre, et on bâtit le reste de l'édifice jusqu'à la girouette, élevée de quatre-vingts pieds. « Tout » l'essentiel étant terminé, dit M. W., nous hasardâmes de nous y établir » peu après la mi-août, pour achever plus promptement l'intérieur ; » mais dès la première nuit, le tems se dérangea, et, pendant onze » jours, aucun bâtiment ne put approcher. Nous avions *ignoré* jusqu'a- » lors la hauteur à laquelle s'élevaient les vagues, et nous l'apprîmes à » nos dépens, car, et nos provisions, et nous-mêmes, fûmes constam- » ment inondés, quelque peine que nous prissions pour nous mettre à » l'abri. »

Le fanal fut cependant allumé le 14 novembre 1698 ; mais M. W. fut retenu dans la tour jusqu'au 22 décembre par le mauvais tems, et souffrit beaucoup dans cet intervalle par le défaut de provisions.

La quatrième année, M. W. ayant observé que les vagues dépassaient souvent la lanterne, quoiqu'élevée de soixante pieds, il crut nécessaire d'augmenter encore l'épaisseur de la tour de trois pieds, à partir des fondations ; il éleva la masse solide à vingt pieds, et le reste, de quarante pieds plus haut que précédemment. « Cependant, dit-il, la mer, pendant » la tempête, paraît s'élever encore de près de cent pieds au dessus de » la girouette, et envelopper le haut de la tour et de la lanterne sous » la vague, du côté où elle arrive. »

Au mois de novembre 1703, on avertit M. W. que le fanal exigeait quelques réparations. Il se transporta de Londres à Plymouth pour y pourvoir ; et se trouvant avec quelques amis peu de jours avant son départ pour Edystone, ceux-ci lui firent part de leurs craintes que l'édifice ne pût résister encore longtems à la violence des vagues. Il répondit que tout son desir était de se trouver dans la tour à l'époque d'une violente tempête pour en observer l'effet : il eut pleine satisfaction. Il s'y trouva, avec ses ouvriers et les gardiens ordinaires du fanal, dans la fameuse tempête qui eut lieu la nuit du 26 novembre 1703. Le matin du 27, lorsque les vagues furent appaisées pour qu'on pût voir le fanal depuis Plymouth, ce fut en vain qu'on le chercha sur l'étendue liquide ; tout avait disparu, à l'exception de quelques-unes des barres de fer plantées dans le rocher. On ne revit plus M. W., ni aucune des victimes de son impéritie ; il ne resta pas même sur le rocher une seule des pierres de la tour. On remarqua dans le tems, comme une circonstance singulière, que, dans la même nuit, si fatale à M. W., le modèle de sa tour, qu'il conservait dans sa maison à Littlebury, tomba et fut mis en pièces.

M. W. avait bâti à ses frais l'édifice qui lui fut funeste, et pour lequel il avait avancé 5093 livres sterlings. Sa veuve était misérable ; on lui accorda, en 1708, à titre de dédommagement, une pension de 100 livres sterlings sur la cassette royale.

Cependant, la nécessité d'un fanal sur le roc d'Edystone se faisant sentir plus que jamais, le parlement rendit un acte, en 1706, pour acheminer la corporation de Trinity House à le faire rebâtir. On l'autorisa à percevoir un droit sur tous les vaisseaux qui fréquenteraient ces parages, et à contracter avec tels entrepreneurs qui lui paraîtraient mériter sa confiance. Elle fit un accord, en conséquence, avec un capitaine Lovel ou Lovet, pour le terme de quatre-vingt-dix-neuf ans, à dater du jour où le fanal nouveau serait allumé, et pour aussi longtems qu'il luirait dans cet intervalle. M. Lovet engagea M. Rudyerd pour ingénieur architecte.

Celui-ci, sans être mécanicien de profession (car il était, à cette époque, marchand de soie à Londres), aidé sans doute par des praticiens habiles, conduisit l'ouvrage avec beaucoup de jugement; il évita les fautes qu'avait commises Winstanley. Il bâtit une tour circulaire au lieu d'un polygone, et parut, dans tout son travail, avoir presqu'uniquement en vue l'utilité jointe à la simplicité; il supprima tous les ornemens, toutes les pièces saillantes dont son prédécesseur avait si mal à propos surchargé son ouvrage; il eut le bon sens de voir que les ornemens les plus beaux en eux-mêmes trahissent, s'ils sont placés hors de propos, l'ignorance où est celui qui les emploie, du premier principe des arts, le jugement; car, dans cette classe d'objets, ce qui est disconvenable est erroné, et tout au moins insipide.

M. *Rudyerd* choisit le bois, comme la matière la plus appropriée à la nature de son édifice. Sa tour avait la forme d'un cône tronqué, d'une coupe élégante; il avait élevé dans l'intérieur un massif de pierres jusqu'à une certaine hauteur, d'après la maxime que rien ne résiste mieux au poids que le poids lui-même; aucune saillie ne donnait prise aux vagues à l'extérieur. La tour avait vingt-deux pieds huit pouces de diamètre à sa base, soixante-un pieds d'élévation au dessus, et quatorze pieds trois pouces seulement de diamètre dans le haut, là où commençait le fanal; en sorte que le diamètre de la base surpassait le tiers de la hauteur, et que le diamètre du sommet était au dessous des deux tiers de celui de la base. Le fanal était un octogone de dix pieds de diamètre extérieur, et de neuf pieds de haut; ce qui portait le centre de la lumière à soixante-dix pieds, c'est-à-dire, plus bas d'environ sept pieds que le second fanal du malheureux *Winstanley*. M. *Rudyerd* substitua judicieusement aux ornemens et à la girouette, qui surpassaient de vingt-deux pieds le fanal de son prédécesseur, un simple globe de deux pieds trois pouces de diamètre, qui ne dépassait que de trois pieds la coupole de la lanterne. La hauteur totale, depuis le sommet de ce globe jusqu'à la mer, était de quatre-vingt-douze pieds. Le bâtiment fut achevé en 1709: on mit trois ans à le construire.

Il avait subsisté quarante-six ans, lorsque, le 2 décembre 1755, une terrible catastrophe mit fin à son existence; nous la raconterons dans les propres expressions de M. Smeaton.

« Les ouvriers retournèrent à terre le 22 août, après avoir terminé
» toutes les réparations nécessaires pour cette année. Le bateau de trans-
» port fit, dès cette époque jusqu'au 2 décembre suivant, plusieurs
» voyages au fanal, et en particulier on y conduisit des provisions
» le 1er décembre; les gardiens dirent que tout allait bien, à l'exception
» d'une ou deux briques qui avaient été dérangées au foyer de la cui-
» sine pendant la dernière tempête. On n'a jamais su comment le feu
» avait pris à l'édifice; mais d'après ce qu'on a pu conjecturer en
» comparant les rapports, il paraît qu'il se manifesta à la coupole au-
» dessus du fanal. Lorsque celui des gardiens qui faisait son quart
» monta à deux heures du matin pour moucher les chandelles, selon
» l'usage, il trouva la lanterne pleine de fumée, et en ouvrant la porte
» qui donnait sur le balcon, la flamme sortit à l'instant de l'intérieur de
» la coupole. Il s'empressa d'avertir ses compagnons, qui, endormis
» dans leurs lits, ne purent point venir au secours aussi promptement qu'il
» l'aurait fallu. Il y avait des sceaux de cuir à portée et une cuve pleine
» d'eau dans la lanterne; le gardien essaya d'en faire usage, et de jeter
» de l'eau depuis le balcon sur la coupole : il cria à ses compagnons
» d'apporter avec eux de l'eau de la mer. Mais qu'on imagine combien,
» à la hauteur de soixante-dix pieds, un tel secours était lent et faible,
» et combien la consternation devait encore diminuer le courage et les
» forces de ces malheureux! L'homme du balcon avait à jeter l'eau au
» moins à douze pieds au-dessus de sa tête, et l'on ne doit pas s'étonner

» si, malgré ses efforts, les flammes augmentaient à chaque instant.
» Une circonstance bien extraordinaire et bien cruelle mit fin à son
» travail ; il regardait en haut pour juger de la direction et du succès de
» l'eau qu'il jetait, lorsqu'un torrent de plomb, fondu par l'ardeur des
» flammes, tomba de la coupole sur lui ; sa tête, son visage, ses habits
» en furent couverts, une partie s'introduisit entre le collet de sa chemise
» sur sa peau, et il éprouva dans ce même instant une sensation interne
» très-violente, comme si une partie du métal fût entrée dans son gosier
» même. Dans cette situation désespérée, les flammes augmentant tou-
» jours, la terreur et le désespoir s'emparèrent des trois infortunés ; ils
» abandonnèrent cette scène d'horreur ; et voyant qu'il n'y avait plus
» rien à faire, ils se décidèrent à descendre de chambre en chambre,
» et ensuite dans l'escalier, à mesure que les flammes viendraient les
» forcer à la retraite. On ne sait pas précisément dans quelle période
» de l'embrâsement les flammes furent aperçues du rivage. Des pêcheurs
» de Cawland en avertirent M. Edward de Rame, gentilhomme aisé et
» rempli d'humanité : il dépêcha à l'instant un bateau au secours d'hommes
» qu'il supposait dans la détresse. Le bateau arriva au rocher à dix
» heures ; il y en avait déjà huit que les flammes consumaient l'édifice
» sans discontinuer : à cette époque, les trois gardiens avaient été suc-
» cessivement chassés de toutes les chambres et de l'escalier même ;
» mais pour éviter la chute des poutres enflammées, des pièces de fer
» rouge, etc., ils s'étaient réfugiés dans une petite caverne naturelle, à
» la partie orientale du rocher, et ils attendaient là, dans une sorte
» de stupeur, ce qu'il plairait à la Providence de décider de leur sort.
» La marée était basse, le vent d'est soufflait assez fort pour rendre
» tout abordage sur le rocher, sinon impossible, du moins excessive-
» ment hasardeux ; la lame, qui brisait avec violence sur le côté oc-
» cidental du rocher, ne permettait pas mieux qu'on l'attaquât par cette
» face. Les matelots imaginèrent l'expédient suivant : ils avaient avec
» eux un petit canot ; ils amarrèrent leur bateau principal avec un
» grappin à l'ouest, aussi près du roc qu'ils osèrent le faire, et met-
» tant leur canot à l'eau, ils ramèrent vers l'écueil, en ayant préala-
» blement attaché au grand bateau une corde qu'ils laissaient filer à

» mesure ; ils s'approchèrent assez des trois malheureux pour pouvoir
» leur lancer une petite corde, à laquelle ils s'attachèrent l'un après
» l'autre, et, se jetant successivement à la mer, ils furent toués dans
» le canot, et de là dans le grand bateau. Il ne restait plus q'à se hâter
» de les conduire à Plymouth, pour leur donner les secours nécessaires.
» A peine furent-ils à terre, que l'un de ces trois hommes disparut, et
» on n'en a jamais entendu parler dès lors ; ce qui pourrait faire soup-
» çonner qu'il se sentait coupable d'avoir occasionné l'incendie auquel
» il échappait. Mais on ne pourrait au reste le soupçonner que de négli-
» gence ; car il est bien évident que la position de l'édifice et l'impos-
» sibilité d'échapper à son incendie, à moins d'un bonheur inespéré, ne
» permettent pas la supposition que l'un de ses habitans y ait mis le
» feu de propos délibéré. »

Telle fut la destinée du second fanal d'Edystone. Il fut détruit par un
élément que les constructeurs n'avaient point considéré comme un
ennemi, uniquement occupés, comme ils l'étaient, à défendre leur ouvrage des attaques de son antagoniste. Aucun effort humain ne pouvait
préserver ce bâtiment des flammes, lorsqu'elles furent une fois en activité : une tempête de sud-ouest aurait eu seule ce pouvoir.

On s'intéresse sans doute au sort de l'infortuné sur lequel tomba le
plomb fondu. Cet homme, quoiqu'âgé de quatre-vingt-quatorze ans,
était encore robuste et d'une activité remarquable. Il avait dit constamment au chirurgien qui le soignait (le docteur Spry, de Plymouth) que,
s'il voulait le soulager efficacement, il fallait qu'il le délivrât du plomb
qu'il sentait dans son estomac. Il tenait le même langage, d'un son de
voix très-enroué, à tous ceux qui se trouvaient auprès de lui. Le docteur
Spry ne pouvait croire à cette assertion, regardant comme impossible
qu'un homme pût non seulement vivre, mais qu'il eût supporté d'être
tiré par une corde au travers des vagues, et qu'il eût soutenu la longue
et incommode navigation qui s'en suivit, après avoir reçu du plomb
fondu dans l'estomac. Le malade ne se trouva ni mieux ni plus mal
dans les six premiers jours qui suivirent l'accident ; alors son état parut

s'améliorer. Il prit tous les remèdes, et avalait également bien les liquides et les solides jusqu'au dix ou onzième jour; alors il se trouva tout à coup plus mal. Le douzième jour, il lui prit des convulsions et des sueurs froides, et il expira. A l'ouverture de son estomac, le docteur Spry y trouva un morceau de plomb, de forme ovale applatie, qui pesait sept onces cinq gros. « J'ai vu, ajoute M. Smeaton, ce morceau de plomb, » et j'ai cru y découvrir des traces de l'adhérence de la paroi de l'es- » tomac sur le côté convexe du métal. »

Cependant, les propriétaires du bâtiment qui venait d'être consumé ayant encore plus d'un demi-siècle de jouissance, d'après leur concession primitive, cherchèrent un constructeur capable d'élever un nouvel édifice sur le fatal rocher. M. Weston, intéressé pour trois huitièmes dans cette concession, s'adressa, pour cet effet, à milord Macclesfield, président de la Société royale. Celui-ci lui recommanda M. Smeaton, membre de cette société, qui s'était particulièrement appliqué, depuis quelques années, aux branches des mécaniques qui avaient le plus de rapport à l'ouvrage en question. Il ajouta que, d'après la connaissance qu'il avait du caractère moral de cet artiste distingué, on pouvait compter qu'il n'entreprendrait pas cette construction s'il n'avait la parfaite certitude d'y réussir. Un ami de M. Weston signifia, en conséquence, très-laco-niquement, à M. Smeaton, « qu'il avait été choisi pour rétablir le fanal » d'Edystone. » M. Smeaton croyant qu'il ne s'agissait que d'une simple réparation, refusa d'abord, étant occupé ailleurs. On lui répondit très-laconiquement encore : « Il s'agit d'une nouvelle construction, et vous » êtes l'homme. » Dans une entrevue qui ne tarda pas à avoir lieu avec les propriétaires, il discuta la convenance d'un bâtiment en pierres, comme plus solide et à l'abri du feu. On lui objecta la durée du pré-cédent, qui avait résisté près d'un demi-siècle; on parut persuadé que cette durée avait dépendu, en grande partie, de l'élasticité de sa prin-cipale matière, qualité qui lui permettait de fléchir sous les vagues, au point que dans les tempêtes les ustensiles de cuisine étaient renversés de dessus les tablettes par les balancemens de la tour. Il fallait, disait-on, que quelque chose cédât dans ces grandes agitations, et un bâtiment de pierres ne pouvait céder qu'en tombant. M. Smeaton répondit que les grands mouvemens du dernier bâtiment étaient dus à son défaut de poids autant qu'à sa flexibilité ; que celui qu'il proposait serait à la fois plus massif et plus solide ; et que, s'il fallait que quelque chose cédât, ce serait la mer, et non pas l'édifice. Si je puis vous convaincre, ajouta-t-il, qu'un bâtiment en pierres sera plus durable, plus à l'abri d'accidens, et que les frais n'en seront pas beaucoup plus considérables, préférerez-vous un pareil bâtiment au précédent ? Oui ; cherchez à nous le prouver, et nous l'entreprendrons ainsi : ce fut la réponse unanime.

Ici commencent les méditations du génie. La matière étant donnée, quelle sera la figure la plus propre à résister au choc des vagues ? sera-ce un cylindre, un cône, un prisme ?

Pendant que l'esprit de l'architecte travaille sur cette question fondamentale, le tronc d'un chêne majestueux s'offre à ses regards. Ce tronc repose sur une base étendue ; il diminue assez rapidement par une courbe élégamment concave ; il est déjà plus étroit d'un tiers et davantage, à une distance du sol égale au diamètre de la base ; de ce point, sa diminution est moins rapide : le voilà cylindrique ; et plus haut, son diamètre s'accroît de nouveau pour recevoir l'intersection des maîtresses branches..... Sans doute chaque section horisontale de l'arbre est en proportion avec la résistance qu'elle doit surmonter........ ; sans doute, si ces branches étaient coupées, et que le tronc fût exposé à l'impulsion rapide d'un torrent, il résisterait à l'action du liquide, comme il résiste à l'impétuosité du vent lorsqu'il lui offre toute la prise de son feuillage. Voilà le modèle de la colonne de la plus grande stabilité contre un choc latéral ; le voilà donné par le grand ordonnateur du monde ; il est saisi par l'œil du génie : la forme du tronc d'un gros chêne sera celle de la tour d'Edystone.

Nous regrettons que nos lecteurs ne puissent partager le sentiment qu'on éprouve à l'aspect de la belle estampe qui la représente ; l'œil et l'entendement sont également satisfaits ; l'instinct vous dit que cette

forme est la meilleure ; que l'édifice ne peut céder dans un lieu plutôt
que dans l'autre ; et qu'il oppose à l'impulsion latérale d'un fluide en
mouvement, la résistance qu'offre une voûte à la pression verticale de
la pesanteur.

Le roc d'Edystone est le sommet escarpé d'une montagne de granit,
cachée sous les eaux de l'Océan ; sa surface inclinée s'élève de si peu au
dessus de leur niveau, qu'elle disparaît deux fois par jour sous la marée.
D'autres sommets moins élevés, qui ne se montrent qu'à la basse mer,
l'environnent et forment des écueils qui rendent l'abord du roc principal
difficile et dangereux. D'autres circonstances contribuent encore à repousser le navigateur le plus hardi. Le rocher est taillé à pic à la hauteur
de quatre et cinq pieds dans toute sa circonférence ; la mer n'est jamais
calme dans ces parages, et les vagues viennent frapper contre cette
espèce de mur avec une violence qui fait rejaillir l'eau à trente ou quarante pieds. On peut déjà donner une idée des obstacles qui s'opposaient
à l'entreprise de M. Smeaton, en disant à nos lecteurs que, dans les
mois les plus calmes de l'année, dans les périodes les plus importantes
du travail, dans lesquelles les matelots et les ouvriers étaient pressés
d'aborder par le puissant motif d'un paiement à tant par heure,
M. Smeaton, et tout son monde, ont souvent demeuré huit jours,
quelquefois dix, douze, quatorze, et une fois dix-huit jours consécutifs
à l'ancre devant ce redoutable rocher sans pouvoir en tenter l'abordage, quoique la mer ne fût point fortement agitée ailleurs.

Le premier objet qui s'offrait à la méditation de M. Smeaton, après
avoir arrêté, comme nous l'avons vu, la figure qu'il se proposait de
donner à l'édifice, c'était le moyen de fixer solidement sa base sur le
rocher incliné, et d'assembler entr'elles les pierres, de manière que le
tout ensemble ne formât qu'une seule masse solide. L'idée d'employer
à cet effet des crampons de fer s'offrit la première ; mais la quantité de
métal qu'elle consommerait, et le tems qu'exigerait son exécution la
firent rejeter. La lecture des ouvrages de Belidor lui suggéra un procédé
employé dans le pavé de la grande écluse de Cherbourg ; c'est d'assembler

les pierres avec le rocher et entr'elles, en les taillant dans la forme appelée *queue d'aronde* ou *d'hironde*, et que les anglais appellent queue de pigeon. Ce fut donc encore ici la nature qui suggéra la forme la plus favorable. On conçoit, en effet, qu'en taillant en escaliers horizontaux la pente du rocher, comme on le voit dans la figure qui représente la coupe du fanal, et qui accompagne cet extrait, et en formant, dans chacune des marches, des entailles plus larges au fond qu'à l'entrée; chacune des pierres logées dans ces entailles, devrait y être fortement retenue; et qu'en adoptant la même coupe autour d'une pierre centrale pour la partie de la tour qui s'élèverait au dessus du niveau du rocher, cet assemblage ne formerait qu'une seule masse, dont aucun effort extérieur ne pourrait détacher une pièce. Après avoir muri ces idées, il traça les plans en conséquence, et les propriétaires, sous les yeux desquels ils furent mis, n'hésitèrent point à les adopter.

M. Smeaton n'avait point encore vu le rocher sur lequel devait s'élever l'édifice. Il se rendit à Plymouth dès les premiers jours du printems de l'année 1756, pour saisir le moment favorable à une première visite. Il trouva dans ce port, en la personne de M. Jessop, constructeur de vaisseaux, un homme extrêmement précieux, tant comme excellent dessinateur et modeleur très-exact, que comme capable de diriger l'exécution d'un dessin donné. Cet artiste, ainsi que beaucoup d'autres, lui parut douter de la possibilité qu'un bâtiment en pierres résistât au choc des vagues sur le rocher d'Edystone; mais ces doutes furent dissipés par le développement des moyens d'exécution. M. Smeaton, impatient de voir de près le théâtre où son génie allait s'exercer, saisit le premier instant qui sembla lui promettre quelque chance d'aborder. Il en approcha à la distance d'un jet de pierre; mais ne put y arriver : c'était le 2 avril. Il y retourna le 5, et fut plus heureux. Il passa deux heures et demie sur le rocher, dont il fit une inspection générale. On ne voyait aucun reste des édifices précédens, ni sur le roc, ni aux environs, à l'exception de quelques-unes des branches de fer qu'avait fixées M. Rudyerd, et de quelques granits qu'on entrevoyait au fond d'un petit canal, ou gouttière qui borde le rocher d'un côté. On reconnaissait encore des traces de l'emplacement occupé par la tour de Winstanley; et on pouvait en conclure que cette tour avait été renversée tout à la fois, et qu'elle avait entraîné même une portion du rocher, jusqu'à la profondeur des barres de fer qui y avaient été implantées. On essaya si ce granit était susceptible d'être travaillé, et on vit, avec satisfaction, qu'il cédait aux outils.

Pour arriver à la seule face du rocher qui fût accessible, il fallait saisir une circonstance favorable pour faire entrer le bateau dans un canal qui séparait ce roc d'une arrête voisine; ce canal était si étroit, que le bateau ne pouvait en ressortir qu'en navigant en arrière, et son séjour dans ce canal était extrêmement critique : une seule vague pouvait le briser; et que deviendraient alors les hommes abandonnés sur le rocher? Cette réflexion décida M. Smeaton à ne plus se hasarder à ces voyages avec un seul bâtiment.

La nature de l'entreprise exigeait une autre précaution. A la distance de quatorze milles du rivage, et avec des chances de beau tems aussi rares, il fallait nécessairement se résoudre à perdre un tems considérable, ou bien amarrer à quelque distance du roc un bâtiment de grandeur suffisante pour contenir à demeure les ouvriers et tout ce qui leur était nécessaire, à l'exception des pierres; en sorte qu'au moyen de petits bateaux, ils pussent profiter de tous les momens favorables pour employer leur tems sur le rocher : ce plan fut arrêté.

On choisit sur le rivage, à un mille de Plymouth, un lieu convenable pour servir de chantier à tous les travaux de détail; et M. Smeaton profita des intervalles dans lesquels le mauvais tems ne permettait pas les voyages au rocher pour visiter les divers endroits dans lesquels il pourrait se procurer le granit qu'il se proposait d'employer, si l'on décidait finalement que le bâtiment fût construit en pierres. Le granit le plus voisin est dans Hingstone-Downs, à quinze milles de Plymouth : on y trouve la pierre en gros blocs roulés, et on la refend par le moyen de coins de fer avec une régularité admirable; on y voit des montans de portes en granit, de douze pieds de long sur huit pouces en carré.

On trouve aussi le granit en bancs sous terre; on le nomme *moor-stone* dans le pays, parce qu'il se trouve plus fréquemment sur les moors ou lieux élevés; mais la difficulté de travailler cette pierre était cependant telle, que M. Smeaton renonça à l'employer autrement qu'à l'extérieur de son édifice, et il se décida à bâtir l'intérieur avec une pierre calcaire compacte, la même qu'on a employée à la construction du pont de Westminster, et qu'on nomme *pierre de Portland*, parce que les carrières se trouvent dans l'île, ou plutôt dans la presqu'île de ce nom. Notre auteur fut les visiter, et ce voyage n'est pas une des périodes les moins intéressantes de sa narration. Les bancs de cette pierre, superposés les uns aux autres, occupent la partie supérieure de l'île, élevée d'environ deux cents pieds au dessus de la mer; cette pierre est coquillière. On y trouve de très-grandes pierres d'Ammon; on la détache de ses bancs avec des coins, et on lui donne ensuite la forme requise à grands coups d'un outil nommé *kevel*, parfaitement adapté à son objet. C'est une sorte de marteau tranchant d'un côté, et dont la tête, au lieu d'être plate comme dans les marteaux ordinaires, est creusée en portion de cylindre, ce qui donne un bord plus aigu aux deux côtés de la tête parallèle au manche, et la fait ainsi mordre plus vivement, et enlever, à chaque coup, de plus gros éclats de pierre : l'adresse des habitans de l'île à se servir de cet instrument pour donner, en peu de tems, à la masse la plus informe une figure régulière, est admirable.

Un trait des mœurs des habitans de cette presqu'île transporte le lecteur aux îles de la mer du Sud. On s'étonne que cette anecdote ait échappé aux voyageurs anglais qui, depuis quelque tems, ont si fort multiplié les tours dans leur pays. Nous traduirons ici les expressions naïves de notre auteur (1).

---

(1) « En considérant avec attention le travail de ces carrières, dit-il, la vitesse avec laquelle les coups se suivaient, quoique l'outil pesât dix-huit à vingt livres; les morceaux énormes qui volaient en éclats, etc., je fus conduit à observer les agens eux-mêmes, et je vis de beaux hommes, des formes les plus robustes et les plus élégantes.

Cependant deux voyages inutiles avaient été tentés pour aborder sur le roc d'Edystone. On y réussit seulement le 4 avril ; la mer était calme, sa surface moyenne était abaissée de neuf pieds au dessous du roc, et une de ces lames sourdes, qu'on nomme un *ground-swel*, le couvrit cependant deux fois. On y travailla pendant une heure à la chandelle ; on passa la nuit dans le petit canal en bateau, dans l'espérance de pouvoir se mettre à l'ouvrage le lendemain ; mais le vent s'étant levé, il fallut

---

— Où prenez-vous, dis-je à mon guide (M. Roper), un assortiment pareil d'ouvriers, qui font plus d'ouvrage en quinze minutes, que tous ceux que j'ai vus jusqu'ici n'en feraient dans une heure ? — Nous n'allons pas les chercher bien loin, me répondit-il ; ils sont tous nés dans l'île, et plusieurs ne l'ont jamais quittée. — L'air de ce canton doit être bien excellent, pour fournir une race d'hommes aussi belle et aussi robuste ? — Oui, l'air est vif à raison de notre situation élevée ; il est certainement salubre pour des hommes de peine ; mais si vous saviez comment ces hommes naissent, vous vous étonneriez moins. Accoutumés au travail dès l'enfance, ils sont formés de bonne heure ; et en état d'entretenir une famille, ils la commencent d'abord : ils ne vont point chercher femme hors de l'île ; mais ils ne se marient jamais que l'épouse ne soit enceinte : c'est ici un usage immémorial. — Et cet usage n'entraîne-t-il pas de grands inconvéniens ? Si les habitans de votre petite île sont aussi volages que ceux de la grande qui l'avoisine, vous devez voir naître bien des bâtards ? — Les registres de la paroisse n'en portent qu'un dans l'espace de cent cinquante ans ; mais tel est l'usage établi. Les assiduités d'un jeune homme dans des vues de mariage supposent toujours épreuve complète. Si l'épouse devient enceinte, elle le dit à sa mère ; la mère le dit à son père, qui en fait part au père du jeune homme, lequel en instruit son fils et lui annonce qu'il est tems de se marier. — Mais supposons que l'épreuve n'ait point eu de suite, qu'arrive-t-il ? se marie-t-on ? et, si on se sépare, que devient la pauvre abandonnée ? — On conclut simplement que la providence ne les a pas destinés l'un à l'autre ; on se quitte ; l'honneur de la jeune personne est intact, et un autre prétendant se met sur les rangs sans plus de scrupule que si elle était veuve, ou que rien ne soit arrivé. — Mais, je vous prie, comment ces usages s'accordent-ils avec les mœurs de vos ouvriers de Londres ? — Ils furent d'abord enchantés de l'accueil et des prévenances des demoiselles de l'île de Portland. Plusieurs d'entr'elles ne tardèrent pas à prouver qu'elles n'étaient pas stériles ; mais lorsqu'il fut question d'épouser, nos gens se faisaient prier : alors les femmes menacèrent de les chasser de l'île à coups de pierres ; et ceux qui ne se décidèrent pas à épouser leurs maîtresses, furent obligés de décamper. L'ancien usage s'est rétabli dès lors sans exception. »

abandonner la place en grande hâte. On avait travaillé pendant dix-neuf heures en trois marées, et les opérations furent destinées à prendre les dimensions et la figure exacte du rocher par les mêmes procédés qu'emploient les statuaires, afin d'en faire un modèle à loisir et d'épargner, à l'avenir, autant de voyages qu'il serait possible, en préparant tout d'avance dans les chantiers, en sorte qu'on n'eût jamais qu'à poser lorsqu'on travaillerait sur le rocher.

Au septième voyage, on ne put aborder ; une vague remplit le bateau : on aborde à Falmouth au retour.

Ces difficultés renaissantes font réfléchir profondément notre auteur à la partie morale de son entreprise ; aux moyens d'engager des ouvriers qui n'auront point les mêmes motifs que lui pour s'exposer aux dangers ; à le faire hardiment ; à se rendre avec empressement sur le rocher ; à y rester chaque fois le plus longtems possible. Il faut d'abord leur procurer, à peu de distance, un asile sûr, dans un bâtiment amarré, capable de résister à toutes les tempêtes. Il faut les partager en deux bandes qui se releveront, et entre lesquelles l'émulation s'établira ; il faut qu'ils soient payés à tant par heure de travail sur le rocher ; enfin, les matelots eux-mêmes, chargés de les y conduire et de les ramener, doivent être intéressés à allonger, autant que possible, leur séjour dans cet endroit difficile par les mêmes motifs pécuniaires qui influeront sur les ouvriers. Le réglement fait d'après l'ensemble de ces considérations est un chef-d'œuvre, et devrait servir de modèle dans toutes les entreprises analogues. Le service d'Edystone est rendu préférable à tous les autres ; c'est un honneur que d'y être admis ; c'est une grande punition que d'en être renvoyé. Les ouvriers se nourrissent eux-mêmes sur leurs gages ; chaque bande reçoit un bowl de punch en arrivant à terre ; ils sont payés toutes les semaines très-régulièrement ; et ceux d'entr'eux qui sont blessés à ce service sont traités aux frais des propriétaires, et leurs gages courent également : quatorze registres ouverts assurent le plus grand ordre dans la comptabilité.

Au 15 mai, époque du dixième voyage, toutes les observations préliminaires sont complètes. L'auteur se transporte à Londres, et discute alors à fond avec les propriétaires la question de la convenance de rebâtir en pierres ou bien en bois. On décide unanimement qu'on n'emploiera que la pierre. Cette décision était évidemment contraire à l'intérêt des propriétaires; car un fanal en pierres était beaucoup plus coûteux, plus long à établir qu'un autre : ils s'étaient astreints à ne recevoir aucune indemnité du public, que du moment où le nouveau fanal serait en activité, et à maintenir dans l'intervalle, à grands frais, un fanal flottant sur un vaisseau amarré dans le voisinage; enfin, peu leur importait de bâtir pour des siècles, puisque leur privilége n'en avait pas la moitié d'un à courir. Ils prescrivirent cependant à l'ingénieur d'employer toutes les ressources que la nature et l'art réunis peuvent fournir pour rendre son bâtiment durable; ils ne fixent ni terme ni sommes, pourvu que le but principal soit atteint. « Bien des années se sont écoulées (dit » M. Smeaton) depuis cette noble résolution; tous nos comptes sont » terminés; je n'ai plus rien à attendre d'aucun de ces excellens citoyens. » Toutes nos relations ont cessé; mais je leur dois la justice de faire » connaître à tous mes compatriotes navigateurs d'après quels principes » la construction du fanal d'Edystone a été entreprise et dirigée. »

Deux modèles du fanal, contruits par M. Smeaton lui-même, sont mis, à cette époque, sous les yeux des propriétaires et de l'Amirauté elle-même, que présidait alors le célèbre lord Anson : ils y reçoivent la plus entière approbation ; et l'auteur retourne à Plymouth pour faire mettre la main à l'œuvre.

Le journal des travaux pendant les mois de juillet et d'août, est rempli des difficultés qu'on éprouve à amarrer, dans le voisinage de l'écueil, le bâtiment d'entrepôt, destiné à servir d'asile aux ouvriers. C'était un vaisseau d'environ cinquante tonneaux, construit d'une manière particulière qui le rendait extrêmement lourd à la manœuvre, mais capable de résister à toute mer, et en quelque sorte impossible à submerger : on le nommait le buss (nom générique de ces bâtimens), le Neptune. Il s'agissait de lui trouver des points d'appui permanens sur un fond de granit où les

ancres avaient peu de prise, et sur lequel les cables s'usaient en très-peu
de tems. Les personnes qui ne connaissent pas les ressources de l'art, ne
devinent point comment on s'y prend pour se procurer la prise nécessaire à maintenir un vaisseau en place contre l'action violente des vagues
de la pleine mer. On jette à fond deux chaînes, chacune de quarante
brasses de longueur, et d'une grosseur telle que chaque brasse pèse cent
vingt livres. Ces deux chaînes sont terminées par un ancre du poids de
douze quintaux, et couchés sur le fond de la mer en forme d'y, dont
une troisième chaîne réunit les deux branches, et se termine par un cable
qui arrive au bâtiment.

Depuis le 27 août au 14 septembre, on put travailler cent soixante-
dix-sept heures sur le rocher. On eut la satisfaction, pendant cet intervalle, de prévenir le naufrage de deux gros vaisseaux qui venaient, sans
s'en douter, échouer sur cet écueil.

Vers le milieu de septembre les diverses marches taillées en queue
d'hironde dans le roc étaient achevées ; les vents de l'équinoxe laissaient
peu d'espérance d'avancer beaucoup l'ouvrage dans le reste de la saison,
parce qu'il fallait employer une partie du beau tems qu'on pouvait attendre
à lever tout l'appareil destiné à amarrer le buss. M. Smeaton imagina
qu'on gagnerait du tems, et pour cette année et pour la suivante, si l'on
pouvait laisser ces chaines hiverner au fond de la mer, en leur attachant
à demeure une bouée (1) qui servit à les faire retrouver au printems.
Pendant qu'on travaillait à terre à la chaîne de cette bouée, le mauvais
tems ne permit pas de faire beaucoup d'ouvrage sur le rocher, car,
depuis le commencement d'octobre jusqu'au milieu de novembre, on ne
put y passer que trente-huit heures et demie en tout. On fit, le 22,
l'opération difficile de démarrer le buss et d'attacher la bouée. Cette

---

(1) Ces bouées se font en bois ordinaire, et encore mieux avec un certain nombre
de rondelles de liège attachées ensemble. Lorsqu'elles ne doivent pas servir longtems,
on emploie avec avantage un baril bien fermé. (R.)

opération fut terminée sans accident; mais une précaution de prudence qui engagea à réparer des anneaux de la chaîne avant de la lancer à la mer, fit perdre le moment favorable pour gagner la terre, et faillit coûter bien cher à M. Smeaton (1).

---

(1) Le vent était violent, la mer grosse et le buss gouvernait très-mal. On s'aperçut bientôt qu'il ne pouvait point serrer le vent d'assez près pour permettre de se diriger sur Plymouth. On se résolut à mettre le cap sur la rade de Fowey, qu'on espérait atteindre avant la nuit en cinglant vent arrière et grand frais; et lors même que la nuit surprendrait en mer, la côte étant élevée et bien connue de l'équipage, on pouvait espérer de la reconnaître dans l'obscurité et de prendre terre facilement. M. Smeaton, persuadé que cette navigation n'était pas dangereuse, et fatigué du travail de la journée, descendit dans la cabine, et se déshabilla, pour prendre quelque repos jusqu'à ce qu'on jetât l'ancre dans la rade.

J'eus, dit-il, pendant trois heures, la satisfaction d'entendre dire sur le pont que tout allait bien; elle redoubla lorsque je sentis qu'on virait de bord pour entrer dans le port de Fowey; mais un cri d'alarme que j'entendis immédiatement après, me fit courir sur le pont en chemise. Il pleuvait à verse, et le vent soufflait avec violence; la nuit était très-obscure, mais ne nous empêchait pas d'apercevoir que nous étions comme environnés de brisans sur lesquels la mer mugissait avec fureur. John Bowden, un de nos matelots, crie tout à coup: « Saisissez cette corde, au nom de Dieu; » tenez-la ferme, ou nous sommes perdus. » Je l'empoignai à l'instant de toutes mes forces; j'encourageai les autres matelots à la tenir de même; et, en moins de tems que je n'en mets à décrire notre situation, le bâtiment vire de bord et laisse les brisans en arrière : nous sentions, avec un vif plaisir, qu'il répondait mieux au gouvernail; mais notre anxiété était grande encore : incertains comme nous l'étions si nous pourrions doubler la pointe des brisans sur lesquels les vagues roulaient avec un bruit effroyable. Notre voile d'avant se déchira en pièces en cet instant; et pour empêcher qu'il n'en arrivât autant à la grande voile, nous descendîmes la vergue, en sorte que la voile n'offrait pas au vent plus de la moitié de sa surface; et malgré cette précaution, l'avant du bâtiment embarquait souvent des lames. On n'était point d'accord sur la route à tenir; les uns disaient que nous avions dépassé le port; d'autres, que nous n'étions pas encore dans ses eaux. Il me parut que le meilleur parti, dans cette incertitude, était de mettre le cap au large, en serrant le vent d'aussi près que notre mauvaise embarcation pouvait nous le permettre. Nous ne voyions point terre sous

L'hiver et le printems qui suivirent furent employés en préparatifs.
L'article de la maçonnerie méritait surtout beaucoup d'attention. Il y
avait sans doute un grand avantage à employer les pierres les plus
grosses ; mais leur masse était limitée par la possibilité de les déposer

le vent ; mais la nuit était si noire, la pluie si forte, le vent si violent, que je doute
que nous eussions aperçu le rivage le plus escarpé à la distance de cinquante brasses ;
nous craignions les rochers qui s'étendent depuis la baie de *Trewardreth* jusqu'au
Deadmann. Nous passâmes deux heures dans cette dangereuse incertitude. De violentes
lames balayaient de tems en tems notre pont ; mais elles ne pénétraient point dans
le bâtiment, fait pour résister à la plus rude mer.

Le 23, au point du jour, nous ne découvrimes plus de terre. Nous étions fort
retardés par le bateau attaché à l'arrière, et qui s'était rempli d'eau. Il fallait prendre
le parti de s'en séparer, quoiqu'à regret, car il pouvait devenir notre seule ressource ;
mais il nous empêchait de serrer le vent qui , d'après le rhumb d'où il soufflait, nous
chassait dans la baie de Biscaye. Nous coupâmes donc le cable, et mîmes le cap
au nord-ouest. Vers midi, nous revimes la terre, et jugeâmes que c'était la pointe
du Lizard, et nous découvrimes avant la nuit que notre dérive était telle, que nous
ne pouvions plus espérer d'atteindre, avec l'air de vent qui continuait à souffler,
aucun port d'Angleterre.

Vers le soir, le vent s'étant modéré, nous hissâmes des voiles de rechange, et
cherchâmes à faire un grand effort pour serrer le vent, dans l'espérance qu'aidés de
la marée, nous pourrions atteindre *Mounts Bay*.

Le lendemain, à la pointe du jour, nous découvrimes la terre au nord-nord-ouest ;
et à midi, nous nous aperçûmes que loin d'avoir gagné à l'est depuis vingt-quatre
heures, nous étions à huit lieues au S.-S.-W. du *Lizard*. Nous en conclûmes qu'il
était inutile de nous obstiner à serrer le vent avec un bâtiment qui obéissait si mal au
gouvernail. Nous sondâmes, et trouvant fond à quarante brasses, nous jetâmes l'ancre pour
nous donner le tems de méditer sur notre situation. Trois partis se présentaient : essayer
de traverser la baye de Biscaye vent arrière et faire voile sur quelque port de France
ou d'Espagne ; rester en panne pour attendre un changement de vent ; tâcher de gagner
quelque port des Sorlingues. Un coup d'œil sur nos provisions nous fit considérer le
premier de ces partis comme trop hardi ; le vent pouvait changer lorsque la traversée

sur le roc ; de petits bâtimens, les seuls qui pussent approcher l'écueil, couraient le risque d'être submergés si, au moment où la grue soulèverait une pierre de leur charge, une vague les soulevait eux-mêmes sous la pierre déjà suspendue. On borna donc au poids d'une tonne (1840 livres poids de marc) la masse ordinaire de chaque pierre ; elles furent toutes taillées avec une précision extrême, et essayées d'avance sur le chantier établi au rivage, chacune avec toutes celles qui devaient

---

serait presque achevée, et nous repousser en pleine mer. Nous pouvions, d'un autre côté, en restant à l'ancre, consommer toutes nos provisions, et n'en être pas plus avancés. Nous nous décidâmes donc à chercher les Sorlingues, quoique ce troisième parti offrît un danger présent, à raison des rochers dont elles sont environnées. Nous n'avions à bord ni cartes ni instrumens de navigation, et aucun de nous ne pouvait fixer précisément la route à suivre pour atteindre ces îles. Nous étions dans ce cruel embarras, lorsque nous aperçûmes un bâtiment à l'est, cinglant vers nous. Nous fimes un signal de détresse, car elle était telle que nous préférâmes le risque d'être pris et conduits en France, si le vaisseau était ennemi, à rester dans la position où nous étions. Il arriva à nous dans ces entrefaites ; c'était un vaisseau anglais allant en Guinée. Ses chaloupes étaient sous ses ponts, et nous avions perdu la nôtre ; nous ne pûmes donc point nous aborder ; mais on nous donna l'information importante que notre rhumb pour les Sorlingues devait être W.-N.-W. On travaille à l'instant à lever l'ancre pour partir à la pointe du jour, et nous rencontrer, s'il était possible, avant la nuit, dans ces parages difficiles, où nous espérions trouver un pilote.

Le 25, à quatre heures du matin, comme nous levions l'ancre, une jolie brise s'élève au N.-N.-W. On travaille à l'instant à lever l'ancre avec un transport de joie inexprimable. Le vent fraîchit, et on n'hésite point à abandonner l'île des Sorlingues pour mettre le cap sur le Lizard. Dans toute la journée suivante, on force de voile sur le même rhumb. On dépasse le Lizard de bonne heure ; et le lendemain 26, on jette l'ancre à six heures du soir dans la rade de Plymouth.

« On nous croyait perdus, dit l'auteur, ou tout au moins prisonniers en France ; et » nos amis partagèrent notre joie. » J. Bowden, qui, par son activité et par sa présence d'esprit, avait sauvé le bâtiment, fut fait contre-maître.

Ici se terminent les travaux de la première année.

la toucher de tous côtés, en sorte qu'après les avoir soigneusement mar-
quées, on pût les replacer de la même manière, à un quarantième de
pouce près. Cette exactitude paraîtra superflue à ceux qui ne réfléchiront
pas que la nature de cet édifice exigeait qu'il pût résister à une tempête
dans toutes les périodes de sa construction ; qu'il fallait donc, à chaque
lit de pierres, commencer par fixer celles du centre, et que les défauts
dans les joints, s'il y en avait eu, se seraient accumulés jusqu'à la circonférence, qui était la partie la plus exposée aux coups de la mer.

Le travail de M. Smeaton, sur la composition des cimens propres à
résister à l'eau, forme une partie très-essentielle de son ouvrage ; elle
était trop étendue et trop importante pour trouver place dans un extrait
rapide : nous y reviendrons ailleurs. Nous dirons seulement qu'après
de nombreux essais, il trouva que rien n'égalait la Pouzzolane (1). Il en
trouva, par hasard, une certaine quantité à Plymouth, qu'on avait fait
venir pour le pont de Westminster, et qui n'y fut point employée : les
ingénieurs s'étant contentés du traas ou terras, substance assez analogue,
et qu'on trouve sur les bords du Rhin. La Pouzzolane, mêlée à la chaux
faite avec la pierre d'Aberthaw, dans le Glamorghanshire, fournit à
M. Smeaton un ciment égal en dureté à la meilleure pierre de Portland.

Le 3 juin, on remit à la mer le Neptune, et on l'amarra non sans peine
et sans quelque danger. L'opération de soulever au cabestan les chaînes
d'amarre, exigeait qu'on plaçât des pièces de bois autour du cylindre
à mesure que les anneaux de la chaîne venaient se rouler dessus, afin

---

(1) C'est une terre volcanique qu'on trouve dans plusieurs endroits d'Italie, et
entr'autres près de Pouzzol, de Baies et de Cumes, dans le royaume de Naples. Elle
offre l'apparence d'une poudre d'un gris pâle, qui se durcit lorsqu'on la mouille
avec de l'eau salée ; mêlée avec de la chaux, elle fait un mortier excellent, qui prend
dans l'eau une dureté extraordinaire. On voit aux environs de Naples, dans d'anciens
revêtemens battus de la mer, les pierres elles-mêmes détruites, et le mortier de
Pouzzolane, encore subsistant, former comme des cellules vides qui résistent seules
à l'action des vagues. R.

d'éviter une flexion qui aurait pu les faire rompre, vu l'énorme charge qu'ils portaient. « On remarqua, dit M. Smeaton, que, si l'un de ces
» anneaux venait à rompre, la personne qui appliquait les pièces de
» bois serait exposée à être ou coupée en deux par la chaîne, ou en-
» traînée à la mer avec elle. Je m'étais fait une loi de ne jamais charger
» un autre de faire ce qui me paraissait dangereux pour moi-même ; je
» regardai ce poste d'honneur comme m'étant dévolu, et je m'en acquittai
» de mon mieux. »

On établit à demeure sur le roc l'appareil de puissantes mécaniques nécessaires pour prendre sur le bâtiment, et mettre en place les lourdes masses qu'on aurait à transporter. On essaya la force des poulies en touant à sec, jusqu'au sommet du rocher, la grande chaloupe avec du monde dedans.

Le 12 juin, on posa la première pierre : elle pesait deux tonnes et un quart, et porte, en gros caractères, sa date (1757). Le lendemain, la première assise est complétée. On commença la seconde le 14 : une tempête soudaine force à s'éloigner du rocher. Le 18, le même accident, mais plus violent, jette à la mer cinq des pierres déjà posées ; mais ce désastre montre en même tems que les autres ont fort bien résisté, et sont déjà comme identifiées avec le roc. On est huit jours sans pouvoir y aborder ; et deux assises, consistant en dix-sept pierres, emploient tout le reste du mois. M. Smeaton regrettant les pierres délogées, dont on entrevoyait quelques-unes sous l'eau, sur une saillie du rocher, ima-gine un moyen de les repêcher, et y réussit.

Dans la nuit du 6 juillet, le matelot de quart sur le Neptune, signala une voile sur l'écueil d'Edystone. On envoya à l'instant la grande cha-loupe au secours : c'était un *snow* de cent trente tonneaux qui revenait de Darmouth ; l'équipage avait pris les rocs pour des bateaux de pêcheurs, et s'était aperçu trop tard de l'erreur. Au moment où le bâtiment toucha, il se remplit si vîte, que son bateau, qui était sur le pont, fut à flot avant que personne eût pu s'y jeter : on eut le bonheur de sauver tout le monde.

Malgré diverses interruptions et des accidens qui se renouvelaient fréquemment, la tour s'élevait peu à peu ; et le 8 août, elle dépassa le niveau de la haute mer. La septième assise était posée à la fin d'août, lorsqu'une tempête emporta une partie de l'appareil mécanique, et deux des plus grosses pierres qu'on avait laissé enchaînées sur le rocher ; elle ne fit d'ailleurs aucun mal à l'ouvrage lui-même : épreuve qui ne laissa pas d'être satisfaisante. La neuvième assise fut posée à la fin de septembre.

Aussi longtems que la surface du rocher avait pu servir partiellement de base commune aux assises successives, elles se trouvaient liées entr'elles par cette circonstance particulière ; mais lorsqu'on eut dépassé la partie supérieure du roc, il fallut suppléer par artifice à cette liaison. On logeait à cet effet, entre deux assises contiguës de bas en haut, huit cubes, d'un pied de côté, de marbre compact, qui entraient juste dans des cavités correspondantes de l'assise supérieure et inférieure. Tout effort latéral tendant à séparer deux assises contiguës n'aurait pu effectuer cette séparation sans rompre ces huit cubes, dont la tenacité était très-considérable. L'idée de tailler deux assises contiguës, en sorte qu'elles offrissent une concavité et une convexité qui se correspondissent et s'articulassent à la manière des Basaltes, se présenta à M. Smeaton ; mais il la jugea moins praticable que celle que nous venons d'indiquer, et qui eut tout l'effet desiré.

La neuvième assise fut terminée à la fin de septembre ; et de mûres réflexions sur le peu d'avantages qu'il y aurait à entamer la dixième, qui ne serait probablement pas achevée dans le courant d'octobre, et que l'hiver détruirait infailliblement si on se trouvait forcé de la laisser imparfaite, déterminèrent M. Smeaton à s'arrêter là pour cette année. On était quatre pieds et demi au dessus du sommet du rocher ; et si cette saillie résistait déjà aux tempêtes de la saison prochaine, l'épreuve serait d'un augure favorable pour la suite.

Nous avons dit ailleurs que notre auteur avait à cœur de résoudre, dans la construction de son édifice, le problème d'une colonne d'égale résistance. « Je cherchais plutôt, nous dit-il, la solution de ce problème

» par instinct, par sentiment, que par calcul. Je diminuais chaque assise
» proportionnellement à l'effort latéral présumé de la vague; et si, à
» une hauteur donnée, l'assise supérieure se maintenait, elle devait être
» encore plus en sûreté, recouverte ensuite par une autre; et quoique
» celle-ci fût moindre en poids, comme à mesure qu'on s'élevait l'effort
» de la vague était moindre, il se faisait une compensation (1). »

Le commencement de l'année suivante, 1758, fut très-orageux, et la
bouée qu'on avait laissée en automne pour retrouver au printems les
chaînes d'amarre, fut enlevée par la mer : c'était une chose difficile que
la recherche de cet appareil dans une mer profonde, où tout signal avait
disparu. On offrit une prime de 50 livres sterlings pour qui les retrou-
verait; et malgré cet appât à la persévérance des chercheurs, le *buss*
n'y fut amarré de nouveau que vers le milieu de mai. M. Smeaton fit,
à cette époque, sa première visite aux travaux de l'année précédente :
il n'y manquait pas, pour ainsi dire, un grain de sable. On se remet à
l'ouvrage. Le 8 août, le solide plein est fini. Le 24 septembre, on arrive
à la première chambre, destinée à servir de magasin, et qu'on voit dans
la figure, au haut d'une espèce de puits qui renferme l'escalier en limaçon.
On était à trente-cinq pieds au dessus de la base, et la tour était réduite
à seize pieds huit pouces de diamètre.

L'auteur offrit, à cette époque, aux propriétaires d'établir, dès l'hiver
suivant, un fanal sur la tour, prévoyant qu'il aurait le tems d'achever

---

(1) Notre auteur égaie quelquefois la narration, même à ses dépens, avec une
bonhommie qui n'est pas un des traits les moins intéressans de son caractère. « J'ex-
» pliquais un jour, dit-il, aux ouvriers comment on pourrait, au besoin, employer
» la chèvre qui servait à transporter les pierres du bâtiment sur le roc, à se dévaler
» soi-même du rocher sur le bateau; et pour leur faire mieux comprendre la ma-
» nœuvre, je me suspendis à la poulie; je me fis descendre en filant la corde; et
» quand je me trouvai près de l'eau, le bateau vint me recevoir. Lorsque je le sentis
» sous mes pieds, j'abandonnai la corde; mais une vague le faisant bondir à l'instant,
» je fus lancé, la tête la première, dans la mer : j'en fus quitte pour être bien mouillé,
» et n'être imité de personne. »

la première chambre avant cette époque. Deux de ses ouvriers s'offrirent, en ce cas, à y passer l'hiver, si l'on doublait seulement leurs gages ordinaires : les propriétaires refusèrent cette proposition.

Une tempête qui eut lieu le 8 octobre, fit quitter la place aux travailleurs. Arrivé à Plymouth, M. Smeaton, dirigeant le lendemain ses lunettes sur Edystone, vit bien la tour, mais le *buss* ne paraissait plus. Il craignit que M. Jessop et sa troupe, qui y étaient restés, n'eussent péri ; mais le sentiment d'une perte aussi cruelle fit place à la plus vive joie lorsqu'il le vit arriver le soir même, venant de Darmouth. Il lui apprit que le cable d'amarre s'était rompu au milieu de la nuit ; qu'ils s'étaient abandonnés à la mer, et avaient jeté l'ancre lorsqu'ils s'étaient présumés voisins de la terre. Là, ils attendirent le jour ; et se trouvant alors encore à trois lieues du plus prochain rivage, ils mirent à la voile, et gouvernant, ainsi que pouvait le comporter leur embarcation, ils avaient eu le bonheur d'atteindre le port de Darmouth. Les travaux de cette année furent terminés à cette époque.

La première visite de l'année suivante, 1759, eut lieu le 21 mars. On trouva tout dans le meilleur état ; mais la bouée avait encore disparu pendant l'hiver. Vainement on chercha longtems les ancres et chaînes d'amarre ; il fallu se décider à en fabriquer de nouvelles, ce qui consomma assez de tems : M. Smeaton l'employa à diriger, à Londres, toute la partie métallique du fanal. Il fut de retour à Plymouth le 22 juin, et se rendit au rocher le 5 de juillet. Tout allait bien, et il remarqua en particulier que le ciment de la première année avait pris la dureté du granit. On se remit à l'œuvre, et comme toutes les pierres étaient préparées à l'avance, une chambre entière avec sa voûte fut achevée en sept jours. Le 17 août, toute la maçonnerie fut terminée. La corniche qui la couronne, à la hauteur de soixante-dix pieds, était une idée très-heureuse pour repousser en dehors les vagues qui, dans les tempêtes, s'élèvent contre la tour jusqu'à une hauteur à peu près double à celle du bâtiment lui-même, et frapperaient les vitres du fanal avec une violence qui les briserait toutes, si ces vagues n'étaient repoussées en arrière par la corniche.

Une des opérations les plus délicates restait à faire ; celle de mettre en place la coupole faite en cuivre, assemblée en une seule pièce, et pesant onze quintaux. Il fallait la hisser au haut de la tour par le dehors du bâtiment, et l'amener ensuite latéralement sur les pilliers de fer destinés à la supporter. Tout l'appareil mécanique était si convenablement disposé et le tems si favorable, que cette opération fut exécutée en une demi-heure.

Il fallait encore placer sur le milieu de la coupole la grosse boule dorée qui la termine. M. Smeaton ne voulut s'en rapporter qu'à lui - même, pour avoir la certitude que ce globe serait solidement fixé. Il monta sur un petit échafaud de quatre planches, formant un collet au travers duquel passait le milieu de la coupole ; et un de ses ouvriers lui faisant équilibre vis - à - vis, il serra une à une toutes les vis qui attachaient le globe à sa base.

On voit, dans la planche (3) que nous avons donnée, la disposition intérieure de l'édifice. La chambre supérieure est celle où couchent les gardiens ; celle au dessous renferme un poêle où ils font leur cuisine ; les deux pièces inférieures sont les magasins de comestibles et de combustibles : l'intérieur de toutes ces chambres est parfaitement sec.

On fit, le premier octobre, l'essai du fanal ; on alluma les vingt-quatre lumières dont il est composé, et qui sont disposées circulairement en deux étages dans la cage vitrée qu'on voit au dessus du balcon ; on alluma en même tems le feu du poêle au dessous, et on vit qu'au moyen des soupiraux établis pour la circulation de l'air frais, la lanterne n'acquérait aucune chaleur incommode, et que les lumières brûlaient fort tranquillement, quoique le vent soufflât violemment à l'extérieur. Après avoir muni le monument d'un conducteur pour le garantir de la foudre, on avertit la corporation de Trinity-House que le fanal serait rallumé sans interruption depuis le 16 octobre : il le fut, et n'a pas cessé un instant dès lors d'éclairer les navigateurs. M. Smeaton le quitta le 20 octobre 1759 ; il y laissa trois gardiens, munis de toutes les instructions nécessaires et de provisions pour six mois.

On leur fit une visite au mois de janvier ; mais la grosse mer ne permit pas d'aborder. Ils firent savoir, par une lettre qu'ils jetèrent dans la chaloupe, que, pendant douze jours consécutifs, les vagues avaient battu le fanal d'une manière épouvantable, et qui occasionnait une oscillation sensible dans le haut de la tour. Rien ne souffrit cependant ; et la fameuse tempête du commencement de janvier 1762, mit le comble à la sécurité par la manière dont la tour résista (1).

---

(1) Les plus incrédules furent alors convaincus, et déclarèrent, dit M. Smeaton, « que, puisqu'elle avait tenu bon contre une attaque pareille, elle durerait éternellement. » Un observateur, qui avait été témoin, à Plymouth, des divers effets de cet ouragan, écrivait à M. Smeaton :

« Je suis fermement persuadé, ainsi que chacun l'est ici, que les gardiens du fanal » y sont plus en sûreté contre la double action des vents et des vagues, que nous ne » le sommes dans nos maisons contre les seuls dangers du vent. »

Malgré cette sécurité, on se demande qui sont donc les malheureux qui consentent à se séparer ainsi du monde pour habiter cette singulière demeure ? Ce sont peut-être des malfaiteurs à qui on laisse cette alternative ou la mort..... Non. Ces places sont considérées, par de vieux matelots, comme un asile, comme une douce retraite ; elles sont briguées ; et l'extrême salubrité de ce séjour rend les vacances très-rares. On a 25 livres sterlings par an pour salaire, et la permission de passer un mois à terre chaque année : ce service est d'ailleurs libre ; on peut le quitter à volonté, et on ne le quitte guère. M. Smeaton retrouva, dans trois visites successives, faites en 1766, 1777 et 1787, l'un des hommes qui y avaient travaillé en 1756 ; le second y était depuis 1777 ; et le troisième avait succédé, depuis quatre ans, à l'un des gardiens qui, après y avoir demeuré quatorze ans, et y avoir vécu d'une manière très-régulière, s'établit au cabaret pendant son mois de séjour à terre, y fut dans un état d'ivresse presque continuelle, et mourut de cet excès : c'est là une espèce d'homme. En voici une autre :

« Un soi-disant philosophe (nous dit M. Smeaton) s'adressa à moi l'année dernière » pour une place de garde du fanal. Je suis, me dit-il, un homme d'étude ; je puis » supporter la retraite qu'exige cet emploi. Je lui demandai s'il connaissait l'appoin- » tement, il me répondit que non ; mais qu'il le présumait assez considérable. C'est, » lui dis-je, 25 livres sterlings par an. — Ce n'est que cela ! Ah ! je ne suis pas homme » à vendre pour si peu ma liberté ; je l'estime au moins trois fois davantage. »

RÉCAPITULATION.

Récapitulons le tems employé à ce travail, contre lequel se réunissaient tant d'obstacles.

Depuis le premier coup de marteau donné sur le rocher jusqu'à l'achèvement entier du fanal, du 27 août 1756 au 20 octobre 1759, il s'écoula trois ans neuf semaines et trois jours.

L'intervalle total, depuis l'incendie du fanal de Rudyerd, le 2 décembre 1755, jusqu'à l'établissement de celui de Smeaton, fut de trois ans dix mois seize jours.

Le tems employé en travail sur le rocher s'élève à peine à SEIZE SEMAINES. Le nombre des pierres posées dans cet intervalle, monte à mille quatre cent quatre-vingt-treize.

CET ÉDIFICE EST UN BEAU MONUMENT ÉLEVÉ A L'HUMANITÉ PAR LE GÉNIE.

Le premier phare, construit en charpente par Winstanley, de 1696 à 1703, allumé pour la première fois le 14 novembre 1698; il fut emporté, avec son auteur et les ouvriers, dans la tempête du 26 novembre 1703.

Le deuxième phare, reconstruit en charpente par M. Lovet, sous la direction de M. Rudyerd, de 1706 en 1709, et fut consumé par les flammes de son fanal le 2 décembre 1756, après avoir subsisté quarante-six ans.

L'éditeur ajoutera qu'il atteste le talent et le courage de M. Smeaton. L. S.

NOTES EXPLICATIVES

DES PLANCHES I, II, III, IV ET V.

PLANCHE PREMIÈRE.

Représente le ciel du matin après une forte tempête, et le Phare enveloppé d'une colonne d'eau qui s'élève jusqu'à cinquante pieds au dessus de la girouette.

PLANCHE DEUXIÈME.

Elévation, prise du côté du midi, du Phare en pierres de taille sur le roc d'Edystone, en 1759, avec une vue de la côte de Plymouth, telle qu'on la voit du rocher par un beau tems.

A, endroit où l'on débarque.

B, caverne à l'est du roc.

C, marches taillées dans le roc pour arriver vers la porte d'entrée.

D, rampe de fer qui sert de guide lorsqu'on monte l'échelle qui conduit à la porte d'entrée du Phare.

Nota. La chute d'eau que l'on voit près de la lettre F, est momentanément dans la direction figurée; mais le moment d'après, elle prend une direction contraire, conformément aux ondulations de la lame.

F représente les environs de la baie de Withem.

PLANCHE TROISIÈME.

Coupe du Phare d'Edystone sur la ligne d'est-ouest, relative au n° 8, lors de la basse mer dans les grandes marées.

La section du roc AB représente l'escarpement de quatre et demi à cinq pieds de haut, contre lequel la lame se brise avec une telle violence, que l'eau jaillit souvent jusqu'à la hauteur de trente à quarante pieds.

La ligne BC, la direction vers le sud-ouest de l'inclinaison des blocs qui forment le roc.

ab, ligne ponctuée qui indique le niveau de la base de la première pierre.

La ligne pleine *cd* est l'autre section de la base de la première assise, avec le plan coupant.

ef est le niveau du sommet de la première assise et le lit de la deuxième.

Les n°ˢ 2, 3, 4, 5 et 6 désignent les intersections du roc, avec les plans coupant, taillées de niveau afin de recevoir les pierres qui forment les fondations : *cbf* est la première assise entière.

R est le pied de l'échelle.

On voit, au point *a*, que la première assise entière est enfoncée au moins de trois pouces.

Au point *h*, se trouve un cube de marbre, fiché en partie dans la sixième assise, et qui se termine au milieu de la septième. Cinq autres cubes s'élèvent sur celui-ci, de manière que leurs joints se trouvent dans le milieu de chaque assise.

i et *k* sont de même des cubes de marbre qui servent à relier entr'elles deux assises consécutives, et sont disposées en octogone autour du centre de figure.

b, petit cube de marbre qui relie la cinquième et la sixième assise.

La quatorzième assise termine entièrement le solide de maçonnerie, après lequel se trouvent l'entrée et l'emplacement de l'escalier ; alors le nombre des cubes de marbre, ou *fiches* qui servent à relier entr'elles les assises consécutives, est doublé ; mais ils sont d'un volume qui n'est que moitié des précédens.

Après la vingt-quatrième, commence la partie du Phare qui peut être habitée.

L'espace E est le rez-de-chaussée ou magasin.

F, la porte du magasin.

G, le second magasin.

II, la cuisine.

I, la cheminée, dont la fumée est conduite par un tuyau en cuivre, qui passe au travers des voûtes des différens étages, et se termine à l'extrémité du phare.

Les voûtes de ces différentes pièces sont percées, chacune à leur clef, d'une ouverture circulaire qui sert à établir, par le moyen d'une échelle, une communication entre les différens étages du Phare.

K, la chambre à coucher.

L, la partie en pierre qui sert de base à la lanterne.

M, Porte de la lanterne pour aller sur le balcon.

N, la Coupole.

PLANCHE QUATRIÈME.

Plan des différentes assises, depuis le sommet du roc jusques et compris celle qui sert de base au *Balcon*.

La figure Première représente la septième assise, *relative au n° 7 de la planche n° 3.*

Comme elle est la première assise entière, on y voit les gougeons, les coins que l'on ne représentera pas dans les autres, afin de prévenir la confusion : les lignes pleines et celles ponctuées représentent les joints de deux assises consécutives.

Les cubes de marbre, ou *fiches* du centre, et les quatre pierres environnantes, sont alternativement et consécutivement de la même grandeur jusqu'au n° 14.

a, cube ou *fiche* du centre.

bb sont les quatre angles droits de la pierre du centre ; entre ces quatre angles se trouvent quatre saillans taillés en queue d'aronde, qui s'assemblent *en parties* dans la pierre du centre ; et ces quatre parties sont taillées à queue d'aronde, et s'assemblent avec les pierres *c c* par joints, coins et gougeons, comme on le voit dans la figure.

Ces quatre pierres ainsi unies, n'en font qu'une assez large pour recevoir huit petites autres pierres taillées aussi à queue d'aronde *dd*, qui, par cette forme, seront propres à recevoir un autre cours de pierres taillées de la même manière et assemblées de même.

ee représentent les cubes de marbre ou *fiches.*

La figure Deuxième donne le plan de la quatorzième assise, qui termine le solide fondamental, et où commence l'entrée et l'espace circulaire qui sert de cage à l'escalier.

On remarque que la forme conoïdale du Phare fait ici varier le diamètre, par rapport à la figure première. Elle fait voir la distribution des petits cubes, ou *fiches*, sur la surface de cette assise, et l'on voit la direction de l'angle que fait l'entrée avec la ligne *est-ouest* : ce que ne fait pas voir la coupe n° 5.

La figure Troisième est le plan de la quinzième assise, qui est la première de celles qui forment l'entrée du Phare et la cage de l'escalier.

La figure Quatrième représente le plan de la dix-septième assise. On y voit le moyen de construction employé autour de l'espace circulaire qui sert d'entrée intérieure, et montre comment les quatre pierres du centre sont assemblées entr'elles par des joints à crochets, tandis que, dans les précédentes, elles étaient assemblées à queue d'aronde. A la pierre du milieu, les Coins sont aussi employés dans les crochets. Par cette construction, l'espace circulaire qui sert de cage à l'escalier ne peut nuire à la solidité de l'ouvrage ; et dans les assises qui forment l'entrée, chaque pierre a au moins un petit cube de marbre ou fiche qui la lie à l'assise suivante par deux gougeons : ce qui assure la solidité du Phare contre les attaques ordinaires de la mer ; et d'ailleurs, le côté faible est à l'est, et la dix-huitième assise qui couvre l'entrée, peut être considérée comme formée d'une seule pierre dans laquelle la cavité du centre a été taillée.

La figure Cinquième fait voir la vingtième assise prête à être posée sur celle qui la précède.

La figure Sixième fait voir la dernière assise construite, sur laquelle se trouvent le plancher du magasin et la première assise de ce magasin, n° 25 : on y remarque la porte, les *fiches*, les joints et les crampons.

Le détail qui se trouve à côté sur une échelle triple, fait voir le lit supérieur de la première assise du magasin, composée de quelques pierres *hh*, *ii*.

f représente la *fiche* en marbre, de la hauteur d'une brique, entrant de la moitié de son épaisseur dans le milieu de chaque pierre et dans l'assise suivante, et il se trouvera un joint *gg* sur le milieu de cette fiche; ainsi, les deux pierres qui formeront ce joint auront chacune la moitié de sa longueur, et, par ce moyen, chaque pierre sera fixée à sa place, comme si elle était attachée par ses deux extrémités par de forts boulons. Les lignes *hi*, *hi* sont les joints de chaque pierre; les petits losanges K et L font voir la forme des deux rainures réunies qui sont taillées dans le milieu de chaque face, qui forme le plan de joint de chaque pierre; *k* fait voir un de ces losanges vide, et *l* rempli par un prisme quadrangulaire en marbre; *mn* fait connaître la forme d'un crampon en élévation, et *op* le représente en plan. Les trous *q*, *r* sont percés dans la pierre pour recevoir les branches cylindriques du crampon, et le rectangle *qr* est taillé pour sa traverse.

La figure Septième donne le plan de l'assise qui forme la voûte sur laquelle repose le plancher de la cuisine, celui de la surface supérieure de l'assise circulaire n° 29, et de la chaîne continue qui relie les pierres entr'elles : la figure qui se trouve sur le côté donne un détail plus en grand de cette chaîne, ainsi que de la rainure qui la contient.

Dans la figure principale, *s* représente la place du foyer, *Poële*.

t, lavoir.

v, la table de cuisine.

w, banc à armoire.

La figure Huitième est le plan du dortoir pris sur l'extrémité de l'assise quarante-troisième, et donne une section horisontale des fenêtres; *y*, *y*, *y* sont les places des trois lits pour les gardes du phare; *z* est l'ouverture dans la voûte par laquelle passe le tuyau en cuivre de la cheminée, et *a*, la place de la pendule.

Dans la figure de détail qui se trouve sur le côté, *bb* fait voir comment sont disposés les crampons à l'extrémité des assises qui forment l'embrasure des fenêtres ; *c* est le plan de la rainure qui sert à recevoir les contrevents dont on voit l'élévation à la planche n° 5 ; *d* est le seuil de l'ouverture, contre lequel la base de la fenêtre et son chassis sont placés. Ils s'y trouvent fixés par quatre chevilles *gg*, deux en haut et deux en bas, de manière qu'en ôtant ces chevilles, le chassis puisse être changé sans que la maçonnerie en souffre ; et la base du chassis, qui s'appuie contre le seuil, est garantie de l'humidité par plusieurs couches de blanc de céruse à l'huile, dont on a eu soin de le peindre avant de le poser.

La figure Neuvième fait voir le plan de la dernière assise de la partie en pierre du Phare, celle qui sert de base au balcon ; *hh* montre l'espace circulaire percé dans chaque voûte, et servant de porte d'entrée à chaque étage ; *i* est l'espace nécessaire pour le tuyau de la cheminée, correspondant à *z* dans la figure précédente.

Les lignes *kk* tracent le contour octogonal de la lanterne ; *mm* est la projection de la barre circulaire qui forme l'appui du balcon, et qui s'assemble avec les barres verticales dont les sections sont représentées aux points *nn* : on voit la coupe de ce balcon à la planche troisième.

PLANCHE CINQUIÈME.

Vue du roc du côté de l'est, faisant voir la construction de la quinzième assise, qui est la première qui forme l'entrée, et la manière de décharger et d'enlever les pierres dans chaque étage du phare.

La figure Première est l'intérieur du bateau le *Wetton*, délivré de sa cargaison ; P, Q sont deux poteaux de défense qui empêchent que le bateau ne se brise contre le roc.

X est la caverne vue en face.

D, passage où l'eau fait une chute alternative.

On avait proposé de le fermer.

EFG représente une espèce de chèvre construite d'une manière particulière, au sommet de laquelle sont suspendus deux moufles réunis par un cordage qui, après avoir passé par la poulie E, s'enroule sur le cylindre d'un treuil dont les montans en fer sont fixés solidement dans le roc : la figure a fait voir la face du treuil, dans laquelle on distingue le cylindre et les supports.

La figure Sixième est la projection du treuil sur un plan perpendiculaire à la surface du cylindre, et c, la manière d'assembler le support avec le montant qui reçoit le tourillon du treuil; et on voit en d comment l'extrémité de ce montant est construit pour recevoir ce tourillon.

Tandis que la pierre monte au moyen du treuil, l'homme qui est en i retient le cordage qui passe dans le système de poulies H, K, et alors la chèvre est droite et le cable LM est tendu. Au contraire, lorsqu'on décharge les pierres du bateau, la chèvre est très-inclinée et le cable LM très-flache. Ce mouvement se fait par le moyen de deux anneaux fixés aux deux extrémités de la chèvre, lesquels entrent dans deux crampons à tourillons qui sont solidement fixés dans le roc, et lorsque la pierre que l'on enlève est à la hauteur de l'entrée, par le moyen de la corde qui passe par les deux poulies L, N, qui se trouvent à l'extrémité du cable LM, qu'on lâche un peu, on l'amène facilement sur l'assise.

Les poulies K, H sont fixées par une chaîne o qui, s'inclinant, va s'accrocher à un anneau fixé exprès sur le roc, du côté de l'ouest.

La figure détachée n° 2, sur une plus grande échelle, fait voir l'espèce d'ancre en fer $efgh$ par laquelle les moufles sont suspendus. Cette ancre, attachée à l'extrémité de la chèvre par un boulon qui traverse ses deux montans, de manière qu'elle ait un mouvement libre et qui la laisse par conséquent toujours d'elle-même dans une position perpendiculaire.

Elle doit être bien choisie et dans des dimensions capables de porter le plus grand poids possible sans éprouver aucun accident. Par cette construction, l'effet des deux systèmes de poulies attachées aux branches J, H de cette ancre a lieu sur le boulon de suspension, et les extrémités de la chèvre tournant librement autour des crampons à tourillons fixés dans le roc, on pourra donc donner à la chèvre la disposition qu'on voudra, et l'application de toute la pression sur les montans de la chèvre a toujours lieu à son extrémité.

Lorsque la maçonnerie fut arrivée au point où le représente la figure première, les matériaux furent enlevés sur les assises consécutives, au moyen d'une chèvre triangulaire *iklm*, par l'ouverture qui sert de cage à l'escalier; mais arrivé à la voûte du troisième étage, l'espace circulaire qui se trouve dans cette voûte, et qui sert de communication dans l'intérieur du Phare, se trouvant trop petit et la hauteur trop grande, eu égard au tems, un treuil fut établi dans le magasin au point *q*, comme le fait voir la figure première; et, sur l'assise qui sert d'appui à la voûte de la cuisine, fut établie une espèce de chèvre mobile qui, au lieu d'être arrêtée par un cordage, eut un de ses montans plus long que les deux autres, et dont l'extrémité inférieure fut taillée triangulairement, de manière à pouvoir s'appuyer sur l'angle intérieur du mur opposé; ce qui fut assez long pour pouvoir incliner le système suffisamment, afin que la pierre P ne soit point gênée par le mur dans son ascension.

A l'extrémité de la chèvre, fut placée une poulie simple, dont la corde descendait jusqu'à l'entrée de la porte, où elle rencontrait les pierres enlevées par la première chèvre. Cette même corde était attachée par son autre extrémité au treuil Q; et, par ce moyen, on montait au sommet de la maçonnerie ces mêmes pierres à mesure qu'elles étaient déchargées du bateau à cette entrée. La figure R est le plan de la chèvre mobile, et fait voir la corde qui assure le pied du montant incliné.

12

Par ce moyen, tous les matériaux les plus lourds furent enlevés, et la chèvre mobile s'éleva avec le treuil jusqu'à ce que l'on fût prêt à placer la coupole sur la lanterne.

Le sixième étage fait voir le moyen employé à cet effet. Comme on n'avait plus besoin de la grande chèvre qui était au pied du Phare, on plaça ses deux montans aux fenêtres du dernier étage, où ils furent bien fixés.

La figure *s* étant le plan de cet étage, fait voir leurs dispositions particulières ; *op* fait voir les places des pieds des montans de la chèvre employée pour cette opération particulière : ils se trouvent marqués des mêmes lettres dans l'élévation.

Les cordes *qr* et *st* liées aux extrémités *q* et *s*, tendent à tenir fixés les montans *or* et *pt*. Les deux extrémités de la traverse où s'assemblent les montans, sont attachées à deux cordes *wx*, *yx*, lesquelles se réunissent à une troisième en *x*, passant à l'extrémité d'une poutre, et au bout de laquelle est un système de poulie 1 et 2, et fixée à l'extrémité 3. Comme elle doit supporter principalement l'effort par le poids de la coupole, il était bon de l'assurer à la fenêtre de l'étage inférieur. Au moyen des deux poulies 1 et 2, la chèvre put être inclinée autant qu'on en a eu besoin, et ensuite rendue perpendiculaire ; et, pour donner encore plus de solidité, une dernière corde 5 6 7 fut attachée à la traverse qui joint les deux montans de la chèvre, et son extrémité fixée à un système de moufle qui fut lui-même solidement attaché au roc, comme l'était celui qui servait à la grande chèvre ; et, par ce système, la coupole fut élevée et placée sans accident.

Par l'Editeur Lesage.

RECHERCHES

EXPÉRIMENTALES

SUR LA MEILLEURE COMPOSITION

DES CIMENS

PROPRES AUX CONSTRUCTIONS HYDRAULIQUES,

Par J. SMEATON;

EXTRAITES DE SON OUVRAGE SUR LE PHARE D'EDYSTONE.

~~~~~~~~~~~~~~~~

Nous avions promis, lorsque nous décrivîmes le fanal d'Edystone, de revenir au sujet important qui va nous occuper. On nous a rappelé notre promesse, et nous cédons volontiers au vœu de quelques-uns de nos lecteurs à cet égard, persuadés, comme nous le sommes, qu'indépendamment des résultats qu'a obtenus M. Smeaton, le simple exposé de ses travaux sur cet objet offre un modèle de jugement et de sagacité qu'on ne peut considérer sans intérêt, et qu'on ne peut mieux faire que d'imiter dans des recherches analogues et d'utilité générale.

Avant de commencer les siennes sur le meilleur mortier à employer sous l'eau (1), M. Smeaton savait déjà qu'un mélange de deux mesures

---

(1) Un Ingénieur au Corps impérial des Ponts et Chaussées, M. Gratien le père, qui a fait à Cherbourg, au Hâvre et à Paris des expériences variées sur les moyens de remplacer les pouzzolanes naturelles d'Italie et les Trass de Hollande, a publié,
~~~~~~~~~~~~~~~~

de chaux éteinte, en poudre sèche, avec une mesure de trass ou terras
(espèce de cendre volcanique qu'on trouve sur les bords du Rhin, et
dont les Hollandais font commerce), mêlées et battues ensemble en
consistance de pâte, avec le moins d'eau possible, faisaient le meilleur
ciment pour les ouvrages de pierres ou de briques; que ce ciment, une
fois pris, s'endurcissait sans qu'il fût parfaitement desséché, et qu'il s'endurcissait même sous l'eau.

Mais peu satisfait de ces notions générales, et aspirant à la perfection
et à la durée dans toutes les parties de son travail, il voulut rechercher si
ces deux substances étaient réellement les meilleurs ingrédiens à employer,
et si le procédé ordinaire dans leur préparation et leur mélange était aussi
le meilleur procédé.

La nature de la chaux était le premier objet d'examen. Toutes les
pierres appelées calcaires (1) sont propres à faire de la chaux; mais cette

---

en 1804, 1805 et 1807, des Mémoires qui deviennent le complément des recherches
de M. Smeaton, et des savans français qui se sont occupés antérieurement de cet
objet dans les constructions hydrauliques. Ces Mémoires ne laissent plus aujourd'hui
de doute sur les moyens que l'art peut employer pour fabriquer aisément, et à bas
prix, des pouzzolanes *partout où*, comme le dit cet Ingénieur, *l'importance et l'économie des travaux publics le requièrent.*

Un autre Ingénieur en chef au même Corps, M. Daudin, a fait imprimer, en 1808,
deux très-bons Mémoires, qui ont pour titre : *Mémoires sur les Pouzzolanes en général, et notamment sur les avantages que doivent procurer à la France des Etablis-
semens de Pouzzolanes artificielles, qui ont toutes les propriétés des Pouzzolanes
naturelles, et qui peuvent les remplacer, avec autant d'avantages que d'économie,
dans les constructions hydrauliques.*

(Note de l'éditeur P.-C. Lesage.)

(1) Les pierres calcaires, dont la variété est immense, se convertissent en chaux
lorsqu'on les a privées, par l'action d'un feu violent, soit de l'eau, soit de l'acide
carbonique (air fixe), dont la présence caractérise cet ordre de substances pierreuses.

chaux est-elle plus ou moins bonne, à raison des pierres plus ou moins dures dont elle procède, depuis la craie jusqu'au marbre? S'il y a des différences à cet égard, relativement au mortier ordinaire, s'étendent-elles jusqu'à celui de trass? — L'eau salée est-elle aussi bonne que l'eau douce pour ces compositions? — Une même pierre à chaux plus ou moins calcinée, donne-t-elle de la chaux de qualité différente? etc. Telles étaient les premières questions qui se présentaient à résoudre dans le travail que se proposa M. Smeaton.

Il détermina d'abord, par ses propres expériences, l'influence du degré de calcination sur la qualité de la chaux, et trouva que toutes les fois que l'action du feu avait suffisamment modifié la pierre calcaire pour qu'elle se fusât subitement dans l'eau, ou lentement dans l'air, en un mot, pour qu'elle pût passer au travers d'un tamis fin, la chaux, ainsi obtenue, était à peu près également bonne. Mais lorsque le feu n'a pas suffi à calciner la pierre jusqu'au centre, il reste un noyau solide qui est un corps étranger, et nuit à la composition, sous le double rapport de la chaux qu'il n'a pas fournie et de la présence d'un solide plus ou moins gros dans une matière qui devrait être en poudre impalpable.

Telles étaient alors mes conclusions, dit M. Smeaton. Le savant docteur Black découvrait, à peu près dans le même tems, que la pierre à chaux perdait par la calcination près de quatre neuvièmes de son poids, par l'ex-

---

Elles perdent leur tenacité, quelque dures qu'elles paraissent être auparavant, et acquièrent, par la calcination, la propriété de se fuser, ou de passer à l'état de pâte dans l'eau, avec dégagement d'une quantité considérable de calorique, qui élève le mélange à la température de l'eau bouillante. On la nomme alors chaux éteinte, et elle peut se conserver longtems dans l'état de pâte; on la mêle avec du sable pour faire le mortier ordinaire. Ce mortier prend de la dureté par le laps de tems, parce que la chaux qui enveloppe chacun des grains de sable, et qui a conservé beaucoup d'affinité avec l'acide carbonique, dont la calcination l'avait privé, le reprend peu à peu dans l'atmosphère, et repasse ainsi à son état primitif de pierre calcaire. (R.)

pulsion de l'air fixe. Le docteur Higgins a montré ensuite (1) que l'action brusque d'un feu violent chasse une plus grande quantité de ce gaz, que ne le fait un feu moindre longtems continué, et que la chaux cuite à grand feu se fuse ou s'éteint plus vîte et plus complétement que l'autre; mais j'ignore si les conclusions applicables au mortier ordinaire, le sont à celui de trass, etc.

Les essais multipliés qui se présentaient à faire dans les diverses compositions exigeaient une manipulation simple et prompte. Voici le procédé de M. Smeaton. Il prenait la quantité nécessaire des divers ingrédiens pour former finalement une boule d'environ deux pouces de diamètre. Cette boule, laissée à elle-même, après avoir été malaxée jusqu'à ce qu'elle fût devenue assez dure pour résister à la pression des doigts, se mettait dans la quantité d'eau nécessaire pour la couvrir en entier; et les effets de cette immersion, plus ou moins prolongée, décidaient de la bonté de la composition. Les ingrédiens se mesuraient au volume, et non au poids; la chaux se délayait à l'état d'une pâte assez molle, et on lui ajoutait ensuite graduellement les diverses proportions de trass, ou d'autre matière grossière, jusqu'à la consistance convenable : le travail d'une de ces boules employait de quinze à trente minutes.

Quelle que fût la proportion du mélange de sable et de chaux dans ces boules, si elles ne renfermaient pas d'autres ingrédiens, le séjour dans l'eau les détruisait toujours; des compositions formées de deux parties de chaux éteinte sur une de trass résistaient ordinairement à cette épreuve; mais les proportions de parties égales de ces deux ingrédiens lui résistaient presque toujours.

L'auteur se proposa ensuite et résolut les questions suivantes :

1°. Quelle est la différence de la chaux tirée de pierres de qualités différentes, sous le rapport de la dureté qu'elle procure au mortier ?

---

(1) Higgins on calcareous Cements, §. 2 et 4.

La craie et le marbre offrent à peu près les deux extrêmes en dureté, parmi les espèces calcaires; et la chaux faite avec des pierres si différentes sous ce rapport, parut identique sous celui de la dureté qu'elle procurait au mortier ou ciment fait avec le trass. Cette opinion, qui n'est point celle des ouvriers, s'accorde avec les expériences du docteur Higgins, qui n'étaient dirigées que vers l'usage de la chaux dans le mortier ordinaire.

2°. Quelle est, toutes choses égales, l'influence de l'eau salée dans la composition du mélange ?

L'expérience prouve à M. Smeaton que, s'il y a une influence, elle est plutôt à l'avantage de l'eau salée.

3°. N'y a-t-il point une qualité de pierres à chaux préférable pour les travaux à faire dans l'eau ?

M. Smeaton avait ouï dire qu'on tirait d'Aberthaw, dans le comté de Glamorghan, une chaux qui avait la propriété de se durcir dans l'eau comme le trass. Il se procura des échantillons de la pierre, et la calcina lui-même; elle exigea beaucoup de feu pour sa parfaite calcination : la pierre était d'un bleu fade avec quelques points brillans; la chaux qu'elle donnait était de couleur fauve (1). Cette chaux parut avoir un très-grand avantage sur l'autre employée avec le trass dans les deux proportions indiquées, et cet avantage s'accrut à mesure que les boules furent conservées plus longtems.

---

(1) Nous reconnaissons là l'espèce de chaux appelée *chaux maigre* dans notre pays, et qu'on emploie avec succès dans toutes les constructions exposées à l'action de l'eau. On a cru que cette propriété de se durcir dans l'eau venait de la présence du manganèse, demi-métal qu'on trouve effectivement dans quelques pierres à chaux maigre. Mais le célèbre naturaliste M. de Sirussied l'attribue, avec beaucoup plus de fondement, à la présence des terres siliceuse et argileuse, dans certaines proportions, dans la pierre à chaux maigre. (*Voyage dans les Alpes*, §. 731.)

4°. Y a-t-il de l'avantage, comme le croient les ouvriers, à battre de nouveau le mortier ou ciment déjà bien mélangé?

Les essais de M. Smeaton lui prouvent que, dans le mortier de trass, à parties égales, la différence n'est pas sensible; que, lorsque la quantité de chaux est double de celle de trass, il y a quelqu'avantage à rebattre le mélange à plusieurs reprises : cet avantage est surtout marqué dans la composition du mortier ordinaire lorsque la proportion de chaux y prédomine.

La chaux faite avec des coquillages parut donner un très-bon mortier à elle seule, sans mélange de sable, trass, ou autre matière étrangère. La boule mise dans l'eau ne s'y dissolvait pas d'abord, mais ne s'y durcissait pas non plus; et, à la longue, elle y perdit graduellement sa consistance.

La promptitude avec laquelle le gypse calciné, que les Anglais appellent plâtre de Paris (sulfate de chaux), passe de l'état de demi-fluide à celui d'une substance assez dure, engagea M. Smeaton à faire aussi quelques essais de mélanges : ils furent sans succès. Aucune addition n'augmenta sa dureté, qui ne s'accrut point non plus dans l'eau; seulement la consistance passable qu'il acquiert très - promptement, le fit employer dans la suite, avec succès, à garantir de la première action des vagues d'autres cimens qui n'auraient pas eu le tems de se durcir avant d'y être exposés.

Après s'être ainsi instruit des faits qui pouvaient l'intéresser, M. Smeaton veut remonter aux causes des effets qu'il a observés; il veut étudier ces pierres pour reconnaître, s'il est possible, dans quelques-unes de leurs qualités sensibles, les indices de leurs qualités utiles. Il n'était point chimiste. Il a recours à un de ses amis, M. Cockworthy, qui lui enseigna comment on doit analyser les pierres à chaux : il se mit docilement à l'ouvrage. Le lecteur chimiste sourit à la description de ses premières tentatives; l'architecte y puise d'utiles leçons : le philosophe peut les citer en preuve de l'union intime et nécessaire des sciences avec les arts.

« Je pris, dit M. Smeaton, environ le poids d'une guinée de la pierre à essayer, réduite à l'état d'une poudre grossière ; je versai dessus de l'eau forte ordinaire (acide nitreux), mais pas trop à la fois pour que l'effervescence qu'elle occasionne subitement ne soulevât pas la liqueur hors du vase ; j'en remettais à mesure, jusqu'à ce que toute ebullition (dégagement de bulles) eût cessé. Alors, après quelque repos, la liqueur était ordinairement colorée, mais transparente ; s'il ne s'y forme que peu ou point de sédiment, on peut considérer la pierre calcaire comme pure : cela arrive, par exemple, à la craie, et à plusieurs autres pierres ; mais si l'on observe au fond un sédiment boueux, cela indique qu'il y a d'autres substances dans la pierre que de la matière calcaire. Il faut alors verser par inclination ou décanter le liquide, puis laver à plusieurs eaux le résidu terreux, jusqu'à ce que l'eau du lavage soit insipide ; alors on remue bien le tout dans la dernière eau ; et, sans lui donner le tems de se reposer, on verse l'eau, ainsi troublée, dans un autre vase. S'il reste au fond du premier quelques grains plus grossiers, comme cela arrive souvent, on les rassemble, et on reconnaît ainsi la proportion de sable proprement dite, et insoluble, qui entrait dans le tissu de la pierre calcaire ; on laisse déposer la terre plus subtile qui a été entraînée par l'eau dans l'autre vase ; on verse l'eau surabondante ; et on forme du dépôt, quand il est desséché en consistance de glaise ou de pâte, une boule qu'on destine à un nouvel examen.

En traitant ainsi la craie ordinaire et le marbre de Plymouth, je n'obtins aucun résidu. J'essayai le gypse ; je trouvai qu'il n'était pas attaqué par l'acide, et j'en conclus que c'était une substance différente de la pierre à chaux, et qu'il n'entrait rien de calcaire dans sa composition (1). En

---

(1) M. Smeaton prévient ici, par une note, un second sourire du chimiste à ses dépens. « J'ai appris depuis, dit-il, que le plâtre, ou gypse, est un sel terreux formé d'une matière calcaire et d'acide vitriolique (sulfurique), etc. Le lecteur peu familier avec la connaissance des affinités chimiques, s'étonne que le gypse, quoique calcaire, ne fasse pas effervescence avec l'acide nitrique ; c'est parce que la terre calcaire est

essayant ainsi la pierre d'Aberthaw, je vis qu'elle se dissolvait dans l'eau
forte; mais la solution était de couleur foncée et fort trouble. Je trouvai
au fond un peu de sable, dont quelques grains étaient transparens
comme du cristal; la terre qui troublait la solution, lorsqu'elle fut lavée
et rassemblée en boule, paraissait être une glaise bleuâtre très-fine qui
pesait environ un huitième du poids total de la pierre. Une de ces boules
mise au feu, y acquit la dureté d'une bonne brique et une couleur rou-
geâtre; d'où je conclus qu'il entrait du fer dans sa composition. En la
pesant de nouveau, après la cuisson, je trouvai qu'elle avait perdu environ
un quart de son poids, etc. »

On aime à trouver là ces détails; c'est le génie à l'école; on le prendrait
volontiers pour instituteur.

La chaux la plus pure est celle qui profite le plus, dans le langage
des ouvriers, parce qu'elle peut recevoir plus de sable dans le mortier,
et que le sable est l'ingrédient qui coûte le moins des deux; c'est
aussi la meilleure à employer comme engrais, parce qu'elle se divise
mieux par l'action de l'air; mais en revanche, la chaux maigre, naturellement mêlée de sable et d'argile, est préférable pour bâtir, surtout
dans l'eau. M. Smeaton paraît persuadé que la présence de ces résidus
argilo-sablonneux, après la solution dans l'eau forte, est l'indice presque
certain d'une bonne pierre à chaux maigre.

Le traas fait, avec la chaux, un bon ciment pour les cas où les constructions doivent être constamment sous l'eau; mais dans ceux où elles
sont à l'air, exposées seulement aux alternatives ordinaires qu'amènent

---

déjà saisie dans le gypse par un autre acide, l'acide sulfurique, dont l'affinité avec
cette terre étant plus grande que celle de l'acide nitrique, celui-ci ne peut point le
déloger comme il déloge l'acide carbonique dans la pierre à chaux commune : ce
dernier, en prenant à son départ la forme élastique, occasionne l'effervescence qu'on
observe lorsqu'on verse un acide quelconque sur une pierre calcaire ordinaire. (R.)

les saisons, ni le ciment de traas, ni le mortier ordinaire ne résistent longtems. M. Smeaton donne, à cette occasion, la recette d'une composition qu'il tenait de milord Macclesfield, et qu'on nomme *mortier de cendres*. On prend deux parties de chaux très-vive et trois de cendres de bois, mesurées en volume; on fait en terre un creux rond, dans lequel on met les cendres, et au milieu d'elles la chaux qu'on fait éteindre en l'arrosant sur la place, et qu'on mêle bien avec les cendres; on laisse refroidir le tout, et on le bat ensuite à deux ou trois reprises avant de s'en servir. Ce mortier est préféré par les ouvriers maçons à celui de traas pour supporter l'alternative de sécheresse ou d'humidité.

Belidor et déjà Vitruve avaient indiqué la pouzzolane, cendre volcanique à laquelle le traas ressemble beaucoup, comme susceptible de faire un très-bon ciment à employer sous l'eau. M. Smeaton, en faisant des recherches sur les moyens de s'en procurer d'Italie, apprit qu'un marchand de Plymouth en avait apporté de Civita-Vecchia une cargaison qu'il avait compté vendre aux entrepreneurs du pont de Westminster, et dont aucun n'avait voulu faire l'essai, satisfaits, comme ils l'étaient, de l'emploi du traas. M. Smeaton la mit à l'épreuve, et trouva qu'employée avec la chaux d'Aberthaw, elle faisait une composition plus dure qu'aucune de celles qu'on employait dans les constructions à l'air, et que, sous l'eau, elle acquérait une dureté progressive qui finissait par égaler celle de la meilleure pierre de Portland. Il hésita d'autant moins à acheter toute la provision du marchand, qu'il l'obtint à beaucoup meilleur prix que le traas.

M. Smeaton invite les chimistes et les naturalistes à examiner soigneusement ces deux substances, dont il fait l'histoire abrégée.

On tire le traas de la province de Liége et des environs d'Andernach, où il forme des couches souterraines. On l'apporte en Hollande en morceaux de toutes grosseurs, depuis celle d'un pois à celle d'une grosse rave : il est d'un gris cendré, plutôt tendre que dur, très-poreux, et ressemblant un peu à la pierre-ponce. On le pile dans des moulins, et on le passe dans un tamis ou treillis de quatre-vingt-un quarrés au pouce.

Il ne paraît rien renfermer de calcaire, car l'eau forte le mouille simplement sans produire d'effervescence.

La pouzzolane est aussi une substance poreuse sur laquelle l'eau forte n'agit point ; sa couleur brune la fait ressembler à une mine de fer grillée. On la trouve en quantité dans les environs du Vésuve, dans divers endroits d'Italie, et surtout à Pouzzol, d'où elle a pris son nom. L'auteur regarde celle de Civita-Vecchia comme préférable à toutes les autres. La durée des édifices romains et de leurs bains en particulier, dans lesquels on avait employé ce ciment, fait foi de sa solidité. Mais M. Smeaton croit que la chaux d'Aberthaw leur manquait pour atteindre, à cet égard, la perfection, et que la combinaison la plus résistante avait été réservée à la construction du fanal d'Edystone.

En voyant tant de rapports entre les propriétés extérieures de ces deux substances, propres, l'une et l'autre, à faire un bon ciment, l'auteur dut penser naturellement à éprouver certaines matières qui leur ressemblent à quelques égards, telles que la pierre-ponce, les cendres de houille, la brique pilée, etc. Il trouva qu'elles avaient toutes une propriété absorbante, d'après laquelle les compositions se durcissaient un peu plutôt que lorsqu'elles étaient faites avec le sable seulement ; mais c'était là tout l'avantage : elles ne résistaient pas mieux à l'action de l'eau que les compositions faites avec le sable ordinaire, auxquelles on aurait donné un peu plus de tems pour se durcir.

Après avoir décidé, par ses expériences, que la pouzzolane et la chaux faite avec la pierre bleue appelée *lyas* à Aberthaw, mêlées à parties égales, faisait le meilleur ciment à employer sous l'eau, il fallait se procurer des quantités suffisantes de l'un et de l'autre ingrédient. La pouzzolane était trouvée ; et M. Smeaton apprit qu'on faisait à Watchet, petit port situé dans le Sommerset-Shire, du côté du canal de Bristol, l'espèce de chaux qu'il avait reconnue la meilleure. Il se transporta sur les lieux, et observa que la pierre était de même nature que celle d'Aberthaw. Elle gisait en lits que la basse marée mettait à découvert ; ces lits avaient depuis quatre jusqu'à onze pouces d'épaisseur ; ils sont séparés par une glaise bleuâtre feuilletée et fort ressemblante à cette argile que l'analyse avait fait découvrir dans le tissu même de la pierre d'Aberthaw. La chaux qu'on fait avec cette pierre ne vaut rien comme engrais, et les fermiers de Watchet tirent celle qu'ils mettent sur leurs terres des rochers de Saint-Vincent, à la distance de plus de quarante milles.

Le lyas de Watchet est de couleur bleue plombée tirant sur le brun; sa cassure présente un grain fin avec quelques particules brillantes. On trouve dans les environs une autre espèce de pierre à chaux qui ressemble beaucoup à celle-ci, à l'exception de la couleur, qui est blanche. La chaux qu'elle donne est grasse et ne se durcit point dans l'eau; elle se dissout en entier dans l'eau forte; et ni l'une ni l'autre de ces pierres calcaires ne renferment d'empreintes de coquillages fossiles, tandis que des veines de gypse, qui leur sont entremêlées, en contiennent.

Mais la pouzzolane étant une substance étrangère à l'Angleterre, M. Smeaton rechercha encore s'il n'y aurait point quelque matière indigène qu'on pût lui substituer; et il réussit, sinon à s'en passer tout à fait, du moins à l'employer dans une proportion beaucoup moindre. Ses remarques sur les différentes chaux employées en Angleterre dans l'architecture hydraulique, forment encore une partie très-intéressante de son travail.

Il trouve que la texture, la couleur, la dureté des pierres calcaires ne sont point des indices constans de leur qualité comme pierres à chaux maigre. L'analyse même qui montre dans leur composition de la glaise et du sable, quoiqu'elle soit un fort préjugé en leur faveur, n'est pas toujours un indice certain; mais ce dernier caractère joint à la couleur fauve de la chaux, annonce toujours la véritable chaux maigre. Ainsi, que la pierre soit bleue, blanche ou brune; qu'elle soit dure ou tendre, si elle prend à la calcination cette couleur bien décidée, elle est bonne pour les constructions hydrauliques.

L'auteur donne, dans une table, le résultat de l'analyse de neuf espèces différentes de pierres à chaux maigre; elles contiennent toutes de l'argile dans des proportions qui varient depuis un dix-septième jusqu'à près d'un

cinquième du poids total ; et la diminution de leur poids, par la calcination, varie entre les rapports de 4 à 3 et de 3 à 2.

Les recherches de M. Smeaton, pour trouver une substance qui pût
remplacer le traas ou la pouzzolane, lui ont montré, 1º que les écailles
de fer qu'on ramasse dans les forges, traitées comme la pouzzolane,
produisent un aussi bon ciment, mais leur quantité est trop peu considérable pour fournir à de grandes constructions ; 2º la mine de fer calcinée ou grillée fait un assez bon ciment, mais inférieur à celui de
pouzzolane ou d'écailles de fer : il faut l'employer à parties égales avec
la chaux maigre.

Le hasard procura à M. Smeaton une pierre roulée, du genre des
grès, assez tendre, laquelle, calcinée, tamisée et mêlée avec de la chaux
maigre éteinte, fit une balle aussi dure que le ciment d'écailles de fer ;
mais il n'a trouvé nulle part des bancs de cette même pierre (1).

La recherche du mortier ou ciment le plus économique, à bonté égale,
entrait aussi dans les plans de M. Smeaton. Il considère l'introduction
du sable dans ces mélanges en général comme tendant à rendre la composition plus dure, et comme augmentant son volume par l'addition
d'un ingrédient qui coûte beaucoup moins que la chaux. Il fit, en
conséquence, une suite d'essais pour trouver le maximum de sable qu'on
pouvait introduire dans la composition du mortier destiné à la face des
constructions hydrauliques ; et il trouva que, pourvu qu'on le battît
bien, on pouvait le faire encore très-bon avec deux mesures (en volume)
de chaux éteinte, une de traass et trois de bon sable bien propre ; ce
qui donne près de trois mesures et demie de bon mortier hydraulique,

____

(1) Nous sommes étonnés que M. Smeaton n'ait pas essayé les scories des forges,
qui sont en quantité plus considérables que les écailles. Nous croyons aussi que les
scories ferrugineuses qui résultent de la combustion de certaines tourbes dans les fours
à briques, pourraient être employées avec succès dans ces mélanges. (R.)

c'est-à-dire, plus de deux fois et demie la quantité ordinaire de ce mortier fait avec les mêmes proportions de traas et de chaux. L'auteur trouve même qu'on pourrait augmenter encore la quantité de sable, mais qu'alors les frais additionnels de battage l'emportent sur l'économie des ingrédiens.

Quant au mortier grossier destiné au remplissage dans la partie postérieure des murs, il substitue à la pouzzolane ou au traas, les fragmens de mine de fer calcinés, qu'on appelle *minion* (1) dans les fourneaux. Si l'on ne peut point se procurer cette substance, le traas ou la pouzzolane, à la quantité d'un tiers seulement, produit le même effet dans le mélange. C'est une question curieuse que M. Smeaton laisse à décider aux chimistes et aux naturalistes de profession, que de savoir pourquoi la présence de l'argile dans le tissu de la pierre calcaire rend la chaux propre à se durcir dans l'eau, propriété que la chaux tirée de pierres calcaires pures n'acquiert point. L'argile ajoutée à la chaux ordinaire ne produit pas cet effet; la brique pilée en poudre fine ou grossière n'y fait rien non plus. En un mot, rien que le mélange du traas, de pouzzolane, ou de quelque substance ferrugineuse analogue, ne contribue à donner à la chaux ordinaire la faculté de se durcir à l'eau.

Il fit aussi l'essai de la composition indiquée par M. Loriot, architecte français, comme un secret retrouvé des anciens; savoir, le mélange d'une certaine quantité de chaux vive en poudre avec le mortier déjà fait en tas, à la manière ordinaire. Il trouva que ce mélange se solidifiait plus promptement à l'air, et était moins sujet aux crevasses que le mortier ordinaire; mais qu'il n'avait pas la propriété de se durcir dans l'eau. La table suivante renferme vingt compositions différentes de mortier ou ciment propre aux constructions hydrauliques; elle présente en quelque sorte l'abrégé de toutes les recherches de M. Smeaton sur cet important sujet.

---

(1) Le minion ou minium est un oxide rouge de plomb; et c'est improprement que les ouvriers appliquent cette dénomination à la mine de fer calcinée. (R.)

N°s		CHAUX en POUDRE.	POUZZOLANE.	SABLE COMMUN.	VOLUME en pieds cubes.	FRAIS par pied cube.
		Bushels	Bushels	Bushels		s. d.
	Chaux maigre et pouzzolane.					
1	Mortier d'Edystone.....	2	2		2 32	3 8
2	Mortier de pierre.......	2	1	1	2 68	2 1 ⅓
3	*Dito*, deuxième qualité..	2	1	2	3 57	1 7 ½
4	Mortier de face ou parement.	2	1	3	4 67	1 4
5	*Dito*, deuxième qualité..	2	0 ½	3	4 17	1 1
6	Mortier pour le dos des murs.	2	0 ¼	3	4 04	0 11
	Chaux maigre et minion, ou mine de fer grillée.		*Minion.*			
7	Mortier de face.	2	2	1	3 22	1 5 ½
8	Composition employée aux canaux de Fulder.	2	1	2	3 57	1 1
9	Mortier pour le dos des murs.	2	0 ½	3	4 17	0 10
10	*Dito*, deuxième qualité.,	2	0 ¼	3	4 04	0 9 ½
	Chaux ordinaire avec traas.		*Traas.*			
11	Mortier de traas........	2	1		1 67	4 0
12	*Dito*, augmenté........	2	1	1	2 50	2 9
13	*Dito*, encore augmenté. .	2	1	2	3 45	2 8 ½
14	*Dito*, idem............	2	1	3	4 55	1 8
15	Mortier de traas pour le dos des murs........	2	0 ½	3	3 50	1 2 ¼
16	*Dito*, deuxième qualité..	2	0 ¼	3	3 57	1 11 ¼
	Chaux ordinaire et minion.		*Minion.*			
17	Mortier ordinaire de face.	2	2	2	2 75	1 5 ¼
18	*Dito*, deuxième qualité..	2	1	3	4 37	0 8 ¾
19	Mortier ordinaire pour le dos des murs.	2	0 ½	3	4 05	0 8
20	*Dito*, deuxième qualité..	2	0 ¼	3	3 92	0 7 ½

N. B. Toutes les substances de la table ci-devant sont supposées dans l'état sec et pulvérulent, et jetées dans la mesure avec quelque degré de force, sans être cependant tassées. Si le sable est mouillé, sa quantité est considérablement moindre dans un volume donné que s'il est sec, et cette différence est variable à raison des degrés d'humidité.

Comme les prix indiqués ne sont que comparatifs, on pourra calculer, au besoin, les prix absolus d'après ceux des matériaux sur lesquels la table a été établie, savoir :

	liv.	s.	d.
Chaux maigre, le bushel en poudre sèche (1).	0	0	9
Chaux commune, *idem.*	0	0	4
Pouzzolane en poudre préparée.	0	3	0
Traas *idem.*	0	4	0
Minion *idem.*	0	1	0
Sable grossier, ou fin, ou mêlé.	0	0	2
Battage de deux bushels de chaux grasse pour le mortier de traas.	0	2	0
Battage de deux bushels de chaux maigre pour le même.	0	1	0

(1) Le bushel répond à peu près au boisseau de France.

14

MÉMOIRE

SUR UN NOUVEAU

SYSTÈME DE NAVIGATION

INTÉRIEURE,

Par M. de BÉTANCOURT,

Chevalier de l'ordre de Saint-Iago, Inspecteur général des Canaux et grandes Routes des Royaumes d'Espagne (1).

DEPUIS longtems on a reconnu que les canaux de navigation, en facilitant les transports, procuraient de grands avantages à l'agriculture et au commerce. Aussi, presque toutes les nations ont-elles entrepris, à différentes époques, quelques ouvrages de ce genre; mais il y en a

---

(1) La famille de M. de Bétancourt est originaire de Normandie. Un de ses ancêtres, Jean de Bétancourt, gentilhomme normand, découvrit les iles Canaries en 1417; il passa en Espagne, et demanda des secours au roi Henri III pour en faire la conquête : Sa Majesté les lui accorda, sous la condition qu'il lui en ferait la cession, ce qu'il exécuta suivant sa promesse. Depuis cette époque, cette famille respectable réside à Ténérife. L'auteur de ce Mémoire fut, en 1784, présenté à M. Perronnet, de la part de S. M. C. le roi d'Espagne, par M. le comte d'Aranda, alors son ambassadeur, et obtint la permission de suivre à Paris l'instruction donnée aux élèves de l'Ecole des Ponts et Chaussées, et la facilité de suivre toutes les constructions du nouveau pont de la Concorde qu'on allait commencer. Perronet et Chezy, son adjoint, avaient, pour cet ingénieur distingué, une estime et une amitié particulières. Je m'honore en saisissant aujourd'hui l'occasion de donner à mon ancien et digne ami de Bétancourt un témoignage de ma considération et de mon attachement.   LESAGE.

peu qui aient été entièrement terminés, soit parce qu'on les commençait avec trop de magnificence et qu'ils auraient exigé des dépenses excessives, soit parce que la longueur du tems nécessaire pour les exécuter lassait la constance de ceux qui dirigeaient successivement ces entreprises, et qui, le plus souvent, n'avaient plus les mêmes idées ni les mêmes intérêts que leurs prédécesseurs.

Toute l'Europe a vu, par l'exemple du canal du Midi, commencé et fini sous le règne de Louis XIV, et dans le court espace de seize ans, de quelle influence peut être, sur l'avancement de ces ouvrages, la protection et les encouragemens d'un Gouvernement sage, et quels sont les avantages qu'ils peuvent procurer, lorsqu'on a tout prévu, en s'assurant d'abord de toutes les données.

Cependant les auteurs de ce grand ouvrage ont eu peu d'imitateurs; encore ces derniers n'ont-ils jamais osé s'écarter des premières dimensions, quoique celles-ci dussent varier avec les circonstances locales et la nature des moyens de transport : élémens qui avaient servi originairement de base à leur détermination.

Vers le milieu du siècle dernier on commença en Espagne le canal de Castille. Trois années après, le duc de Bridgewater entreprit en Angleterre le premier canal de navigation qui ait été exécuté dans ce royaume; et, dans tous les deux, on adopta les dimensions et les formes des ouvrages du canal du midi.

L'entreprise du Duc fut d'abord regardée comme chimérique par ses compatriotes; mais accoutumés à comparer les intérêts des capitaux avec les produits et les risques, l'expérience les éclaira bientôt : ils multiplièrent les canaux avec d'autant plus de rapidité, qu'ils s'étaient appliqués à la recherche des moyens de vaincre les difficultés qui peuvent se rencontrer dans leur exécution, soit de la part du terrein, soit à cause du défaut d'abondance des eaux dont on pouvait disposer pour les alimenter.

Pour épargner les dépenses considérables qu'exige la construction des sas d'écluses dans un pays montagneux, ainsi que pour éviter les pertes d'eau et de tems, Reynolds imagina de mettre les bateaux à sec, de les placer sur des charriots, et d'élever ceux-ci en les faisant glisser sur des plans inclinés.

Dans quelques canaux, on monte et on descend les bateaux en les enfermant dans des caisses hermétiquement fermées, qui plongent dans des puits remplis d'eau. Dans plusieurs autres, on élève ces bateaux verticalement, à l'aide de machines plus ou moins compliquées, suivant les circonstances locales et le poids qu'elles ont à soutenir.

L'américain Fulton, connaissant tous les avantages de ces méthodes sur celles des écluses, et ayant calculé qu'on pouvait réduire encore la dimension des canaux, et diminuer, par conséquent, la dépense sans changer le produit de la navigation, publia son ouvrage sur les Canaux, dans lequel il proposa un nouveau mode de construction pour les plans inclinés, en mettant des roues aux bateaux pour supprimer les charriots dont on se sert en Angleterre ; et il donna ensuite la description de plusieurs moyens de monter et de descendre les bateaux verticalement, en employant l'eau comme contrepoids, ou en se servant de ce fluide pour imprimer le mouvement aux machines.

Cet ingénieux auteur, et tous ceux qui, avant lui, avaient cherché à économiser les grands capitaux employés à la construction des canaux, ont adopté le système des petits bateaux, afin de diminuer les déblais et les dépenses considérables qu'occasionne la construction des ouvrages d'art, lorsque les bateaux doivent avoir de grandes dimensions ; mais en proposant de réduire celles des canaux, tous ont tâché de supprimer les écluses, à cause de la dépense d'eau qu'elles exigeraient et de la perte du tems à laquelle le passage successif des bateaux donnerait lieu.

En réfléchissant sur les moyens d'obvier à ces inconvéniens, j'avais d'abord pensé qu'en pratiquant à côté des écluses un bassin qui eût une communication avec le sas, si on comprimait l'eau de ce bassin à l'aide d'un piston, elle passerait dans le sas, et pourrait ainsi s'élever ou s'abaisser dans celui-ci suivant la pression, et de manière à pouvoir effectuer le passage des bateaux sans la moindre perte d'eau.

La difficulté d'adapter un piston me fit abandonner cette idée; mais je m'aperçus bientôt qu'en plongeant et retirant successivement un corps dont la pesanteur spécifique fût égale à celle du fluide, l'effet serait le même, et qu'on monterait et descendrait dans le sas.

Il est évident que, pour donner le mouvement convenable au corps qui devait déplacer le volume d'eau nécessaire pour faire disparaître la différence de niveau rachetée par l'écluse, il fallait une puissance qui augmentât progressivement à mesure que le plongeur s'élevait hors de l'eau. J'imaginai donc de mettre un contre-poids au plongeur, et de chercher la courbe que devait parcourir le centre de gravité de ce contre-poids, pour que l'équilibre pût avoir lieu dans toutes les positions. Je vis alors que, si je parvenais à trouver cette courbe, et qu'elle ne présentât pas de grandes difficultés dans la pratique, avec un très-petit effort, on pourrait remplir et vider le sas des écluses sans la moindre perte d'eau et avec une grande célérité.

Mes recherches ont eu le plus heureux succès. Je vais donc exposer la solution du problème dans toute sa généralité avant d'y faire les modifications convenables, au cas particulier des écluses à un seul sas; puis je décrirai la manière dont on peut se servir du même principe pour tirer les bateaux sur des plans inclinés; enfin, je terminerai par quelques réflexions sur les avantages que la navigation intérieure pourra retirer de l'emploi de ce moyen.

PROBLÉME.

Un corps M (figure première, pl. 6), dont la forme et la pesanteur spécifique sont connues, étant plongé dans un fluide et lié avec un autre corps M' qui lui sert de contre-poids et qui est hors du fluide ; trouver la courbe BQER que doit parcourir le centre de gravité du corps M' pour que le système se trouve en équilibre dans toutes les situations, c'est-à-dire, soit que le corps M se trouve tout à fait ou en partie plongé dans le fluide ou entièrement dehors.

Soient

La pesanteur spécifique du corps M. . . . . $= P$

La pesanteur spécifique du fluide. . . . . $= p$

Le volume du corps M. . . . . $= V$

Le volume de la partie plongée. . . . . $= v$

Le volume de la partie hors de l'eau. . . . . $= v'$

Le contre-poids. . . . . $= M'$

La distance AB entre le point A d'inflexion de la corde et l'origine de la courbe BQER. . . . . $= c$

La distance AD $=$ AB $+$ BD $= c$ plus l'abscise de la courbe BQER. . . . . $= t$

L'ordonnée DE de la courbe. . . . . $= u$

AE. . . . . $= z'$

On aura par les principes connus :

$$PV - pv = \frac{M\,dt}{d\,z'}$$

Mais $V = v + v'$, par conséquent $V(P-p) + pv' = \frac{M\,dt}{d\,z}$ (A)

Si le corps M s'élève d'une quantité *mn* (figure première), sans que pour cela la surface du fluide cesse d'être à la même hauteur, ce qui arriverait dans le cas où elle serait infinie par rapport aux dimensions du corps, nous aurons $mn = x = z' - c$. Si le corps est terminé par une surface de révolution, et qu'on représente par x et y les coordonnées de la courbe génératrice, on aura $v' = \pi \int y^2\, dx$, dont l'intégrale doit se prendre depuis $x = o$ jusqu'à $x = z' - c$. Nous désignerons cette intégrale définie par $\pi \varphi\, (z' - c)$, qui sera donc la valeur de v'. Substituant cette valeur de v' dans l'équation (A), on aura :

$$ \mathrm{V}\,(\mathrm{P} - p) + p\,\pi\varphi\,(z' - c) = \frac{\mathrm{M}'\, dt}{d\,z} $$

$$ \text{ou } \mathrm{V}\,(\mathrm{P} - p)\, dz' + p\,\pi\varphi\,(z' - c)\, dz' = \mathrm{M}'\, dt. $$

On doit intégrer cette équation entre z' et t, et compléter l'intégrale de façon qu'on ait $t = c$ quand $z' = c$.

Pour ce qui regarde le contrepoids M', il est entièrement indéterminé ; mais on peut le supposer égal au corps M, ce qui doit simplifier le calcul. Peut-être aussi les calculs deviendront-ils plus faciles dans quelques cas, en substituant à la place de z' sa valeur $\sqrt{(t^2 + v^2)}$.

Si le vase où est le corps n'est pas infini, la surface du fluide descendra à mesure que le corps sortira de l'eau.

Considérons cette circonstance ; nommons B, la base du vase ou récipient du fluide ; h, la hauteur du fluide quand le corps est entièrement plongé. Le volume du fluide et du corps sera $= \mathrm{B}h$; mais v' étant le volume de la partie du corps qui est sortie du fluide, $\mathrm{B}h - v'$ sera celui du fluide et de la partie du corps qui est restée plongée : ce même volume est aussi égal à $\mathrm{B}y$, en nommant y la hauteur du fluide ; donc,

$$ \mathrm{B}y = \mathrm{B}h - v', \quad y = h - \frac{v'}{\mathrm{B}} $$

(113)

1°. Dans ce cas, mn est composé de la quantité dont le corps s'est élévé et de celle dont le fluide s'est abaissé; la première est $z' - c$, et la seconde, $h - y$ ou $\dfrac{v'}{B}$, en sorte que $mn = z' - c + \dfrac{v'}{B}$.

2°. En supposant, comme ci-dessus, que le corps soit un solide de révolution, on aura :

$$v' = \pi \int y^2\, dx = \pi \varphi\, (x)$$

3°. On obtiendra l'intégrale finie en substituant pour x sa valeur $mn = z' - c + \dfrac{v'}{B}$, et elle sera donc de la forme

$$v' = \pi \varphi \left(z' - c + \frac{v'}{B} \right)$$

ce qui s'accorde avec le résultat, quand $B = \infty$.

Substituant dans l'équation fondamentale (A) la valeur de v', nous aurons :

$$V(P - p) + p\pi\varphi \left(z' - c + \frac{v'}{B} \right) = \frac{M'\, dt}{d z'}$$

$$\text{ou } V(P - p)\, dz' + p\pi\varphi \left(z' - c + \frac{v'}{B} \right) dz' = M'\, dt,$$

équation qui résout le problême complètement et avec la même simplicité que dans le premier cas; mais pour pouvoir l'appliquer à la pratique, il faudra déterminer quelques quantités.

Supposons que le plongeur M (figure seconde) soit un parallélipipède, et que sa pesanteur spécifique soit égale à celle de l'eau, c'est-à-dire, que $P = p$; soient : a, b les côtés de sa base; A, B ceux du récipient; et supposons de plus que la hauteur du corps du plongeur soit égal à celle du même récipient que nous représentons par h, l'équation (A) donnera :

$$pv'\, dz' = M\, dt.$$

15

De plus $v' = ab\left(z' - c + \dfrac{v'}{\mathrm{A\,B}} \right)$ Cette dernière équation donne

$$v' = \frac{\mathrm{A\,B}\,(z' - c)}{ab.\ \mathrm{A\,B} - a\,b}$$

Susbtituant cette valeur de v' dans la première équation, on aura :

$$\frac{a\,b.\ \mathrm{A\,B}\,(z' - c)}{\mathrm{A\,B} - a\,b}\ dz' = \mathrm{M}'\ dt.$$

Et en l'intégrant, elle deviendra :

$$p.\ \frac{ab.\ \mathrm{AB}}{\mathrm{AB} - ab}\left(\tfrac{1}{2}\,z'^{\,2} - cz' \right) = \mathrm{M}'\,t + \text{constante.}$$

Pour trouver la valeur de la constante, il suffit de remarquer que quand $z' = c$, $t = c$, ainsi nous aurons :

$$-\frac{p}{2}.\ \frac{a\,b.\ \mathrm{A\,B}\,c^{2}}{\mathrm{A\,B} - a\,b} = \mathrm{M}'\,c + \text{constante. Par conséquent :}$$

$$\mathrm{M}'\,t = \frac{p.\,ab.\ \mathrm{AB}}{2\,(\mathrm{AB} - ab)}\,(z'^{\,2} + c^{2}) - \frac{p.\,ab.\ \mathrm{AB}}{\mathrm{AB} - ab}\,cz' + \mathrm{M}'\,c,$$

Equation générale de la courbe sur laquelle doit se mouvoir le centre de gravité du contrepoids.

Pour rendre sa construction plus facile, nous supposerons $c = 0$, et elle deviendra :

$$\mathrm{M}'\,t = \frac{p.\,ab.\ \mathrm{AB}}{2\,\mathrm{AB} - ab}\,z'^{\,2}$$

Si $\mathrm{AB} = 2\,ab$, on aura $\mathrm{M}'\,t = p.\,ab\,z'^{\,2}.$

M étant le plongeur, on aura : $M = p. ab. h$, et l'équation précédente sera transformée en celle-ci :

$$z'^2 = \frac{M' ht}{M}$$

équation qui appartient au cercle, dont le diamètre est $= \frac{M' ht}{M.}$

Si $M = M'$, le diamètre du cercle sera h.

Si $M' = \frac{1}{2} M$, le diamètre sera $= \frac{1}{2} h$, etc.

Par les différentes suppositions que nous avons faites, nous avons ramené la courbe cherchée à celle d'un cercle, afin de faciliter les applications à la pratique. Nous ferons encore d'autres hypothèses, qui nous conduiront à une construction simple et sans inconvéniens.

Si nous faisons le contre-poids M' de figure cylindrique, sa circonférence pourra rouler sur un arc de cercle cdb (figure troisième), dont les rayons soient tels que, quand le centre de gravité du cylindre aurait parcouru un quart de circonférence, la corde io, que nous avons nommée z', soit égale à la hauteur à laquelle le plongeur doit s'élever : condition qui suppose que le rapport $\frac{M}{M'}$ soit égal à $\frac{\sqrt{2}}{2}$. En effet, dans ce cas, $z'^2 = 2 t^2$, $\frac{M}{M'} = \frac{ht}{z'^2} = \frac{t}{z'} = \frac{1}{2} \sqrt{2}$.

Cette construction exige, pour que le système se trouve toujours en équilibre, que le centre de gravité du cylindre soit dans le centre de figure, et que son poids et son volume soient déterminés, ce qu'il serait très-difficile d'obtenir dans la pratique avec une certaine exactitude.

Mais si nous supposons que le cylindre ou contre-poids soit supporté par son axe, au moyen de deux pièces sc mobiles sur le centre s (figure quatrième), nous pourrons supprimer la courbe cdb (figure troisième), et ne pas nous assujétir au volume, ni même à la figure du contre-poids.

Nous pouvons lui donner encore une forme plus avantageuse pour la construction, en prolongeant une des pièces *sc* (figure quatrième), et mettant le contre-poids M' dans un point quelconque du levier ST (figure cinquième); alors on pourra employer un corps beaucoup plus léger, sans être obligé de lui donner un poids déterminé, puisqu'on pourra l'approcher ou l'éloigner du centre de mouvement S pour le mettre en équilibre avec le plongeur.

La seule chose qui nous reste à faire pour perfectionner cette machine, c'est de soulager les axes des poulies de l'effort considérable qu'exercent sur elles le plongeur et le contre-poids, surtout lorsque le plongeur est hors de l'eau; car, alors, ces poulies se trouvent chargées en même tems du poids total des deux corps. Pour éviter cet inconvénient, faisons le levier angulaire, comme on le voit dans la figure sixième. Cette disposition diminue non seulement la pression sur les axes des poulies, et par conséquent elle évite la plus grande partie des frottemens, mais elle permet de supprimer une des poulies, sans cesser de mettre le plongeur hors de la ligne verticale qui passe par le centre de mouvement du levier ou contre-poids, ce qui est très-avantageux dans la construction (1).

D'après ce que nous avons exposé, il est facile de déterminer, pour un cas particulier, le volume du récipient (figure sixième), celui du plongeur, sa course, la longueur du bras coudé S*e* et la longueur du levier ST, par rapport au poids qu'on voudra donner au contre-poids M'.

––––––––––

(1) Voici une démonstration directe et élémentaire de ce cas particulier.

Soit M' *se* (figure septième), une position du levier coudé à angle droit qui, en s'inclinant, fait élever le flotteur M, *ecm*, représentant la chaîne qui tient ce flotteur suspendu. Désignons par A la forme constante des sections horisontales du puits et du sas de l'écluse; par B, la section horisontale du plongeur; par z, l'élévation de la

Etant parvenu ; par la théorie, à ce résultat, je fis construire une grande caisse dans laquelle j'en plongeai une seconde, dont la base avait une superficie moitié de celle de la première. Je l'avais d'abord remplie d'eau pour lui donner la même gravité spécifique que ce fluide ; et l'ayant suspendue au bras du levier angulaire, tout le système resta dans le plus parfait équilibre, quelle que fût la situation du plongeur et du contre-poids, et j'ai eu la satisfaction de voir que l'expérience s'accordait parfaitement avec la théorie.

Faisons maintenant une application à une écluse de huit pieds de chute (2^m 6), en donnant au sas les dimensions convenables pour recevoir les bateaux de huit à dix tonneaux.

Explication de la nouvelle Ecluse. (Planche VII.)

La Figure première de la planche septième représente le plan général de l'écluse, avec une partie des biefs supérieur et inférieur.

---

surface supérieure au dessus du niveau initial de l'eau, élévation qui est égale à la corde ec ; par φ, l'angle esc ; et enfin, par a et b respectivement les lignes sM' et se, M' étant le centre de gravité du contre-poids M'.

La descente de la surface supérieure de l'eau au dessous de son niveau initial sera $\frac{Bz}{A - 2B}$, et le poids supporté par la chaîne, égal à $\frac{(A - B) z}{A - 2B} \pi B$ (la lettre π représente le poids de l'unité de volume de l'eau) ; ainsi, en abaissant les perpendiculaires sH et MG sur ec et sF, il faudra, pour l'équilibre, qu'on ait l'équation

$$\frac{A - B}{A - 2B} \pi Bz \times sH = P \times sG.$$

Mais $sH = b \cos \frac{1}{2} \varphi$, $z = ce = 2 b \sin \frac{1}{2} \varphi$ et $sG = a \sin \varphi$; substituant ces valeurs, l'équation d'équilibre devient $(A - B) \pi Bb^2 = (A - 2B) Pa$, équation entièrement indépendante des variables z et φ, et qui, lorsqu'elle est satisfaite par les relations convenables entre les constantes, après qu'on a rendu préalablement le poids du flotteur égal à celui d'un volume d'eau pareil au sien, assure l'équilibre dans toutes les positions.

Figure deuxième, coupe par la ligne A' B' du plan ; on y voit le plongeur un peu élevé et la communication du sas avec le récipient dans lequel il est logé.

Figure troisième, coupe par la ligne C' D' vers la partie d'amont, où l'on a représenté la construction intérieure du plongeur, qui est dans la même position que dans la figure première.

Figure quatrième, coupe par la même ligne C' D', mais vue en sens contraire, c'est-à-dire, du côté d'aval ; le plongeur est représenté par sa partie extérieure, et on l'a supposé entièrement submergé.

Pour faciliter l'intelligence des dessins, on a mis dans les quatre figures les mêmes lettres aux parties correspondantes.

Légendes.

A, bief inférieur ; B, bief supérieur. On suppose que, dans le canal, il doit y avoir pour le moins quatre pieds d'eau ($1^m 299$), et que les bateaux s'enfonceront de trente-deux pouces ($0^m 866$).

CD, sas dont les côtés sont parallèles, qui doit avoir six pieds huit pouces ($2^m 166$) de largeur et vingt-un pieds deux pouces ($6^m 876$) de longueur.

E, porte d'amont qui doit s'ajuster, par sa partie inférieure, contre la pièce de bois F, laquelle doit occuper le moins d'espace possible, pour que son volume ne nuise pas à l'équilibre du plongeur et du contre-poids.

F, madrier qui sert de busc à la porte E, et qui doit entrer par ses deux bouts dans les côtés du sas.

G, porte d'aval qui, au lieu de tourner sur un axe, comme cela se pratique ordinairement, roule sur deux poulies *aa* pour se loger dans l'ouverture *hh*, construite dans le mur pour la recevoir, afin de laisser entièrement libre le passage des bateaux.

H, moulinet destiné à faire mouvoir la porte G par le moyen d'un pignon fixé à l'extrémité de la tige verticale H*c*, qui engrène dans la crémaillère *bb*; cette crémaillère doit descendre, comme on le voit dans la figure quatrième, au dessous du centre de figure de la porte, afin que le mouvement soit plus facile.

II, acqueduc qui établit la communication entre le sas et le récipient. L'intrados de la deuxième partie est réciproque, et la clef de cet acqueduc doit être un peu au dessus de la surface de l'eau lorsque le plongeur est élevé à la plus grande hauteur.

JJ, plongeur qui, par son mouvement vertical, force l'eau à passer du récipient dans le sas ou au sortir du sas pour retourner au récipient.

Pour que cette caisse ou parallélipipède soit bien étanche, et pour qu'elle puisse résister à la pression de l'eau lorsque le plongeur est levé, elle doit être construite avec de forts madriers assemblés par des traverses et par des tirans de fer, et bien goudronnés tant au dehors qu'au dedans.

Il serait convenable de pratiquer dans son fond une ouverture circulaire qu'on garnirait d'une soupape attachée à une tige qui monterait jusqu'à la partie supérieure du plongeur, et à l'aide de laquelle on pourrait ouvrir ou fermer cette soupape.

1°. Le succès de cette machine dépend presqu'entièrement de la détermination convenable de ses dimensions par rapport à la capacité du sas; à celle de la rainure dans laquelle la porte d'aval doit se loger, à la grandeur du récipient et à la hauteur de la chute.

2°. D'après la grandeur que nous avons donnée au sas et l'hypothèse que nous avons faite d'une chute de huit pieds ($2^m\,599$), le plongeur doit avoir quinze pieds ($4^m\,873$) de longueur, onze pieds ($3^m\,573$) de largeur et seize pieds trois pouces ($5^m\,279$) de hauteur.

On peut donner au plongeur des dimensions plus grandes que celles indiquées par le calcul ; car on est toujours le maître de ne l'enfoncer ou de ne l'élever que de la quantité nécessaire pour atteindre le niveau des biefs inférieur et supérieur ; mais il est évident que, dans le cas contraire, cela deviendrait absolument impossible.

K, récipient dans lequel entre le plongeur JJ. Ce récipient doit avoir, dans le sens de la longueur et dans celui de la largeur, six pouces ($0^m\,162$) de plus que le plongeur, afin qu'il reste trois pouces ($0^m\,081$) d'eau de plus de tous côtés autour de celui-ci.

La profondeur de ce même récipient doit être de dix-huit à vingt pouces ($0^m\,487$ à $0^m\,541$) plus grande que la hauteur du plongeur, afin que le mouvement de celui-ci ne soit pas arrêté par quelques petites pierres ou par le sable que le courant aurait pu apporter.

LL, axe du contre-poids formé d'une barre carrée en fer assez solide pour résister à l'effort qu'elle doit suporter. Afin de ne pas l'affaiblir, on la fera tourner sur un de ses angles.

M, contre-poids du flotteur. La forme que doit avoir ce contre-poids n'est pas indifférente pour la simplicité de sa construction, pour qu'il ait toute la solidité nécessaire et pour qu'il soit facile de le mettre en équilibre avec le plongeur.

Ce contre-poids est fait de deux fortes pièces de bois *dd*, entre lesquelles on logera une ou plusieurs pièces de fonte, qu'on pourra approcher ou éloigner de l'axe pour chercher le point d'équilibre avec le plongeur ; les pièces de fonte pourront être plus ou moins fortes suivant la longueur qu'on voudra donner aux leviers *dd*, et même on pourra épargner la dépense de la fonte, en lui substituant une caisse remplie de pierres, suspendue à l'extrémité des leviers ; mais placée de manière que son centre de gravité se trouve toujours sur la verticale, passant par son centre de suspension.

NN, bras auxquels se fixent les chassis qui doivent suspendre le plongeur ; leur longueur, comme nous l'avons déjà observé, dépend de la partie de la circonférence qu'on veut faire parcourir au centre de gravité du contrepoids M pendant l'ascension totale du plongeur. Dans cette écluse, nous supposons qu'il parcourt un quart de la circonférence, c'est-à-dire, que, quand le contrepoids se trouve dans la verticale qui passe par son centre de mouvement, le plongeur est entièrement abaissé, comme on le voit (figure quatrième) ; et que, lorsque celui-ci est hors de l'eau, le contrepoids se trouve dans la ligne horisontale. Ces bras sont soutenus par leurs bouts au moyen de tirans de fer qui les tiennent liés aux pièces *dd* de bois du contre-poids.

OO, chaînes fixées par la partie supérieure aux bras NN, et portant, à leur partie inférieure, de fortes vis qui entrent dans les anses de fer PP.

PP, anses qui s'accrochent solidement au plongeur, et qui recouvrent les vis adaptées aux extrémités des bouts des chaînes OO. On sent qu'en les tournant plus ou moins, on peut graduer la tension des chaînes de manière qu'elles supportent chacune un poids égal dans le mouvement.

Q, partie de roue dentée fixée dans l'axe L du contrepoids, et qui doit comprendre plus d'un quart de circonférence, afin qu'elle ne sorte pas de l'engrénage dans le mouvement du contrepoids.

R, roue dentée portant un pignon qui engrène dans la portion de roue Q.

16

S, pignon fixé à l'arbre pour communiquer le mouvement à la roue R, par le moyen de la manivelle.

Les diamètres de ces roues et pignons doivent se déterminer de façon que le contrepoids parcoure le quart du cercle tandis que la manivelle fait quinze ou seize tours. Ces roues ont pour objet non seulement de procurer un moyen de vaincre facilement le frottement des axes du contrepoids et des poulies, mais de donner un mouvement uniforme au plongeur et d'éviter les secousses.

T, manivelle au moyen de laquelle on fait monter et descendre le plongeur.

UU, murs en pierres de taille pour supporter le contrepoids et le madrier *ff*, auquel sont fixées les poulies *gg*.

Manière de mettre en équilibre le plongeur et le contrepoids.

Ayant placé le plongeur dans son récipient, et l'ayant lié au contrepoids au moyen des chaînes, on soutiendra celui-ci dans sa situation verticale par deux cordes; on fermera la porte d'amont du sas, et on remplira les biefs à la hauteur convenable pour la navigation; il y aura alors quatre pieds ($1^m 299$) d'eau dans le sas de l'écluse; la première opération à faire ensuite consistera à donner au plongeur la même pesanteur spécifique que l'eau.

Pour cela, ayant fermé la porte d'aval, on ouvrira la petite soupape adaptée à la face inférieure du plongeur, et on laissera introduire l'eau jusqu'à ce que la partie supérieure du plongeur reste au niveau de l'eau du récipient (comme on le voit figure quatrième), en ayant soin de faire entrer dans le sas la quantité d'eau nécessaire pour remplir le plongeur et le sas même. Mais si, malgré le fer qui entre dans la construction du plongeur, la légèreté des bois l'empêchait de plonger jusqu'à une assez grande profondeur, il suffirait d'y introduire quelques corps plus pesans que l'eau.

Après avoir fermé la soupape, on suspendra le plongeur à l'aide des cordes attachées à la partie supérieure du contrepoids, et l'on augmentera ou diminuera celui-ci jusqu'à ce que l'effort pour monter le flotteur soit toujours constant. Alors ou ôtera les cordes, on adaptera le mécanisme pour la manœuvre du plongeur; et si toutes les parties de la machine sont exécutées avec une médiocre précision, le système restera toujours en équilibre, et la force d'un homme sera plus que suffisante pour faire monter ou descendre l'eau dans le sas avec une grande promptitude.

Opération pour monter et descendre les bateaux.

Supposons que le plongeur se trouve tout à fait levé (c'est-à-dire, que son fond soit au niveau de la surface de l'eau du bief inférieur), la porte d'amont étant fermée, si l'on veut faire monter un bateau, on l'introduira dans le sas de l'écluse, on fermera la porte d'aval G, et, par le moyen de la manivelle T, on fera descendre le plongeur, qui forcera l'eau du récipient à passer dans le sas et à s'élever jusqu'au niveau du bief supérieur; on ouvrira la porte d'amont E, et le bateau pourra entrer dans le bief supérieur.

L'opération sera la même, mais en sens inverse, quand on voudra faire descendre un bateau.

On doit observer que lorsqu'un bateau passe du bief inférieur dans le sas de l'écluse, la quantité d'eau qu'il déplace s'introduit dans ce bief inférieur, et que, lorsque ce même bateau entre dans le bief supérieur, le sas reçoit une quantité égale à celle qu'il avait d'abord dépensée.

Quand, au contraire, un bateau descend, il monte du bief inférieur au bief supérieur une quantité d'eau dont le poids égale la charge du bateau; par conséquent, toutes les fois que la charge totale des bateaux montans sera la même que celle des bateaux descendans, il n'y aura aucune perte d'eau; mais si la charge des bateaux descendans l'emporte, comme il arrive dans la plupart des canaux de navigation, loin de perdre de l'eau dans le passage des écluses, les biefs supérieurs en recevront des biefs inférieurs.

Nous avons dit, et nous sommes très-persuadés, que la force d'un homme sera suffisante pour faire monter et descendre le plongeur; mais si l'on craignait que le frottement des chaînes et celui de l'axe du contre-poids et des poulies exigeassent une force supérieure à celle d'un homme pour les vaincre, il suffirait de placer un petit robinet, ou de faire un trou garni d'une soupape dans la partie inférieure de chacune des portes, afin de laisser introduire dans le sas ou de faire sortir une petite quantité d'eau qui, rompant l'équilibre du plongeur et du contrepoids, facili-terait la manœuvre.

D'après ce que nous venons d'exposer, on voit que, pour construire une écluse dont les dimensions seraient beaucoup plus considérables que celles indiquées ci-dessus, il suffirait de prévenir les effets qui pourraient résulter de la pression de l'axe du contrepoids sur les murs qui supportent les coussinets, et si l'on a quelqu'expérience sur la cons-truction des machines en grand, on verra qu'il est facile de disposer les choses de manière à n'avoir pas à redouter ces effets.

Le balancier de la pompe à feu de Chaillot nous fournit un exemple d'une pression beaucoup plus forte que celle qui aura lieu dans la ma-chine que nous proposons.

Cependant, si des circonstances locales exigeaient qu'on formât des chutes de quinze à seize pieds ($4^m 87$ à $5^m 2$), il serait prudent de les diviser en deux, en construisant deux sas accolés, et d'attendre, pour se hasarder à faire un plongeur de trente à trente-deux pieds ($9^m 74$ à $10^m 4$) de hauteur, que l'expérience ait fait connaître le degré de résis-tance que les matériaux peuvent atteindre. Par là même, si la différence de niveau entre les deux biefs devait être de vingt à trente pieds ($6^m 5$

à $9^m 74$), il serait nécessaire de la distribuer en trois chutes, qui exigeraient autant de sas et de plongeurs.

Dans ce cas, il conviendrait d'isoler les sas, en mettant entr'eux un intervalle de trente à quarante toises (39^m à 78^m) ; mais si l'on voulait diminuer un peu la dépense que cette disposition exigerait, on pourrait les accoler, comme cela se pratique ordinairement, et les exécuter de la manière indiquée par les figures huitième et neuvième de la planche vi.

Il serait inutile d'entrer dans de plus grands détails sur la manière de construire ces sas, et de décrire les manœuvres successives des flotteurs pour le passage des bateaux ; on les concevra facilement à l'aide des plans et de ce que nous avons dit ci-dessus.

Lorsque la différence de niveau à racheter surpassera trente pieds ($9^m 74$), on sera obligé de construire plus de trois sas ; mais alors il sera à la fois plus économique et plus avantageux pour la promptitude de la manœuvre, de construire un plan incliné.

Celui que nous proposons diffère essentiellement de ceux qu'on a faits jusqu'à présent, dans la manière de tirer les bateaux du bief supérieur, pour les mettre sur les chariots qui doivent les porter au bief inférieur, *et vice versâ*, et sur celle qu'on emploie pour les tirer des chariots, afin de les faire flotter dans les biefs.

Nous allons expliquer comment on pourra y parvenir à l'aide du plongeur, et sans exiger d'autre force que celle du batelier ou de l'éclusier.

Description du plan incliné. (Planche viii.)

La figure première de la planche viii représente une section verticale du plan incliné, faite suivant la ligne A' B' C' D' E' du plan, figure deuxième; la figure troisième est une coupe suivant la ligne F′ G′ du même plan.

On a mis dans la planche ix quelques détails du mécanisme sur une échelle plus grande, afin de les faire mieux comprendre, et, dans toutes les figures, les mêmes lettres se correspondent.

Légende explicative.

A, bief supérieur;

B, bief inférieur.

CC, DD, plan incliné sur lequel on établit deux chemins de fer par où doivent rouler les chariots qui portent les bateaux de l'un à l'autre bief.

La longueur des plans inclinés et leur hauteur dépendent souvent de la forme du terrein sur lequel on doit les établir. Cependant il y a des limites auxquelles il faut s'assujétir, surtout dans le rapport des bases et des hauteurs. Si l'angle du plan incliné était de moins de huit degrés, il serait très-difficile que le bateau qui descend pût faire monter l'autre, quoique le premier fût chargé et le second entièrement vide; et si l'angle était de plus de vingt - cinq degrés, les bateaux seraient trop inclinés, et les chaînes, ainsi que plusieurs autres parties de la machine, supporteraient un effort trop considérable dans le passage des bateaux. Ainsi, l'on doit prendre les angles de dix degrés et de vingt - cinq degrés pour limites de l'inclinaison des plans inclinés : celui que nous décrirons fait, avec l'horison, un angle de quatorze degrés.

EF, deux sas d'écluses, placés l'un à côté de l'autre, pour recevoir les chariots qui transportent les bateaux d'un bief à l'autre. Dans les figures première et seconde de la planche viii, on voit un chariot dans le sas de l'écluse, et un autre prêt à être introduit dans le bief inférieur.

On doit remarquer, 1° que le plan du sas de l'écluse est horisóntal ; 2° que la continuation du plan incliné dans ce sas est en fonte, soutenue par des barreaux de fer ; 3° qu'on a donné une plus petite pente à la partie du plan incliné qui est dans les sas, afin que le chariot fasse moins d'efforts contre la porte d'aval, et que sa plateforme soit horisontale ; ce qui permet de placer les bateaux et de les faire sortir avec plus de facilité.

Par ce que nous avons dit dans l'explication de l'écluse simple , on a vu que, pour que l'équilibre ait lieu entre les contrepoids et le plongeur, dans toutes les situations de celui-ci, il est nécessaire que les parois du sas et celles du récipient soient parallèles ; ou, ce qui revient au même , que chaque couche du fluide ait une égale surface dans toute la hauteur.

Il résulte de ce théorème , qu'en plaçant le chariot dans le sas de l'écluse, son volume nuirait à l'équilibre dans le mouvement du flotteur. Pour remédier à cet inconvénient, il faudra creuser une cavité à côté du sas, et lui donner une figure telle, que chaque section horisontale ait la même surface que celle d'une section faite à même hauteur dans le chariot.

On pourra mêmé donner à cette cavité une hauteur plus grande que celle du chariot , et construire sa partie supérieure d'après le même principe, de manière qu'elle puisse contenir l'eau déplacée par un bateau vide ; alors on n'emploiera (comme on le verra par la suite), pour monter et descendre les bateaux, qu'un volume d'eau dont le poids sera égal à la charge de ces bateaux.

G , plongeur de la même construction que celui de l'écluse que nous avons déjà décrite.

II , conduit par où l'eau du réservoir a du plongeur passe dans la chambre I.

I, chambre triangulaire de laquelle l'eau du réservoir du plongeur se distribue à l'un ou l'autre sas.

J, porte qui doit s'ajuster aux deux côtés de la chambre I, afin de fermer la communication *b* ou la communication *c*, selon qu'on voudra passer l'eau dans l'un ou l'autre sas.

On devra remarquer, quand on déterminera les dimensions du plongeur, que cette chambre fait partie du sas de l'écluse.

K, portes d'amont qui s'ouvrent et se ferment de la manière accoutumée.

L, portes d'aval qui s'ouvrent vers la partie inférieure, c'est-à-dire, en sens contraire de ce qui se pratique dans les écluses ordinaires.

MM, arcboutans qui servent à soutenir les portes contre la pression de l'eau. Pour laisser les portes entièrement libres, il suffit de tourner les leviers *d*, de *e* vers *f* (figure cinquième, planche ix). La figure sixième de la même planche représente une des portes d'aval avec son arcboutant.

NO, treuils autour desquels s'enveloppent les cables ou chaînes qui servent à tirer les chariots, lorsque les bateaux y sont placés.

On doit remarquer que les axes de ces treuils ne se trouvent pas dans la même ligne, et que le mouvement se communique de l'un à l'autre au moyen des roues dentées *g*, *h*, *i*, *k*, *l*, *m*, de la manière suivante.

Les roues *h*, *l*, sont fixées aux axes de treuils N O ; les roues *i*, *k*, sont du même diamètre et font corps avec leurs arbres *n*, *o* : à l'autre extrémité de ces arbres sont deux autres roues *g*, *m*, et qui peuvent tourner dans les mêmes arbres à frottement doux ; mais on peut les fixer en approchant la tapette *rs* (*voyez* les figures neuvième et dixième de la planche ix), au moyen du levier *pq*, ou les laisser libres en retirant cette tapette, jusqu'à ce qu'elle ne touche plus les pitons *t, u*, fixés aux bras des roues. Il est évident que lorsque les tapettes seront éloignées des roues, chacun des treuils pourra tourner sans communiquer son mouvement à l'autre ; et que lorsqu'on approchera la tapette de la roue du treuil en mouvement, celui-ci fera tourner l'autre d'autant plus vîte qu'il y aura plus de différence entre les diamètres des roues dentées. La grandeur de ces diamètres dépend de la longueur des plans inclinés et de celle des bateaux. Les diamètres des roues fixées aux axes des treuils doivent être à ceux des petites roues des arbres, comme la longueur totale du plan incliné est à cette même longueur diminuée de celle du bateau.

On concevra aisément les motifs de cette disposition, quand nous expliquerons la manière de faire passer les bateaux d'un bief à l'autre.

PQ, leviers pour approcher les freins *tt, uu* des roues xx fixées aux treuils, afin de modérer la vitesse des chariots qui portent les bateaux lorsqu'ils descendent.

RR, chariots de charpente armés de tirans en fer.

Les diamètres des roues qui roulent sur les chemins en fonte du plan incliné doivent être tels, que quand le chariot est logé dans le sas de l'écluse, sa surface supérieure se trouve horisontale : à la partie supérieure des chariots sont attachées les cordes ou chaînes qui doivent les tirer ; elles devront s'enrouler autour des treuils N O, l'une par dessus et l'autre par dessous, en sorte que l'une se déroule, tandis que l'autre s'enveloppe.

SS, bateaux parallélipipèdes, tels qu'on les emploie dans la plupart des canaux de l'Angleterre.

17

T, réservoir pratiqué à côté de celui du plongeur : ces deux réservoirs doivent se communiquer au moyen d'un tuyau garni d'une soupape, à laquelle un levier placé près de terre est disposé de manière que l'homme qui doit lever ou descendre le plongeur puisse avec son pied lever ou fermer la soupape à volonté. Il doit y avoir une autre communication construite de la même manière entre le bief supérieur et le réservoir du plongeur.

La figure septième de la planche IX représente le contrepoids vu de côté; et, dans la figure huitième, on le voit en perspective.

Manière de monter et de descendre les bateaux. (Planche VIII.)

Le plongeur étant levé, les portes d'amont K fermées, et celles d'aval ouvertes, nous supposerons qu'un des chariots se trouve placé dans le sas, que l'autre soit plongé dans le bief inférieur, et que l'on veuille descendre un bateau entièrement chargé et en monter un autre vide ou plus léger que le premier. Tandis que le batelier fait arriver le bateau sur le chariot qui est dans le bief inférieur, et qu'il passe par dessus ce bateau la chaîne qui doit l'empêcher de glisser en montant, l'éclusier ferme la porte d'aval du sas dans lequel se trouve le chariot, et fait descendre le plongeur jusqu'à ce que l'eau du sas soit à la même hauteur que celle du bief supérieur; il ouvre la porte d'amont, introduit dans le sas le bateau qui doit descendre, passe le morceau de chaîne pour l'assujétir au chariot et referme la porte (1) décrite; il met ensuite la tapette qui convient pour lier les roues d'engrénage, de façon que le treuil, autour duquel s'enroule la corde du bateau qui doit descendre, ait moins de vitesse que le treuil qui reçoit la corde du bateau qui doit monter. Ces dispositions faites, il commence à lever le flotteur; mais aussitôt que le bateau touche le plan du chariot, et qu'il sent la résis-

---

(1) On doit observer que, lorsque le bateau est entré dans le sas, il s'est introduit dans le bief supérieur un volume d'eau égal à celui déplacé par ce bateau.

tance opposée par le flotteur, à cause du déplacement de l'eau par le bateau, il met le pied sur le levier z pour lever la soupape qui ferme la communication entre le bief supérieur et le réservoir du plongeur, et laisse introduire l'eau nécessaire pour que le plongeur se trouve toujours en équilibre avec le contrepoids ; ce qu'il reconnaît toujours facilement par l'effort qu'il est obligé de faire (1).

Le plongeur étant levé, le bateau posé sur le chariot et le sas entièrement vide, l'éclusier tourne l'arcboutant M qui soutenait la porte d'aval, ouvre celle-ci, et le chariot se trouvant abandonné, glisse sur le plan incliné jusqu'à ce qu'il soit prêt à entrer dans le bief inférieur. A ce moment, l'autre bateau sera déjà parvenu dans le second sas, à cause de la plus grande vîtesse du treuil qui l'avait tiré.

(C'est dans cette situation que les bateaux sont représentés dans la figure de la planche VIII.)

On ferme alors la porte de ce sas en la fixant avec son arcboutant, et, au moyen du levier p ou q, on écarte la tapette de la roue d'engrénage. Les deux treuils n'étant plus liés entr'eux, le chariot inférieur finit sa course, et le bateau s'introduit dans le bief inférieur, où le batelier détache la chaîne qui le retenait, et le fait sortir du chariot.

On doit observer que, dans le mouvement des bateaux sur les plans inclinés, si celui qui descend acquiert une trop grande vîtesse, on la modère facilement en approchant le frein tt de la roue x, au moyen du levier P qu'on presse avec le pied.

Pour faire passer le bateau qui est dans le sas au bief supérieur, l'é-

---

(1) Le volume d'eau qu'on est obligé d'introduire dans le réservoir du plongeur pour rétablir l'équilibre, est égal à celui qui est entré dans le bief lorsque le bateau en est sorti : on ne fait donc pas la moindre perte d'eau pour mettre les bateaux à sec, et les placer sur le chariot.

clusier tourne la barre ou porte J, pour changer la communication des
sas avec le réservoir du plongeur, et baisse celui-ci jusqu'à ce que l'eau
touche le fond du bateau; à ce moment, il éprouve une résistance de la
part du poids du contrepoids, et, pour la vaincre, il ouvre avec son pied
la soupape qui fermait la communication entre le réservoir du plongeur
et le réservoir T, et fait passer ainsi l'eau nécessaire pour que le plongeur puisse achever sa course. Le volume d'eau qu'il introduit est égal
à celui qui déplace le bateau.

Lorsque le niveau de l'eau est arrivé de cette manière au niveau de
celle du bief supérieur, il détache le bateau et le fait passer dans le canal,
après avoir ouvert la porte d'amont.

Il est facile de concevoir que la quantité d'eau qui a passé du bief
supérieur au réservoir pendant l'opération, est égale en poids à la charge
du bateau montant. Cette eau peut être introduite dans le bief inférieur
pour réparer les pertes occasionnées par les filtrations et l'évaporation;
mais si les bateaux montans étaient entièrement vides, il n'y aurait pas
la moindre dépense d'eau dans leur passage d'un bief à l'autre.

Comme dans la plupart des canaux de navigation, la charge qui descend
est plus forte que celle qui monte, on pourrait faire en sorte que tous
les bateaux montans fussent moins chargés que les descendans, afin que
ceux-ci pussent, par leur propre poids, tirer les autres, et vaincre les
frottemens des poulies et des cordes; on n'aurait alors besoin d'aucun
autre mécanisme que celui que nous avons décrit; mais si l'on voulait
faire monter des bateaux plus chargés que ceux qui descendent, il faudrait ajouter une roue mue par un petit courant tiré du bief supérieur,
ou bien un manége ou une pompe à feu qui puisse aider le bateau descendant à monter l'autre. On pourrait même employer une caisse remplie d'eau qu'on placerait sur le chariot descendant, et qui servirait de
puissance au bateau montant.

Quoique l'opération du passage des bateaux paraisse un peu compli-

quée, je suis persuadé que, dans un plan incliné de quarante pieds (15^m)
de hauteur et deux cents pieds (65^m) de longueur, on peut faire descendre un bateau et en remonter un autre dans cinq à six minutes : ce
que j'ai jugé d'après l'expérience, sur un modèle que j'ai fait construire
il y a six ans (1), et d'après ce que j'ai vu pratiquer en Angleterre, dans
le passage des bateaux sur des plans inclinés.

Application des principes précédens aux Canaux de navigation.

Je ne m'arrêterai pas à combattre les opinions de quelques Ingénieurs
qui, n'ayant eu d'autre modèle à suivre que le canal du midi, ou les
copies qu'on en a faites, veulent que tous les canaux soient construits
sur le même plan. La plupart des raisons qu'ils donnent de leur préfé-
férence pour les grands bateaux et les canaux très-larges, sont d'autant
plus faibles, qu'elles reposent ou sur des hypothèses invraisemblables,
ou sur des usages qu'il est plus facile de détruire que de continuer un
système qui écarte les principes d'économie qu'on doit toujours avoir
en vue, pour pouvoir multiplier ces sortes d'ouvrages et faire le transport avec le moins de dépense possible.

Parmi toutes les objections qu'on fait au système des petits canaux,
il y en a deux principales qui méritent d'être examinées : la première,
c'est qu'on doit dépenser une plus grande quantité d'eau dans les écluses
des petits canaux; la seconde, c'est qu'on doit employer beaucoup plus
de tems à faire passer les bateaux en suivant la manœuvre ordinaire.

Ces objections ne sont pas sans fondement : en effet, supposons que
les sas des écluses aient des dimensions convenables pour recevoir des
bateaux de quatre-vingts tonneaux ; si nous réduisons les bateaux à ne
porter que dix tonneaux, chacun n'occupera que le quart de la surface

---

(1) Il se trouve maintenant à Madrid, dans le cabinet des machines du roi d'Espagne.

qu'occupait le grand bateau, et un sas d'une longueur moitié moindre suffirait pour le passage de ces petits bateaux ; mais, comme pour passer la même charge de quatre-vingts tonneaux, il faudra huit éclusées, la dépense d'eau sera double de celle qui aurait eu lieu dans le passage d'un seul grand bateau ; et, dans quelques circonstances, elle sera encore plus forte.

Si l'on voulait se servir d'écluses des dimensions ordinaires pour contenir quatre petits bateaux à la fois, la perte serait la même, puisqu'il faudrait deux éclusées pour faire passer les huit bateaux qui porteraient la charge du grand.

La perte de tems est encore plus considérable ; on sait que pour le passage d'un bateau dans un des sas du canal du Midi, ou du canal du centre, on met ordinairement un quart d'heure, et je n'ai jamais vu mettre moins de douze minutes, Si l'on faisait des écluses pour des petits bateaux, comme les pertuis des portes diminueraient dans la même proportion, la hauteur restant la même, on gagnerait très-peu de tems dans le passage de chaque bateau ; ou plutôt, on perdrait encore davantage. En effet, le premier bateau passé, il faudrait le tems de remplir et de vider chaque sas pour le passage de chacun des autres ; au lieu que, dans le cas du grand bateau, on n'a besoin que du tems nécessaire pour remplir ou vider le sas, puisque l'éclusier, dès qu'il voit venir le bateau de loin, prépare son sas pour le recevoir ; c'est-à-dire, qu'il le remplit d'avance et tient les portes d'amont ouvertes, si le bateau doit descendre, ou qu'il vide ce même sas et ouvre les portes d'aval, si le bateau doit monter.

Ainsi, en supposant une grande exactitude dans le service des petites écluses, il faudra supposer au moins dix minutes pour chaque bateau d'un convoi, ce qui ferait une heure vingt minutes pour le passage des huit bateaux dans chaque écluse, tandis que la même charge portée par un seul bateau, passerait dans un quart d'heure dans un sas ordinaire.

(135)

On doit juger, d'après cet exposé, du peu de trajet que pourraient faire les petits bateaux dans le cas où on emploierait la méthode ordinaire, surtout si les sas étaient rapprochés les uns des autres. Ainsi, les partisans des petits canaux ont eu toujours en vue de supprimer les sas d'écluses, et pour les remplacer, ils ont proposé différens moyens mécaniques qui, ayant des inconvéniens, ont été rejetés par des ingénieurs très-habiles, peut-être avec beaucoup de précipitation et sans avoir bien examiné jusqu'à quel point ils pouvaient être utiles suivant les circonstances locales et l'objet de la navigation.

Le système des plans inclinés ne permet pas, par sa nature, de se servir des bateaux de grande dimension, à cause des grands efforts qu'auraient à vaincre les cordes ou chaînes qui tirent les bateaux ; ou par la trop forte pression qu'éprouveraient les axes des treuils et des chariots, et même par les efforts que ferait la charge sur les bateaux, qui les mettraient bientôt hors de service. D'un autre côté, les petites écluses pour les bateaux tels, qui sont indispensables pour être portés sur des plans inclinés, exigeraient, comme nous avons vu, plus d'eau et de tems pour passer la charge d'un grand bateau. Ces raisons ont empêché jusqu'à présent d'employer dans un même canal les deux moyens des écluses et des plans inclinés, suivant les circonstances locales. On avait regardé ces deux systèmes comme incompatibles, et l'utilité des plans inclinés se trouvait très-bornée, puisqu'ils ne jouissent de tout leur avantage que quand il s'agit de racheter une grande hauteur.

Le moyen que je viens d'exposer pare à tous ces inconvéniens, puisqu'il n'occasionne aucune perte d'eau, et qu'en raison de la promptitude de la manœuvre pour remplir le sas, un bateau ne peut être plus de deux minutes à passer d'un bief à l'autre ; en sorte que le tems nécessaire pour passer huit bateaux, est presque le même que celui qu'exigerait, dans le cas d'une écluse ordinaire, le passage d'un seul bateau dont le vol. me serait huit fois plus grand, ou, ce qui revient au même, que si la charge passait dans un bateau de huit fois plus de volume. Par conséquent on pourra, sans le moindre inconvénient, employer désormais les écluses à plongeur pour les petites hauteurs, depuis cinq jusqu'à trente pieds, et construire des plans inclinés, tels que nous les avons décrits, quand les hauteurs seront plus grandes.

En supposant qu'on mit quatre minutes au passage de chaque bateau (chose qui est bien loin d'arriver), on pourrait passer, par heure, dans les écluses que nous proposons, quinze bateaux de dix tonneaux chacun, ce qui produit, pendant les dix heures de navigation, une charge de quinze cents tonneaux, quantité bien plus considérable que celle dont on peut avoir besoin dans le point le plus commerçant d'un État.

Ainsi, je ne vois plus quels seraient les motifs pour lesquels les ingénieurs préféreraient les grands bateaux de quatre-vingts et cent tonneaux, qui supposent des canaux larges et profonds à proportion, à ceux que nous proposons, qui navigueront facilement dans un canal qui en pourra contenir deux dans la plus grande largeur, et qui aura quatre pieds ($1^m 3o$) de hauteur d'eau.

Le convoi des huit bateaux peut être tiré par un seul cheval, puisqu'ils éprouveraient moins de résistance de la part de l'eau, qu'un seul bateau qui porterait la même charge. (Ce qu'on a très-bien reconnu en Angleterre, où l'on a eu des occasions de faire différentes comparaisons sur cet objet.) Les dépenses des déblais des terres seraient beaucoup moins considérables et les ouvrages de maçonnerie exigeraient une moindre dépense.

L'avantage que présente l'écluse que nous proposons de ne pas dépenser d'eau dans le passage des bateaux, est très-important ; car on évite par là les grands réservoirs qu'on est obligé de faire dans les points de partage, et les rigoles toujours très-dispendieuses qui amènent les eaux à ces réservoirs.

En faisant les écluses de la manière que nous avons indiquée, beaucoup de canaux projetés et abandonnés, parce qu'ils manquaient de l'eau nécessaire pour le passage des bateaux dans les écluses, deviendraient praticables, puisqu'il ne faudrait plus au point de partage, et dans toute la longueur du canal, qu'un volume d'eau qui puisse réparer la perte occasionnée par les filtrations et les évaporations, et qu'il serait difficile de trouver un terrein tellement aride, qu'il ne puisse fournir cette petite quantité d'eau; d'où je conclus que, par notre méthode, il n'y a pas de pays où l'on ne puisse établir, entre deux points donnés, des communications par eau de la manière la plus économique, et qui auront les mêmes avantages que les grands canaux qu'on a pratiqués jusqu'à présent en France. Je me croirais heureux, si le moyen que je présente pouvait contribuer à la prospérité de son commerce.

Le travail que je viens de présenter à la Classe a été achevé il y a plus de six ans; et j'ai fait exécuter des modèles de l'écluse et du plan incliné qui existent à Madrid, dans le cabinet des machines du roi d'Espagne, où le public les a vus depuis ce tems; il y a même à Paris différentes personnes qui pourront déposer comme témoins oculaires de ce que j'avance.

Aussitôt que je suis arrivé dans cette capitale, j'ai fait exécuter le modèle qui est devant vous, et je l'ai montré à plusieurs savans qui m'ont honoré de leur approbation, et entr'autres, à M. Girard, Ingénieur en chef des Ponts et Chaussées, qui m'a dit avoir lu, dans le Répertoire des Arts et Manufactures, imprimé en Angleterre, la description d'un mécanisme qui avait quelqu'analogie avec le mien.

Je me suis procuré cet ouvrage périodique; et, en effet, j'ai, dans le quinzième volume, la copie d'une patente accordée, le 30 décembre 1800, à M. Lanson Huldleston, pour un moyen de monter et de descendre les bateaux dans un canal par le moyen d'un ou de plusieurs plongeurs. Quoique nous soyons partis du même principe, nous différons entièrement sur la manière de mettre le plongeur en équilibre.

Dans la méthode anglaise, pour retirer le plongeur de l'eau, on emploie des poulies, des chaînes et des treuils, qui exigent une puissance considérable pour vaincre les frottemens, et l'équilibre n'a pas lieu dans toutes les positions. Dans cet état, le moyen devient presqu'impraticable; mais, avec les modifications que je propose, il est si simple, qu'il ne laisse aucun doute sur le succès dans l'exécution en grand. Cependant j'avais renoncé à vous présenter le fruit de mes recherches; et si je me suis décidé à vous l'offrir, c'est par les conseils de différens membres de cet Institut, qui, ayant vu mon Mémoire, ont désiré que je vous le fisse connaître, puisqu'il pouvait être très-utile, et donnerait une nouvelle preuve de l'influence de la science sur les progrès des arts.

Je crois que l'application que je fais du même moyen pour tirer les bateaux de l'eau et les charger sur les chariots qui les portent sur des plans inclinés, sans perte d'eau et sans exiger d'autre puissance que celle du batelier, est d'une grande importance dans la navigation intérieure.

L'Institut jugera le degré de mérite que peut avoir mon travail; et je déclare que je renonce à la gloire qui peut appartenir au premier qui aura eu cette idée, puisque je ne puis pas montrer de preuves *imprimées* qui puissent justifier ma priorité. Il me suffira de vous prouver que je ne l'ai copié nulle part; ce qui, je crois, est bien démontré en voyant, d'après le Mémoire, la marche que j'ai suivie dans mes recherches.

INSTITUT NATIONAL.

CLASSE

DES SCIENCES PHYSIQUES ET MATHÉMATIQUES.

Le Secrétaire perpétuel pour les sciences mathématiques, certifie que ce qui suit est extrait du procès-verbal de la séance du lundi 14 septembre 1807.

M. DE BÉTANCOURT, Inspecteur général des Canaux et grandes Routes d'Espagne, a présenté à la Classe le modèle d'une écluse qu'il a inventée, applicable aux canaux de petite navigation, avec un Mémoire renfermant la théorie de la construction et l'usage de cette écluse, tant pour le cas où les biefs, placés à la suite les uns des autres, ne sont séparés que par des chutes verticales, que pour les cas où les descentes s'opèrent sur des plans inclinés.

La Classe a chargé MM. Bossut, Monge et Prony de lui faire un rapport sur les objets présentés par M. de Bétancourt.

Les principales conditions que l'auteur s'est proposé de remplir, sont l'économie de l'eau et celle du tems. On va exposer les moyens qu'il propose pour satisfaire à ces deux conditions.

Le sas de l'écluse, dans lequel il introduit les bateaux qui montent ou descendent, communique par une grande ouverture pratiquée au fond de ce sas dans l'épaisseur d'un des murs de bajoyers, avec un puits à base rectangulaire, creusé derrière le même mur qui sert de revêtement à l'une des faces du puits, dont les trois autres faces et la base sont également revêtues en maçonnerie. La base du puits doit être, pour remplir l'objet auquel il est destiné, plus basse que le dessus du radier du sas, ou que le seuil de la porte inférieure.

D'après ces dispositions, supposant qu'un bateau entre du bief inférieur dans le sas, la porte d'aval étant ouverte, l'eau se trouvera au même niveau dans le bief inférieur, dans le sas et dans le puits. Si alors on ferme la porte d'aval, et qu'on oblige un flotteur de s'immerger en partie dans l'eau du puits, cette eau s'élevera tant dans ce puits que dans le sas, de manière à occuper au dessus de son premier niveau un volume égal au volume d'eau déplacé au dessous de ce même niveau. S'il y a très-peu d'espace entre la paroi du flotteur et celle du puits, la presque totalité de la masse d'eau élevée se trouvera dans le sas ; et si le puits et le flotteur ont les dimensions convenables, l'enfoncement du flotteur pourra être tel, que l'eau du sas s'élève à la hauteur de celle du bief supérieur, dans lequel le bateau entrera par la porte d'amont. Un bateau descendant étant alors introduit dans le sas, l'emmersion ou l'élévation du flotteur fera abaisser l'eau de ce sas à son premier niveau, de manière qu'en ouvrant la porte d'aval, le bateau descendant passera dans le bief inférieur. En répétant cette manœuvre, on fera monter et descendre autant de bateaux qu'on voudra.

Nous ferons sur ce premier exposé les observations suivantes, savoir : 1° dans le cas où les bateaux montans et descendans se succéderaient en marchant en sens contraire, comme dans l'exemple qu'on vient de citer, chaque immersion ou emmersion du flotteur procurerait la traversée d'un bateau ; et, dans le cas où plusieurs bateaux succéderaient en marchant dans le même sens, chaque traversée exigerait les deux opérations. 2°. Dans le premier cas, le bief supérieur ne ferait aucune dépense, parce que le volume d'eau égal au volume déplacé par le bateau, qui lui serait enlevé au passage du bateau montant, lui serait rendu au passage du bateau descendant ; dans le deuxième cas, le bief supérieur gagnerait ou perdrait respectivement autant de ces volumes d'eau qu'il y aurait de bateaux allant dans le même sens, qui monteraient ou qui descendraient.

Voilà donc un procédé simple et direct pour faire monter et descendre des bateaux dans des sas d'écluse; mais son application aurait de grands inconvéniens, et serait même impraticable, si on ne trouvait pas le moyen d'opérer l'immersion et l'emmersion du flotteur sans dépense de force, ou du moins en n'employant d'autre effort que celui dont un homme est capable sans se fatiguer. C'est dans la découverte de ce moyen que consiste principalement le mérite d'invention de M. de Bétancourt.

L'idée de tenir le flotteur continuellement en équilibre par un contre-poids se présentait naturellement, mais il fallait en réduire l'exécution à des pratiques sûres et faciles.

M. de Bétancourt a d'abord cherché, par les principes de l'analyse mathématique et de l'hydrostatique, quelle était la courbe sur laquelle devait se mouvoir le centre de gravité du contrepoids pour faire équilibre à un flotteur de figure quelconque dans toutes les positions : le fluide étant ou non indéfini, il a donné l'équation différentielle de cette courbe dont les indéterminées sont séparées, et qui, par conséquent, dans chaque hypothèse sur la forme du plongeur, peut s'intégrer exacte-ment ou se ramener aux quadratures.

Passant ensuite au cas où le flotteur est un parallélipipède, ou, en général, un prisme dont les arrêtes sont perpendiculaires à la base, il est parvenu à ce résultat extrêmement heureux, savoir, que, dans le cas dont il s'agit, la courbe décrite par le centre de gravité du contrepoids doit être un cercle; et l'équilibre aura lieu dans toutes les positions, si, en remplissant cette condition, on fait ensorte que les différentes éléva-tions du flotteur, à partir de la position initiale, soient dans un rapport constant avec les cordes des arcs décrits par le centre de gravité du contre-poids, l'équilibre étant préalablement établi dans la position initiale et dans une autre position quelconque.

Pour appliquer ce résultat à la construction de son écluse , M. de Bétancourt rend le poids du flotteur égal au poids de l'eau qu'il déplace
dans son état de plus grand abaissement. Dans cet état initial, le flotteur
est suspendu à l'extrémité de la branche horisontale d'un levier coudé à
angle droit, dont l'autre branche verticale porte un poids mobile qui
peut couler le long de cette branche , et être fixé quand il se trouve
dans la position où on veut qu'il soit : ce levier coudé tourne autour d'un
axe horisontal placé à l'assemblage de ses deux branches ; une poulie
tangente à la chaîne verticale qui tient le flotteur suspendu est fixée
solidement vers le sommet et en dedans de l'angle formé par la chaîne
et la branche horisontale du levier , de manière que dès qu'on élève cette
branche horisontale, ou qu'on incline la branche verticale , la chaîne de
suspension du flotteur coule sur la gorge de la poulie, et se maintient
toujours verticale au dessous de cette poulie.

Cette disposition conçue, on voit que l'équilibre est établi dans sa
position initiale, au poids près de la branche horisontale du levier, qui est
très-petit en raison du rapport au poids de la branche verticale , et qu'on
peut annuler par un contrepoids particulier. Il suffit donc de placer le
système dans une autre position quelconque, et de fixer le poids mobile
qui peut glisser le long d'une des branches du levier coudé à une distance de l'axe de ce levier , telle que le système soit encore en équilibre
dans la seconde position. Cette préparation fort simple étant achevée, les
conditions ci-dessus indiquées seront satisfaites , et l'équilibre aura lieu
dans toutes les positions.

C'est d'après ces principes que M. de Bétancourt a composé le projet
d'écluse dont les dessins sont joints à son mémoire , et le modèle en
relief, mis sous les yeux de la classe, rend sensible de la manière la
plus satisfaisante l'accord entre les résultats du calcul et ceux de l'expérience.

M. de Bétancourt a disposé son projet de manière à le rendre susceptible d'une exécution immédiate et d'une construction conforme aux règles de l'art. Les principales dimensions de cette construction sont :

Chute de l'écluse...............................	2^m 60	

Chute de l'écluse................................ 2^m 60

Longueur du sas................................ 6 98

Largeur du sas................................. 2 17

Longueur du flotteur........................... 4 87

Largeur du flotteur............................ 3 57

Hauteur du flotteur............................ 5 28

L'auteur suppose que les bateaux seront de huit à dix tonneaux (chaque tonneau représente le poids d'un mètre cube d'eau) de forme prismatique, et qu'ils tireront 0^m 87 d'eau, la profondeur d'eau des biefs étant de 1^m 30. Pour rendre plus libre l'entrée du bief inférieur dans le sas, il ouvre la porte d'aval en la faisant mouvoir sur deux poulies dans une direction perpendiculaire à l'axe du sas, et la faisant entrer dans une ouverture latérale pratiquée à l'extrémité d'un des murs de bajoyers.

M. de Bétancourt pense qu'on peut exécuter son écluse sur des dimensions plus considérables que celles ci-dessus rapportées ; cependant il conseille, lorsque la chute sera de plus de cinq mètres, de la soudiviser en plusieurs chutes partielles. L'un de ses dessins offre une disposition d'écluses accolées qu'on peut exécuter dans ce cas ; mais il pense, avec tous les ingénieurs instruits, qu'il faut en général donner la préférence aux écluses séparées.

M. de Bétancourt a employé la fin de la partie descriptive de son Mémoire, et consacré deux planches et ses dessins à l'exposition des moyens d'application de son système d'écluse à la montée et à la descente des bateaux le long des plans inclinés.

Le cas où toute l'économie d'eau que comporte ce système a lieu, est celui où chaque descente d'un bateau correspond à la montée d'un autre bateau ; en ajoutant à cette condition que le bateau descendant a sur le bateau montant un excès de poids capable d'opérer l'ascension de ce dernier.

Nous allons d'abord décrire le mécanisme par lequel les bateaux montent et descendent le plan incliné, et nous parlerons ensuite des fonctions du flotteur et du moyen employé pour rendre ces fonctions possibles dans le cas dont il s'agit ici.

Chacun des chemins parcourus par les bateaux montans et descendans correspond à une écluse particulière placée à l'extrémité du bief supérieur. Le puits du flotteur est à côté de ces deux écluses, et communique immédiatement avec un réservoir pratiqué entr'elles, qui, lui-même, peut aussi communiquer à volonté avec l'un et l'autre de ces deux sas.

Les bateaux sont portés sur des chariots dont les roues tournent dans des ornières, ou rainures de fonte. Chaque bateau est retenu par une chaîne qui tient à une corde roulée sur un cylindre placé en amont de l'écluse correspondante supérieure. Ces deux cylindres se communiquent leur mouvement par un engrénage dont on parlera tout à l'heure, et tournent dans le même sens ; ce qui exige, pour qu'on puisse opérer la montée d'un bateau par la descente de l'autre, qu'une des cordes s'enroule par dessus son cylindre et l'autre par dessous.

Avant de faire voir comment le bateau descendant fait tourner les deux cylindres à la fois, il faut d'abord parler de la condition que l'auteur a voulu remplir en établissant la correspondance des mouvemens des deux bateaux.

Lorsque ces bateaux sont, l'un au sommet et l'autre au bas du plan incliné, la longueur de ce plan est une portion commune du chemin qu'ils ont à faire pour se rendre à leurs destinations respectives. Mais si, lorsque le bateau inférieur est au haut du plan incliné, une partie du bateau supérieur se trouvait prête à être submergée dans le bief inférieur, il ne lui resterait pas, eu égard à cette immersion, la prépondérance nécessaire pour faire entrer le bateau montant dans le sas de son écluse où se trouve le prolongement de son plan incliné, quoique la pente de ce plan soit moindre dans le sas que hors du sas. Il faut donc, lorsque le bateau montant est prêt à entrer dans l'écluse supérieure, que le bateau descendant ait encore un certain espace à parcourir avant d'atteindre l'eau ; c'est-à-dire, qu'il faut, pendant le tems employé par ce dernier bateau à parcourir le plan incliné, que le bateau montant fasse un chemin égal à la longueur du plan incliné, plus à l'espace qu'il doit parcourir pour se loger dans le sas, espace qui est à peu près égal à sa longueur.

M. de Bétancourt a satisfait à cette condition par l'arrangement et la proportion des engrénages, ainsi qu'on va le voir.

Les extrémités des cylindres qui sont en regard portent des roues dentées fixées à ces cylindres, et perpendiculaires à leurs axes ; chacune de ces roues dentées engraîne aux deux extrémités de son diamètre horisontal dans deux autres roues dentées, et chaque couple de ces quatre roues dentées, composée de deux roues en regard, est portée sur un axe commun ; l'une des roues de la couple faisant corps avec l'axe commun, et l'autre pouvant tourner à frottement doux sur cet axe.

Le rapport entre le nombre des dents des deux roues d'une couple est celui qui existe entre la longueur du plan incliné et cette longueur augmentée de celle du bateau. Cette disposition ne permet pas de placer les axes des cylindres dans une même direction, et ils sont simplement parallèles entr'eux.

Les roues des couples qui tournent à frottement doux sur leur axe, sont placées aux extrémités de la diagonale du parallélogramme, dont les axes des couples forment deux côtés. Chacune de ces roues en particulier peut à volonté être fixée sur l'axe auquel elle appartient par le moyen

19

d'un taquet, et alors les deux roues de cet axe sont assujéties à tourner ensemble.

Ces détails conçus, qu'on imagine deux bateaux, l'un au sommet et l'autre au bas du plan incliné, attachés chacun à leur cylindre : si l'éclusier a fixé d'avance, ainsi qu'il doit le faire par le moyen de son taquet, la roue tournant à frottement doux de celle des deux couples qui rend la vîtesse du bateau montant plus grande que celle du bateau descendant dans la proportion ci-dessus indiquée, le premier bateau supposé prépondérant non seulement fera franchir la chute au second, mais le placera dans l'écluse avant d'arriver au bief inférieur.

Lorsque la prépondérance du bateau descendant est telle, que la vîtesse du système devient trop grande, on modère cette vîtesse par le moyen connu d'un frein qu'on fait presser et frotter sur la circonférence d'une roue.

Il nous reste à parler des fonctions du flotteur et d'une disposition subsidiaire appliquée au cas du plan incliné.

Ce flotteur est destiné à amener le bateau qui vient du bief supérieur au dessus du chariot introduit d'avance dans l'écluse, et à le faire échouer sur ce charriot. Le premier objet est rempli par l'immersion du flotteur, et le second par son emmersion ; mais en conservant, comme il convient de le faire, la forme prismatique au flotteur, les conditions de l'équilibre sont dérangées par le volume et la forme du chariot placé dans le sas. M. de Bétancourt rétablit cet équilibre en pratiquant une cavité intérieure de forme et de dimensions telles, que les variations des hauteurs de l'eau soient toujours proportionnelles aux parties du volume du flotteur immergées ou emmergées, en ayant égard non seulement au chariot, mais encore au bateau supposé vide et placé sur ce chariot.

De plus, il creuse à côté de l'écluse un réservoir communiquant d'une part avec le bief supérieur, et de l'autre, avec le puits du flotteur :

cette dernière communication peut être ouverte et refermée à volonté par l'éclusier, au moyen d'un clapet à pédale, pendant la manœuvre du flotteur.

Ces précautions établies, si un bateau chargé, venant du bief supérieur, entre dans l'écluse supposée pleine, on élevera le flotteur pour le faire échouer sur le chariot; mais, à compter de l'instant où il sera en contact avec le chariot, comme son tirant d'eau est dû à sa charge entière, et que les dispositions d'équilibre ne sont relatives qu'au tirant d'eau du bateau allège, les proportions de l'abaissement de l'eau tendront à être plus fortes que celles des volumes emmergés, et le flotteur résistera à son ascension. L'éclusier détruira aussitôt cette résistance, en ouvrant le clapet de la communication entre le réservoir latéral dont on a parlé ci-dessus et le puits du flotteur; et l'eau qu'il sera obligé strictement d'introduire dans le puits pour achever d'élever le flotteur sans effort, sera égale au poids à la charge du bateau.

Si l'on observe que lorsque le bateau est entré dans le sas, il a fait entrer dans le bief supérieur un volume d'eau d'un poids égal à celui de sa charge et au sien propre, on verra que le poids d'eau du bateau vide étant supposé rentré dans le sas, l'eau supérieure se trouve au moment de la descente du bateau sur le plan incliné dans le même état où elle était avant que ce bateau entrât dans le sas.

Lorsqu'ensuite le bateau venant du bief inférieur et son chariot sont entrés dans l'écluse qui leur correspond, et qu'il s'agit de faire monter le bateau dans le bief supérieur, l'immersion du flotteur n'a aucune difficulté tant que l'eau, dans le sas, n'excède pas le point supérieur du tirant d'eau du bateau allège; et si le bateau est réellement allège, son élévation et son passage dans le bief supérieur s'opèrent sans effort.

Mais si ce bateau porte une charge ou portion de charge, lorsque l'eau est arrivée au point dont nous venons de parler, il faut qu'elle s'élève encore avant de faire flotter le bateau : il résulte de la forme du bateau que les variations de cette élévation tendent à accroître dans une proportion plus forte que celle des volumes immergés, et le flotteur résiste à sa descente. L'éclusier surmonte cette résistance en ouvrant la communication entre le réservoir latéral et le puits du flotteur, en y introduisant par gradation une quantité d'eau égale en poids à la charge ou portion de charge du bateau.

Cette dernière quantité d'eau est perdue par le bief supérieur qui, ultérieurement, ne dépense en eau, pour la manœuvre des écluses, que le poids de la charge ou portion de charge des bateaux montans.

Lorsque cette charge des bateaux montans est telle, que les bateaux descendans n'ont plus la prépondérance nécessaire, il faut suppléer à ce défaut, soit par la chute d'une certaine quantité d'eau, soit par d'autres moyens mécaniques sur lesquels M. de Bétancourt ne propose rien de particulier.

Observations sur le Projet.

Le projet d'écluse soumis au jugement de la Classe par M. de Bétancourt, offre un exemple intéressant de l'application des principes de pure théorie aux objets d'utilité pratique ; et nous sommes assurés que les conséquences qu'il tire de quelques principes incontestables de mécanique pour établir sa construction, sont de la plus rigoureuse exactitude.

Il emploie son moyen d'emplir et de désemplir un sas, 1° aux usages de la navigation par des canaux à écluses ordinaires simples ou accolées ; 2° au passage des bateaux d'un bief à un autre, dont il est séparé par un plan incliné.

Nous ne voyons sur le premier point aucune objection à faire contre la possibilité de l'exécution de l'écluse à flotteur, surtout dans les dimensions auxquelles l'auteur se restreint. L'emploi des ressources connues de l'art pour obtenir la solidité et la durée de l'ouvrage n'offre pas

plus de difficulté dans cette construction que dans 'celle des écluses ordinaires ; la manœuvre doit être prompte, facile, et n'exige pas un
éclusier plus intelligent que ceux auxquels on confie communément le
service des canaux ; enfin, les pièces du mécanisme qui tient au flotteur
sont d'une simplicité qui rassure contre la crainte de voir leur jeu fréquemment dérangé.

L'application du sas à flotteur aux plans inclinés comporte, par la
nature de son objet, plus de complication que celles faites par M. de Bétancourt aux écluses ordinaires. La manœuvre en est aussi moins simple
et exige un éclusier plus intelligent et plus adroit que les éclusiers ordinaires ; mais ces inconvéniens sont communs à toutes les constructions
de plans inclinés, et ce qu'on peut exiger d'un constructeur ne doit
être que de les diminuer le plus possible. Cette partie du travail de
M. de Bétancourt est, comme l'autre, pleine d'invention et de détails
ingénieux, et nous semble surtout réduire la dépense de l'eau à son *mi-
nimum*. Cependant il serait difficile, sans le secours de l'expérience, de
se rendre un compte exact des avantages que sa construction peut avoir,
d'ailleurs, sur les constructions de même espèce connues jusqu'à présent.

Le modèle d'écluse que M. de Bétancourt a présenté à la Classe, et
dont il a bien voulu faire don à l'École impériale des Ponts et Chaussées,
a été exécuté récemment à Paris. Il en existe un depuis plusieurs années,
établi sur une grande échelle, dans la galerie des modèles de S. M. le Roi
d'Espagne, où il est exposé publiquement. D'après cette circonstance,
et la confiance parfaite que M. de Bétancourt doit nous inspirer, nous ne
doutons pas qu'il n'ait tiré de son propre fonds toutes les idées consignées
dans son Mémoire et dans le rapport. Cependant il existe un ouvrage anglais
qu'il nous a communiqué lui-même, où on trouve un projet d'écluse de
M. Hudleston pour élever et abaisser l'eau dans un sas, au moyen de l'immersion et de l'emmersion d'un flotteur, sans application aux plans inclinés. La patente de M. Hudleston est du 30 décembre 1800, et c'est à peu
près vers ce tems que M. de Bétancourt a fait construire son modèle.
L'auteur anglais a donc, quant à l'emploi du flotteur, l'avantage de

l'avoir publié le premier; mais, sur tous les autres points, ses moyens non seulement diffèrent totalement de ceux de M. de Bétancourt, mais nous paraissent leur être inférieurs. Enfin, la Commission, pour ne rien laisser à desirer sur l'histoire de l'invention dont elle rend compte à la classe, a comparé le moyen de M. de Bétancourt pour tenir le flotteur en équilibre dans toutes les positions, avec ceux employés par MM. Lavoisier et Meunier dans la construction du gazomètre, pour parvenir au même but. M. Meunier a donné deux solutions du problème qu'on trouve exposées dans *la Chimie de Lavoisier* et dans le volume des Mémoires de l'Académie des Sciences de 1782; mais l'un et l'autre ne sont sensiblement exacts que lorsque le levier a des inclinaisons assez petites pour que les arcs décrits puissent être censés égaux à leur sinus. Ainsi, la solution générale et rigoureuse du problème appartient exclusivement à M. de Bétancourt.

CONCLUSION.

Nous pensons que le Mémoire de M. de Bétancourt mérite d'être imprimé dans la collection des pièces présentées à la classe par les savans étrangers.

Signé BOSSUT, MONGE; PRONY, *Rapporteur.*

La Classe approuve le rapport et adopte les conclusions.

Certifié conforme à l'original.

A Paris, le 21 septembre 1807.

Le Secrétaire perpétuel, *signé* DELAMBRE.

NOTICE.

LE souvenir de PERRONET est toujours présent à ma pensée ; j'ai cru honorer sa mémoire et faire plaisir à mes camarades, en ajoutant à la collection que je viens de faire imprimer la description et les dessins gravés d'une machine que cet illustre Ingénieur fit exécuter en 1758 *, pour connaître la résistance absolue des pierres, des bois et des métaux employés dans les grandes constructions. Feu M. Souflot, habile architecte, qui était son ami intime, s'en est également servi pour juger, d'une manière exacte, la nature et la force des pierres qu'il se proposait d'employer à la construction du beau *Monument* de la nouvelle église Sainte-Geneviève, à Paris.

* C'était dans le tems qu'il commençait à s'occuper du projet du beau pont de Neuilly.

MACHINE
INVENTÉE PAR PERRONET,

Pour produire de grandes pressions et connaître la tenacité ou la cohésion des bois et des métaux (Planche x).

DESCRIPTION SOMMAIRE DE CETTE MACHINE.

CETTE machine étant fort simple, peut être employée dans tous les cas où l'on a de très-grandes pressions à produire, puisque le maximum du poids total peut être porté jusqu'à *trente-neuf milliers* ($18,649^k,950$). Elle consiste en un levier ou barre de fer A, A', dont une des extrémités B ne peut tourner qu'au tour d'un axe fixé à un très-fort montant en fer C, invariablement scellé dans un massif de maçonnerie sous le carreau et au mur vertical contre lequel tout le système de la machine est adossé.

La barre qui forme levier est composée de deux parties, dont une mobile sur l'autre dans le sens de sa longueur, permet d'allonger ou de raccourcir le bras de levier. Elles portent l'une et l'autre des traits de divisions qui servent à mesurer l'allongement ou la diminution du bras de levier, et sont liées par deux étriers en fer D, D. On fait action sur ce levier, lorsqu'une pièce quelconque est mise en expérience, au moyen de poids posés avec précaution et sans secousses sur un fort plateau de bois E, qui est suspendu par quatre cordes et un fort anneau de fer placé dans une échancrure F faite exprès à l'extrémité du bras de levier, supposé à très-peu près horisontal.

Lorsqu'on veut se servir de cette machine pour produire de grandes pressions, on place d'abord l'objet à comprimer sur le sommier en bois de chêne N, qui sert de base à toute la machine, et ensuite sous le centre du mouton, ou masse de fer G, au moyen de calles de bois et de fer de différentes épaisseurs. Ce mouton, qui a la forme d'un parallélipipède rectangle, surmonté d'un prisme triangulaire, dont les arrêtes sont horisontales et perpendiculaires à la longueur du levier ; ce mouton est mobile seulement dans le sens de sa hauteur, de manière à pouvoir transmettre la pression qu'il reçoit du levier à l'objet mis en expérience. Lorsqu'il n'y a point d'objet mis sous le mouton, un petit boulon de fer le traverse dans son milieu, et l'empêche de tomber.

Connaissant le poids du mouton, celui du levier et du plateau, et la distance du point d'application de ce poids au centre de pression et à celui de rotation, on calculera la mesure du premier effort produit par les élémens de la machine elle-même ; considérant ensuite le poids mis dans le plateau, et ajoutant ce poids à son produit par le rapport entre les distances du point d'application et de l'axe de rotation au centre de pression, on aura la mesure du deuxième effort produit par la charge employée. La somme de ces deux efforts donnera l'expression de la pression communiquée à l'objet dont on veut connaître la résistance. Cette résistance aura pour limite la charge sous laquelle il s'écrase ou change sensiblement de forme.

La même machine peut encore servir à faire connaître la résistance que les corps opposent à la flexion. Pour cela, on y a adapté une espèce d'échafaud en fer H très-solide, et destiné à supporter horisontalement le corps par ses extrémités, au moyen de traverses en fer I, droites ou courbées, qu'on pose dessus : le mouton porte alors sur le milieu de la longueur de la pièce mise en expérience.

Si la machine doit être employée à mesurer la tenacité ou la cohésion des bois et des métaux dans le sens de leur longueur, alors son effet devra être de communiquer une traction au lieu d'une pression qu'elle produisait dans la première expérience. On a pratiqué à la barre du levier un trou J à l'endroit où elle porte sur l'arrête du mouton. On fait passer dans ce trou une des extrémités de la pièce qu'on veut tirer dans le sens de sa longueur. On fixe cette extrémité à la base inférieure du levier par une tête, un écrou, ou tout autre moyen. L'autre extrémité est serrée très-fortement par une mâchoire en fer K. Cette mâchoire est munie d'une tige à vis L; le fort écrou taraudé M de cette vis porte sur un encorbellement tenant d'une manière invariable au montant C, qui porte déjà l'axe du levier A A'. La tige de la mâchoire permet de l'éloigner ou de la rapprocher de la base du levier au moyen de l'écrou, selon que l'exige la longueur de la pièce qu'on soumet à l'expérience. L'effort que produit la machine se mesure, dans ce cas, absolument de la même manière que dans le précédent.

LÉGENDE.

A A, double levier, calculé dans toutes ses proportions, et parfaitement exécuté.

B, centre de rotation.

C, montant en fer qui doit soutenir tout l'effort de la machine.

D, étriers qui lient les deux bras du levier.

E, plateau sur lequel on pose successivement les poids, et dont le nombre peut être porté jusqu'à 900 livres, poids de marc (440^k,550).

F, échancrure dans laquelle est placé l'anneau qui supporte le plateau.

G, mouton en fer.

H, échafaud en fer.

I, deux traverses en fer qui, par leur forme et leur position, peuvent varier entr'elles les intervalles, en raison de la longueur de la pièce à éprouver.

J, trou vertical percé à l'extrémité du levier, dans lequel on passe les pièces qu'on veut mettre en expérience.

K, mâchoire en fer pour servir à connaître la tenacité ou la cohésion des métaux.

L, tige à vis, taraudée avec soin.

M, son écrou taraudé.

N, fort sommier en chêne.

O, billots de bois de différentes hauteurs, pour commencer à caler.

P, poulies de renvois pour élever et baisser le levier.

Q, premier poids posé sur le plateau.

F I N.

Pl. 1.er
ELÉVATION d'une Maison de la Rue d'Oxford à Londres. 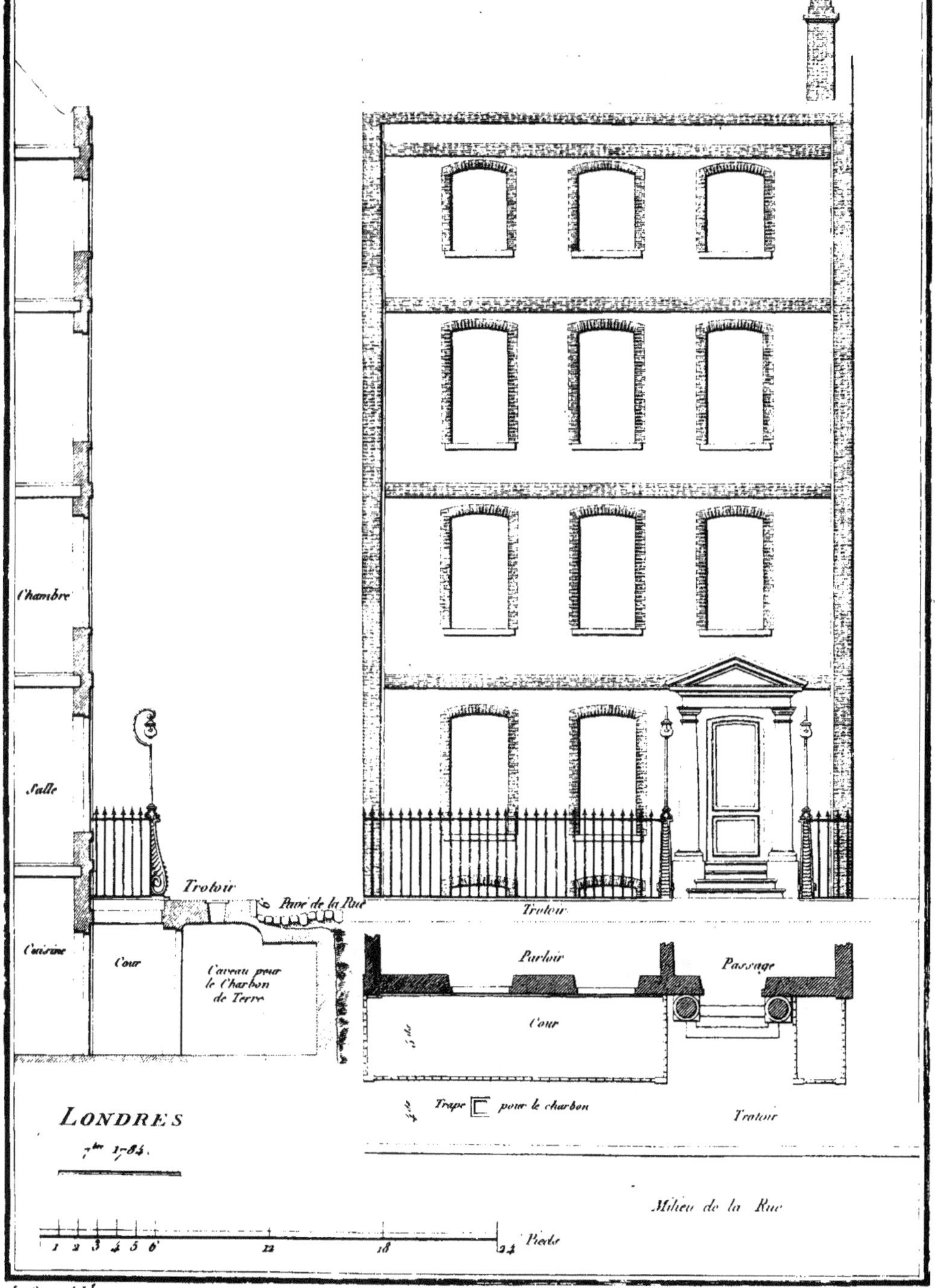
Chambre
Salle
Cuisine
Cour
Caveau pour le Charbon de Terre
Trotoir
Pavé de la Rue
Trotoir
Parloir
Passage
Cour
Trape pour le charbon
Trotoir
Milieu de la Rue
LONDRES
7.bre 1784
1 2 3 4 5 6
12
18
24 Pieds
Le Sage del.

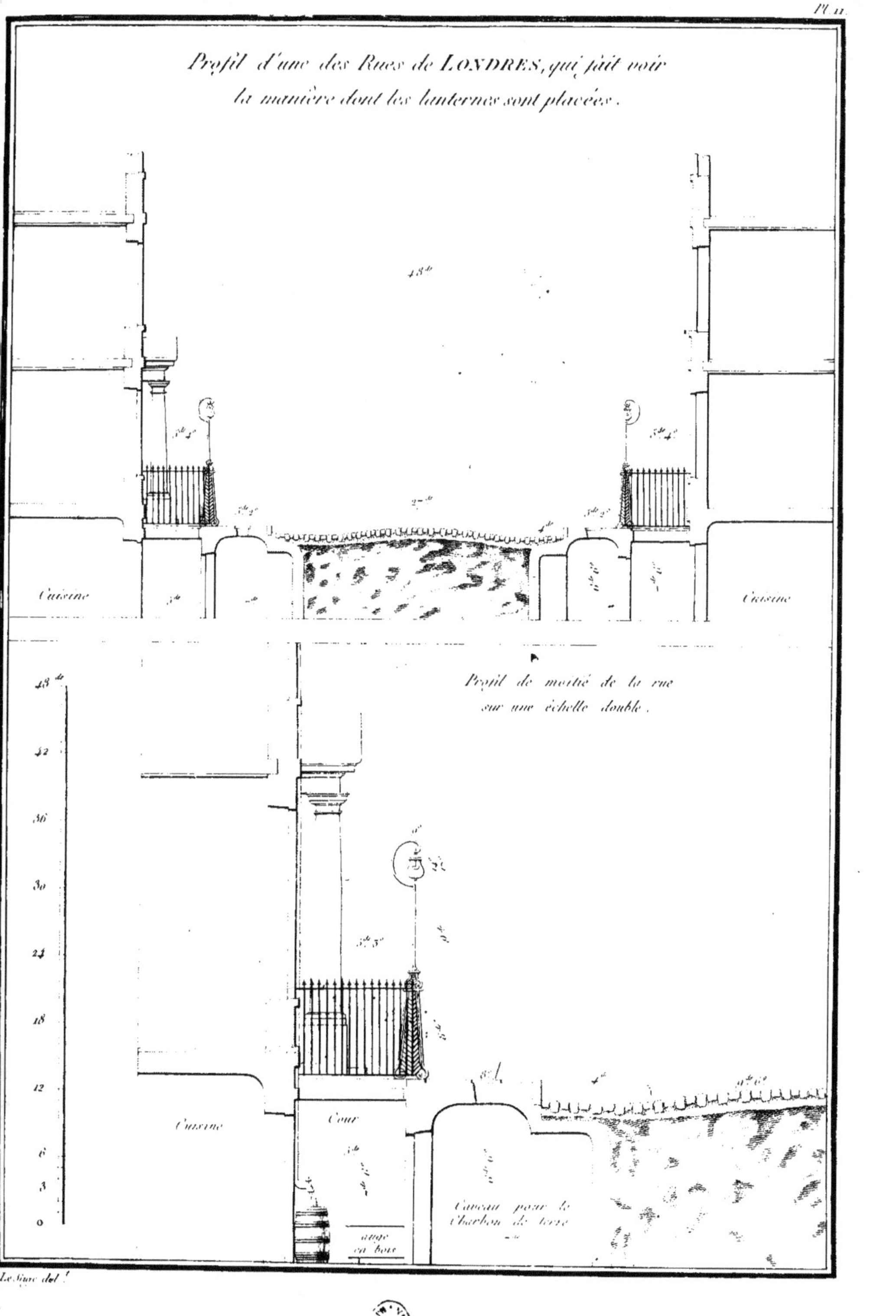

Pl. 11
Profil d'une des Rues de LONDRES, qui fait voir
la manière dont les lanternes sont placées.
Cuisine
Cuisine
Profil de moitié de la rue
sur une échelle double.
Cuisine
Cour
Caveau pour le
Charbon de terre
Le Sieur del.

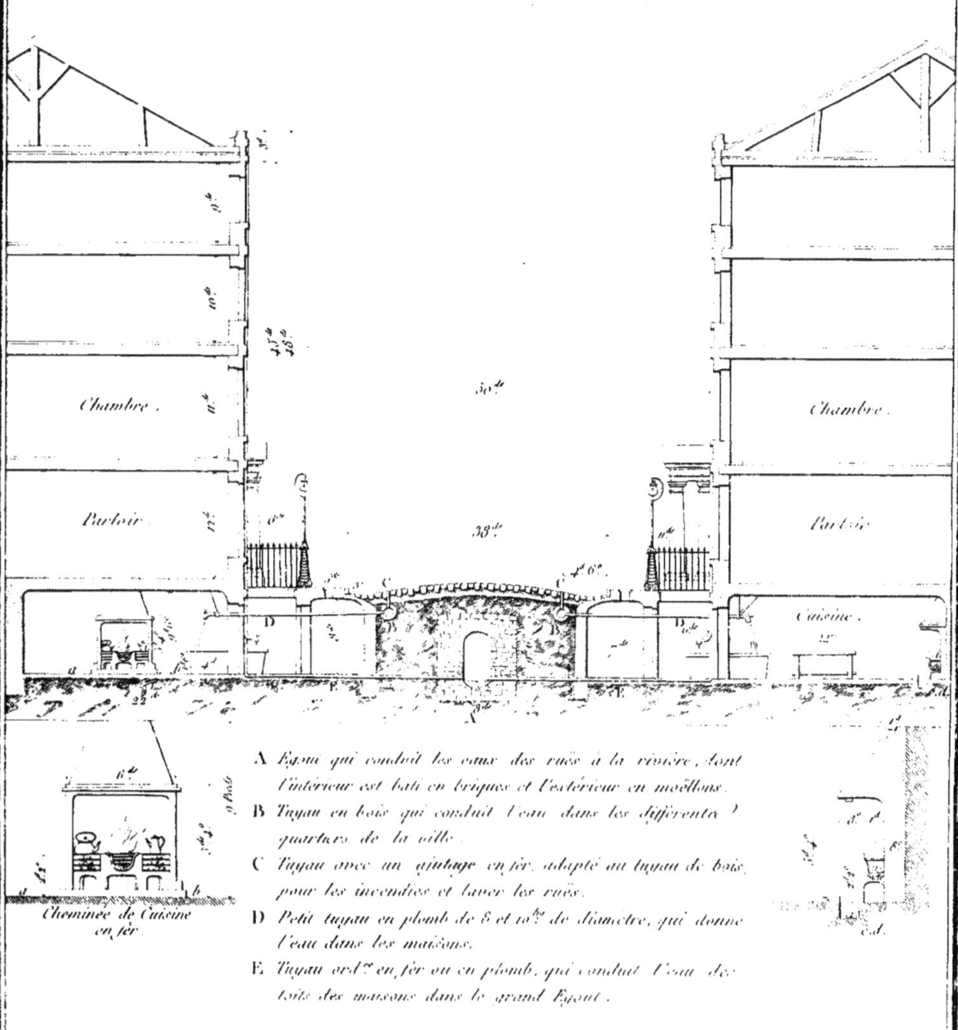

A Egout qui conduit les eaux des ruës à la rivière, dont l'intérieur est bati en briques et l'extérieur en moëllons.

B Tuyau en bois qui conduit l'eau dans les differents quartiers de la ville.

C Tuyau avec un ajutage en fer, adapté au tuyau de bois, pour les incendies et laver les ruës.

D Petit tuyau en plomb de 8 et 10ᵇˢ de diametre, qui donne l'eau dans les maisons.

E Tuyau ordⁿᵉ en fer ou en plomb, qui conduit l'eau des toits des maisons dans le grand Egout.

Fig. 1.

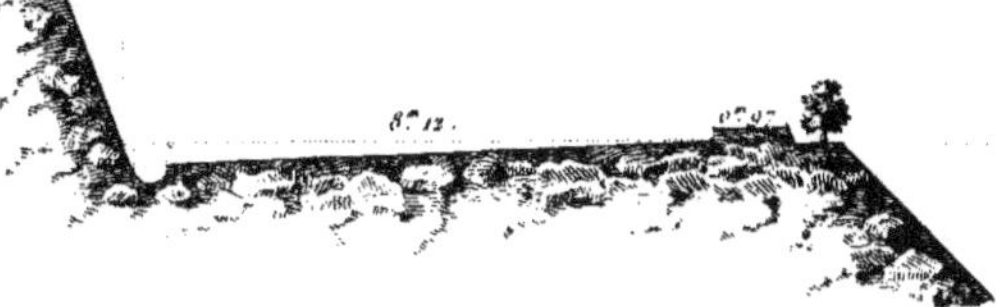
Profil qui fait connaitre la construction
des Chemins sur les montagnes.
N°. La pente du Chemin vers la montagne
est de 0.mèt 162.

Fig. 2

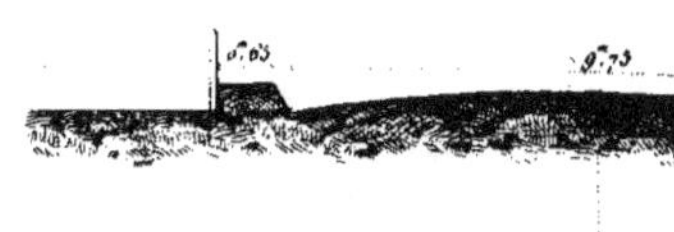
Profil de la
de la Portsmouth
pris a 2 milles de la
N°. Le bombement de l
est de 0.m 16?

Fig. 6.

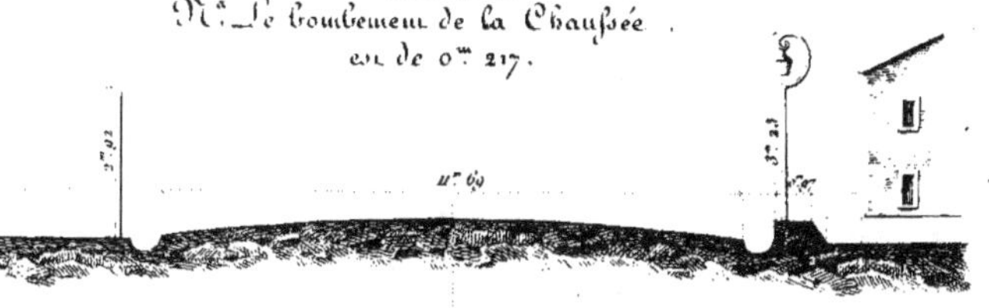
Profil pris
à la 2e. borne milliaire
en sortant le faub.g de Westminster.
N°. Le bombement de la Chaussée
est de 0.m 217.

Fig 10.

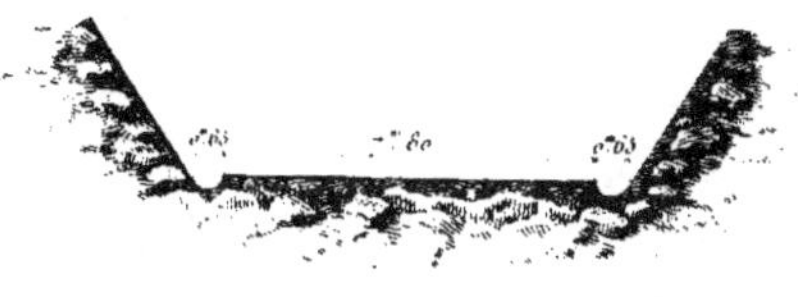
Profil du Chemin
situé sur la Montagne
à 19 milles d'Oxford.

Fig. 11.

Profil du Che
avant d'arriver à
N°. Le bombement de la
est de 0.m 189.

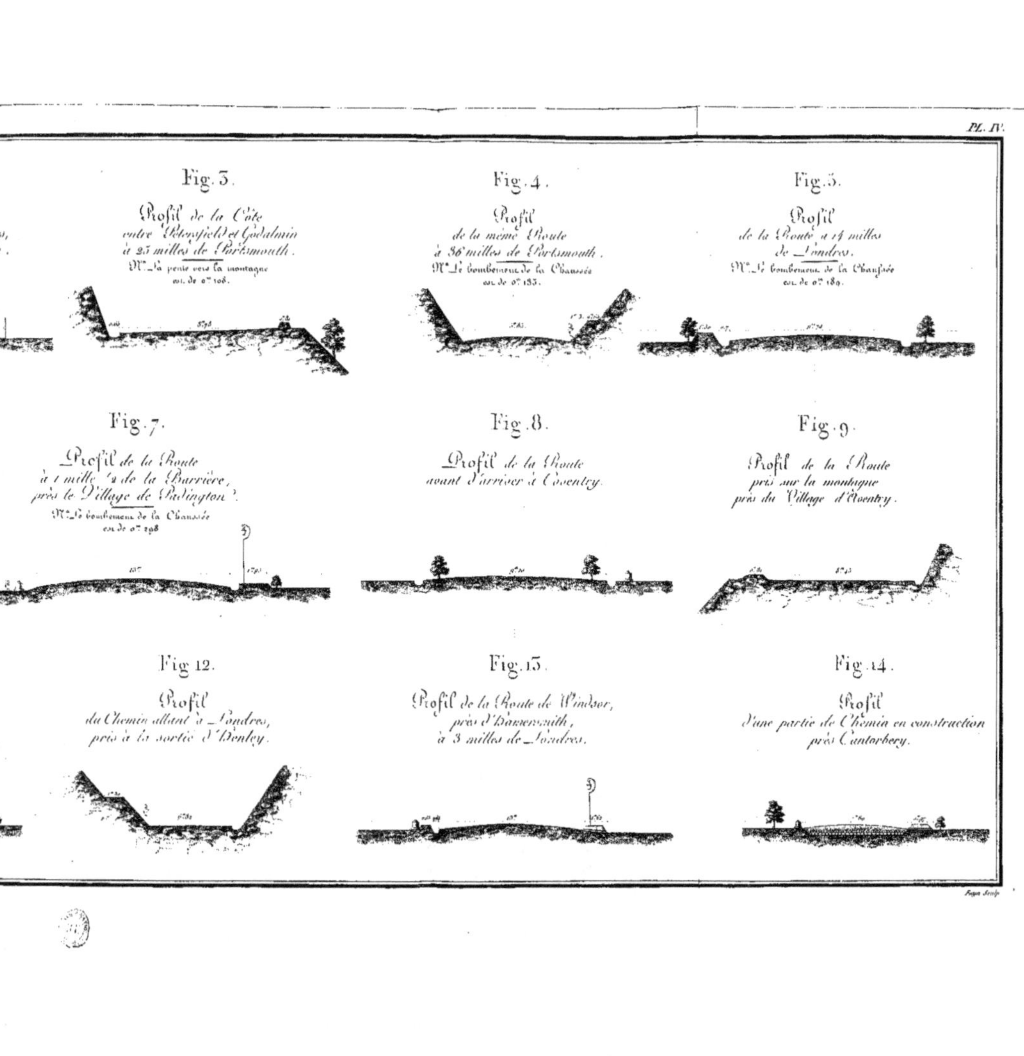

Fig. 3.
Profil de la Côte
entre Petersfield et Godalmin
à 25 milles de Portsmouth.
Mr. La pente vers la montagne
est de 0m.108.

Fig. 4.
Profil
de la même Route
à 36 milles de Portsmouth.
Mr. le bombement de la Chaussée
est de 0m.133.

Fig. 5.
Profil
de la Route à 14 milles
de Londres.
Mr. le bombement de la Chaussée
est de 0m.189.

Fig. 7.
Profil de la Route
à 1 mille ½ de la Barrière,
près le Village de Padington.
Mr. le bombement de la Chaussée
est de 0m.198.

Fig. 8.
Profil de la Route
avant d'arriver à Coventry.

Fig. 9.
Profil de la Route
pris sur la montagne
près du Village d'Coventry.

Fig. 12.
Profil
du Chemin allant à Londres,
pris à la sortie d'Henley.

Fig. 13.
Profil de la Route de Windsor,
près d'Hammersmith,
à 3 milles de Londres.

Fig. 14.
Profil
d'une partie de Chemin en construction
près Cantorbery.

PLAN et Elévation d'un Pont à Bascule pour connaitre la surcharge des Chariots, sur les Routes d'Angleterre. 7bre 1784.

A. Plate-forme sur laquelle la voiture repose pour être pesée, laquelle sur le plan est laissée en partie ouverte pour faire connaître la construction de dessous de la Machine

B. le poids

CCCC les quatre points sur lesquels la plate-forme repose sur les leviers

D. la poutre où les longs leviers appuient ou posent

E. la poutre où les courts leviers appuient

F. les longs leviers

G. les courts leviers

H. quatre couteaux de fer sur lesquels sont fixés 4 blocs de Métal de fonte HHH pour le repos des centres des poutres

KK Champ... fixés sur les leviers pour le repos des 4 points CCCC toujours à la même distance du centre des poutres D et E.

LL. Plaques de fer fondue posées de niveau avec la plate-forme pour rendre le passage des voitures facile en avant et en arrière

M. la poutre index

N. la balance dans laquelle se mettent les poids pour alléger le poids B.

O. la verge de fer communiquant avec le poids B et la poutre index M.

P. le centre sur lequel tourne le poids B afin de le tenir perpendiculaire

Q. Balance ajoutée

R. Plaques de fer fixées sur la plate-forme pour empêcher la roue d'user la plate-forme

S. Conducteur de bois pour empêcher les roues de glisser de dessus la plate-forme.

T. Barre de fer communiquant avec le poids B par laquelle l'homme qui pèse la voiture connoit quand sa charge est égale avec le poids pouvant l'élever ou l'abaisser avec sa main

U. Espace nécessaire à l'inspection et visite de la machine.

V. le mur qui la renferme

W. Mur de brique qui supporte le plancher.

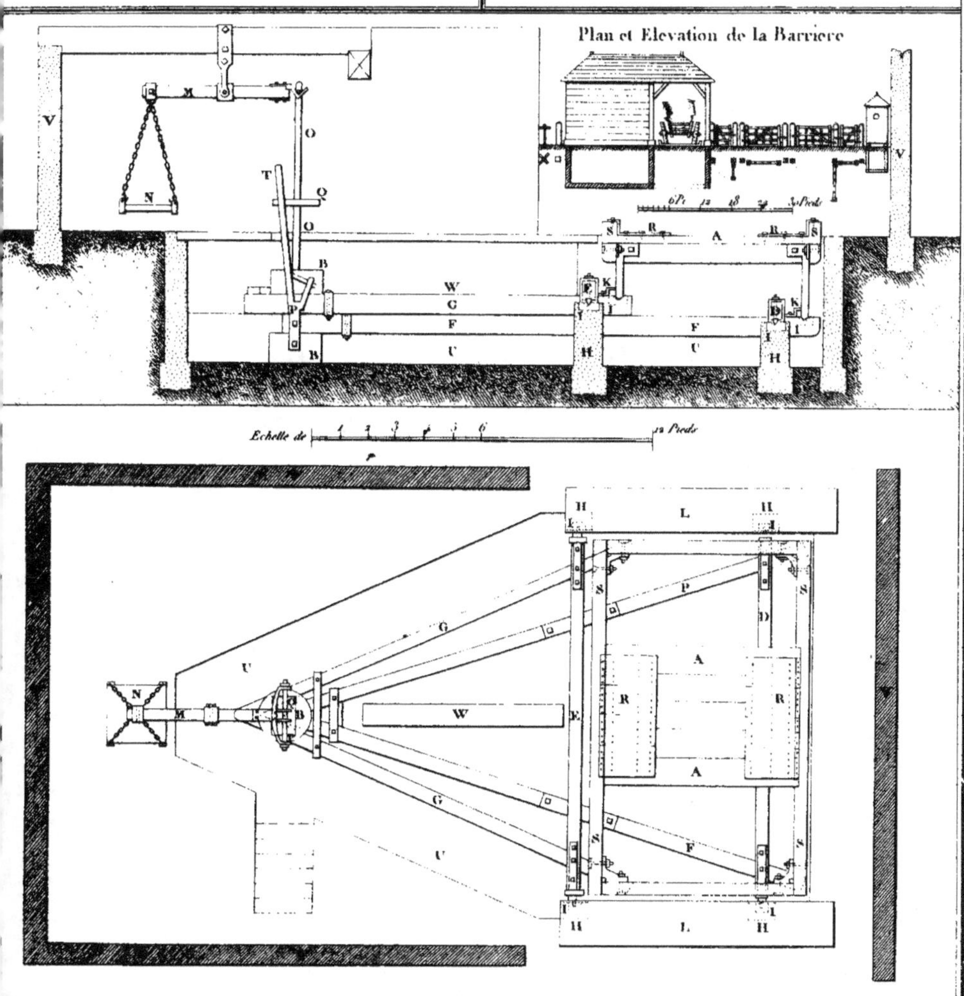

ANGLETERRE. Pont à Bascule de Birmingham 1784.

Description succincte. La platte-forme A du Pont de Birmingham, sur la route de Londres à Dublin, a pour seul point d'appui une poutre M, située sur son axe longitudinal et qui est contenue en contrebas par des liens de charpente N; l'extrémité supérieure de cet assemblage est seulement contenue par une longue verge de fer C, scellée à un point fixe et dont des ulandes ajustés à charnière préviennent le balancement de la platte-forme et permettent seulement son Oscillation verticale, cette platte-forme repose sur les extrémités armées en fer d'un double levier O, dont les bras réunis en un seul point P, suspendent une balance Q qui contient le poids nécessaire pour maintenir le système dans un parfait équilibre.

L'extrémité P du bras de levier est surmonté d'une platte-forme B, sur lequel un poids d'une livre fait équilibre à cinquante livres déposées sur la platte-forme du Pont.

La pésanteur des voitures est aussi constatée et un index R, adapté à ce plateau, fait connoître tout à la fois sur un tableau S pratiqué sur le mur correspondant la pésanteur de l'objet pesé et la Contribution proportionnelle à la quelle il est imposé par la loi.

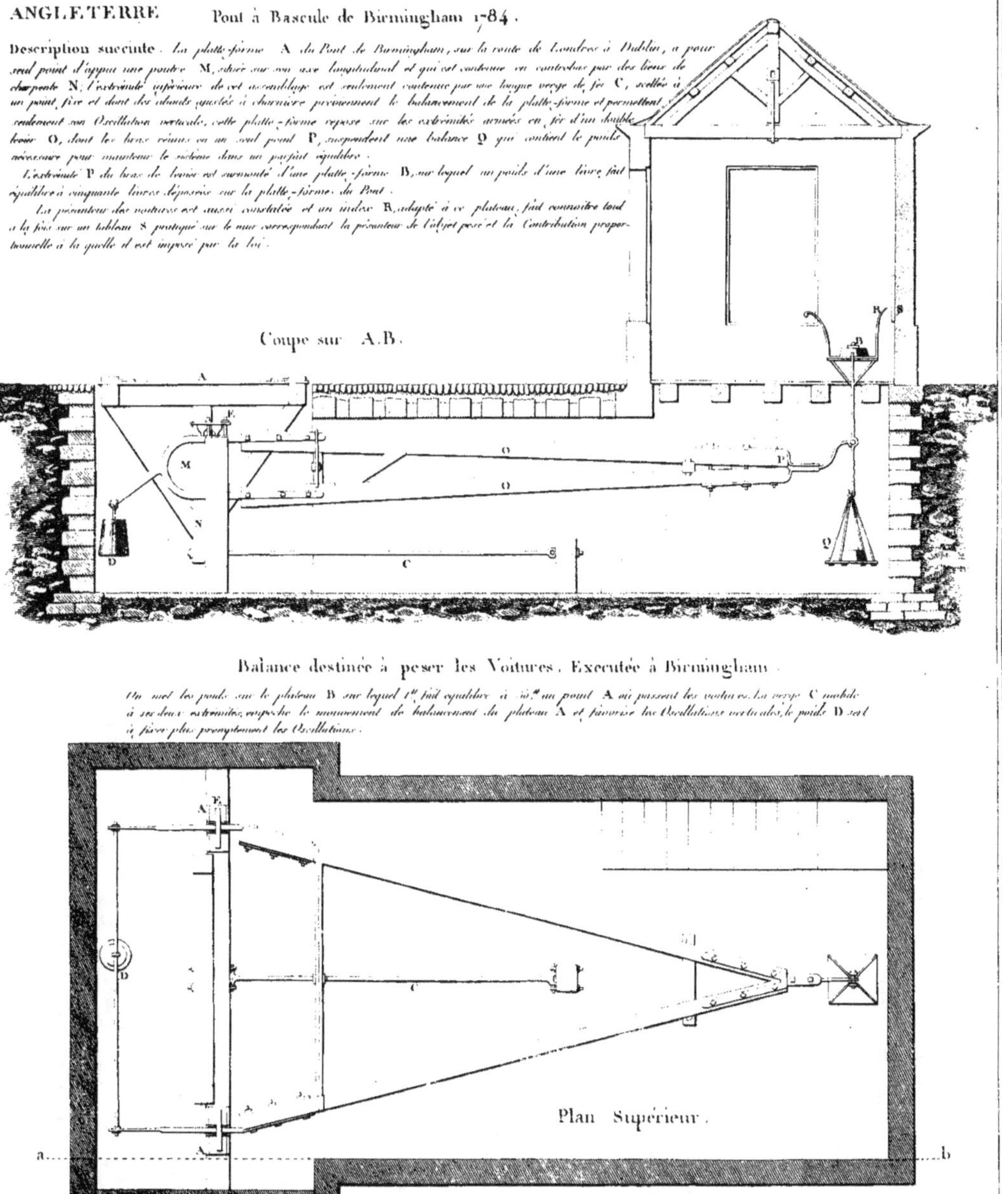

On met les poids sur le plateau B sur lequel 1ʳᵉ fait équilibre à 50 au point A où passent les voitures. La verge C mobile à ses deux extrémités, empêche le mouvement de balancement du plateau A et favorise les Oscillations verticales, le poids D sert à fixer plus promptement les Oscillations.

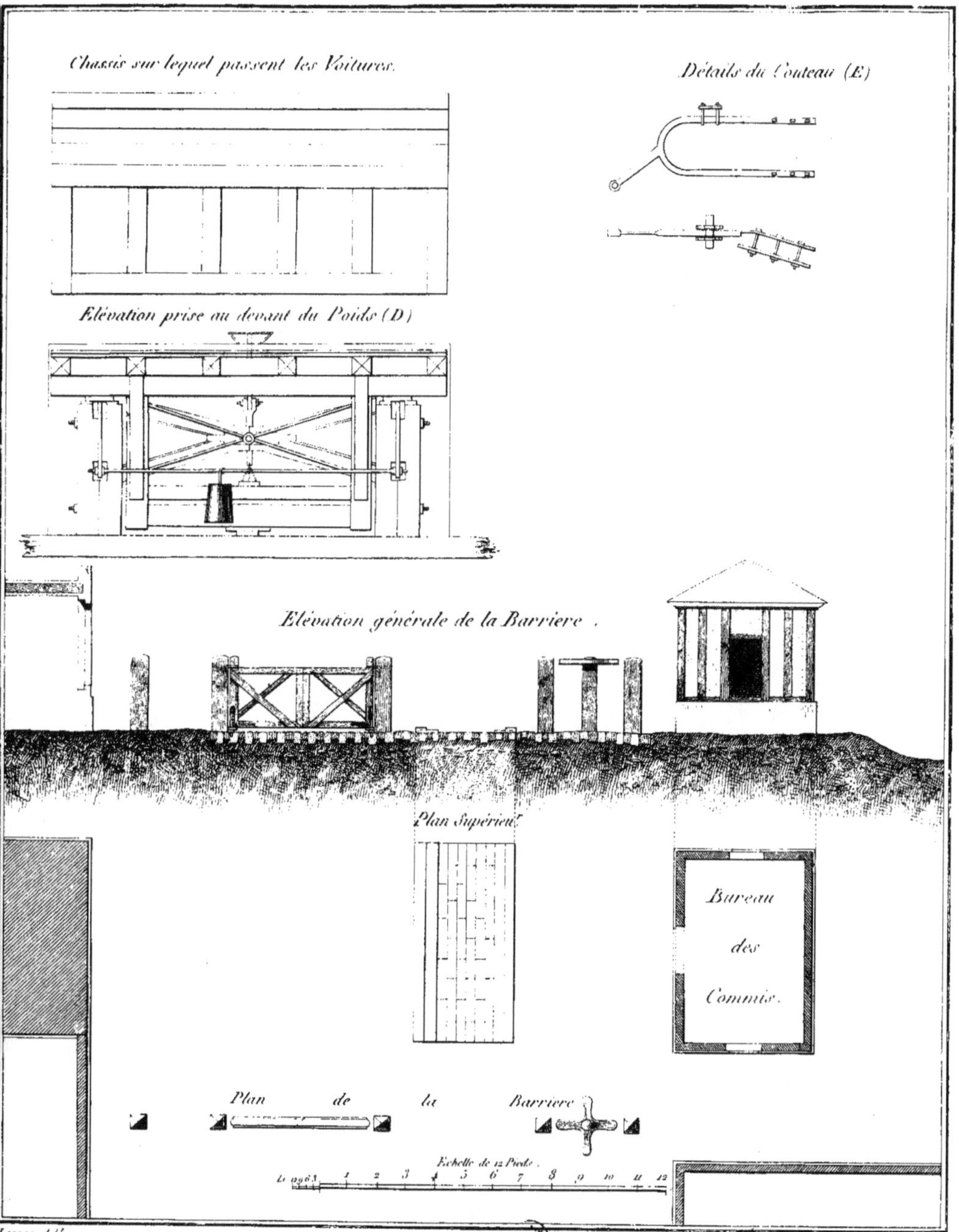

Chassis sur lequel passent les Voitures.
Détails du Couteau (E)
Elévation prise au devant du Poids (D)
Elévation générale de la Barrière.
Plan Supérieur.
Bureau
des
Commis.
Plan   de   la   Barriere.
Echelle de 12 Pieds.
1   2   3   4   5   6   7   8   9   10   11   12
Lesage del.
Gravé par Gaulte.

Explication de la Machine.

Le poids d'une voiture arrêtée sur le tablier mobile T, agissant en P,Q,R,S, sur les quatre leviers K L, L M, M O, N O, dont les points d'appui sont en K, L, M, N, fait baisser les extrémités réunies deux à deux aux points I et O où elles s'appuyent sur la barre ou couteau I O qui fait partie du levier F G, celui-ci ayant son point d'appui en F baisse en G et entraîne au moyen de la barre verticale G C et du fléau C D, le plateau E sur lequel un poids rétablit l'équilibre et indique celui de la voiture.

L'égalité des bras de leviers est combinée de manière qu'un poids d'une livre sur le plateau fait équilibre à un poids de 140 livres sur le tablier.

Profil sur la ligne A B.

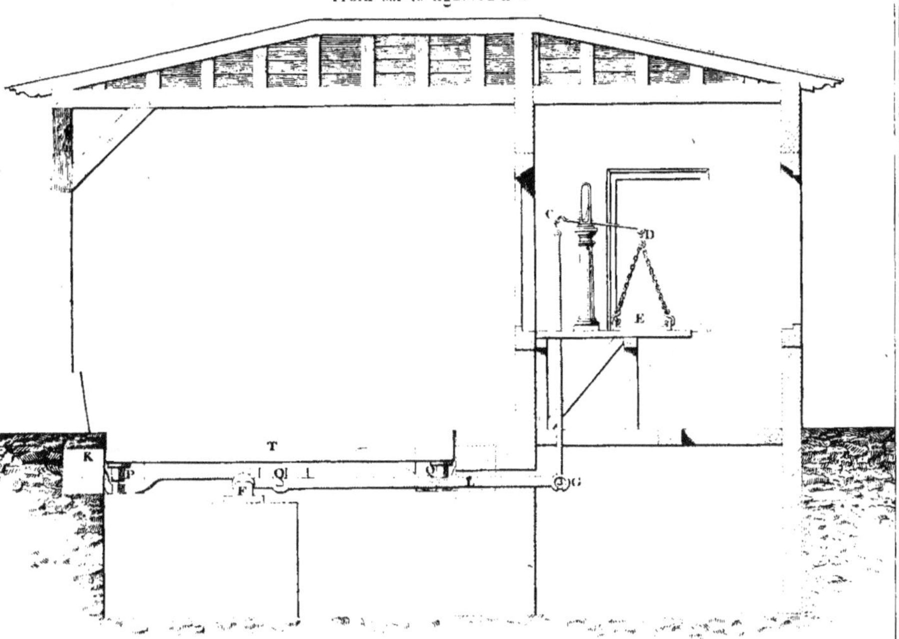

Plan de la Machine.

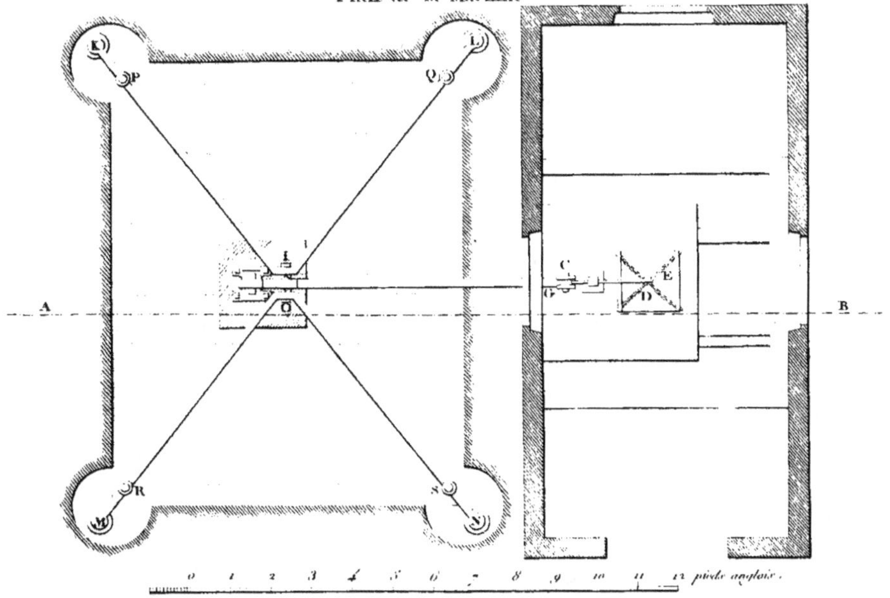

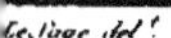

CÔTÉ DE CHESTER

Plan de la Plate-forme en fer, sur laquelle portent les cinq fermes du Pont.

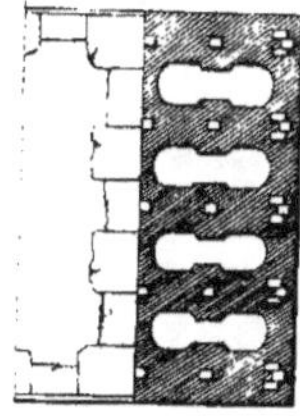

(N.ª Cette Plate-forme a 0.ᵐ108 d'épaisseur)

Profil suivant la ligne C.D.

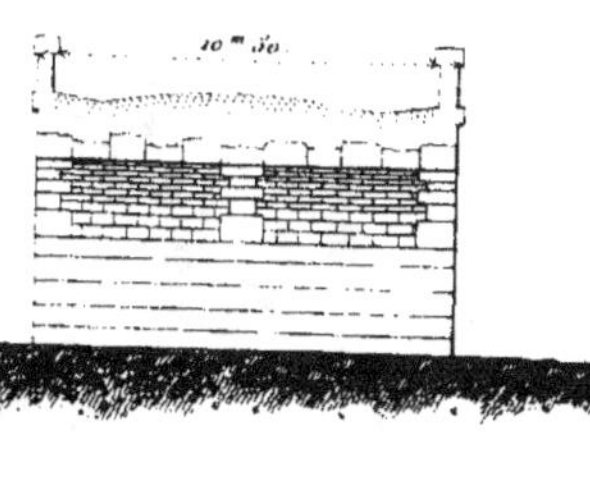

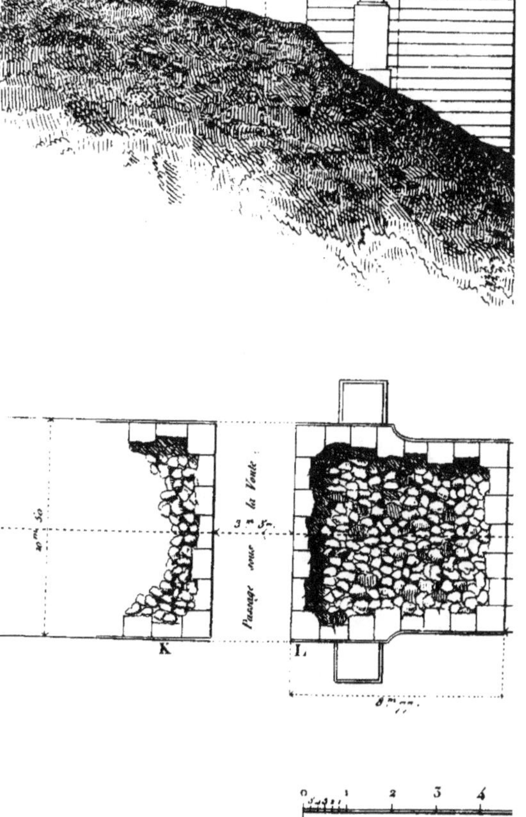

Lesage del.ᵗ

PE ET ÉLÉVATION DU PONT EN FER
brook-dale sur la Rivière de Severn, en 1779,
Londres et à 44 de Chester, sur la Route d'Irlande. 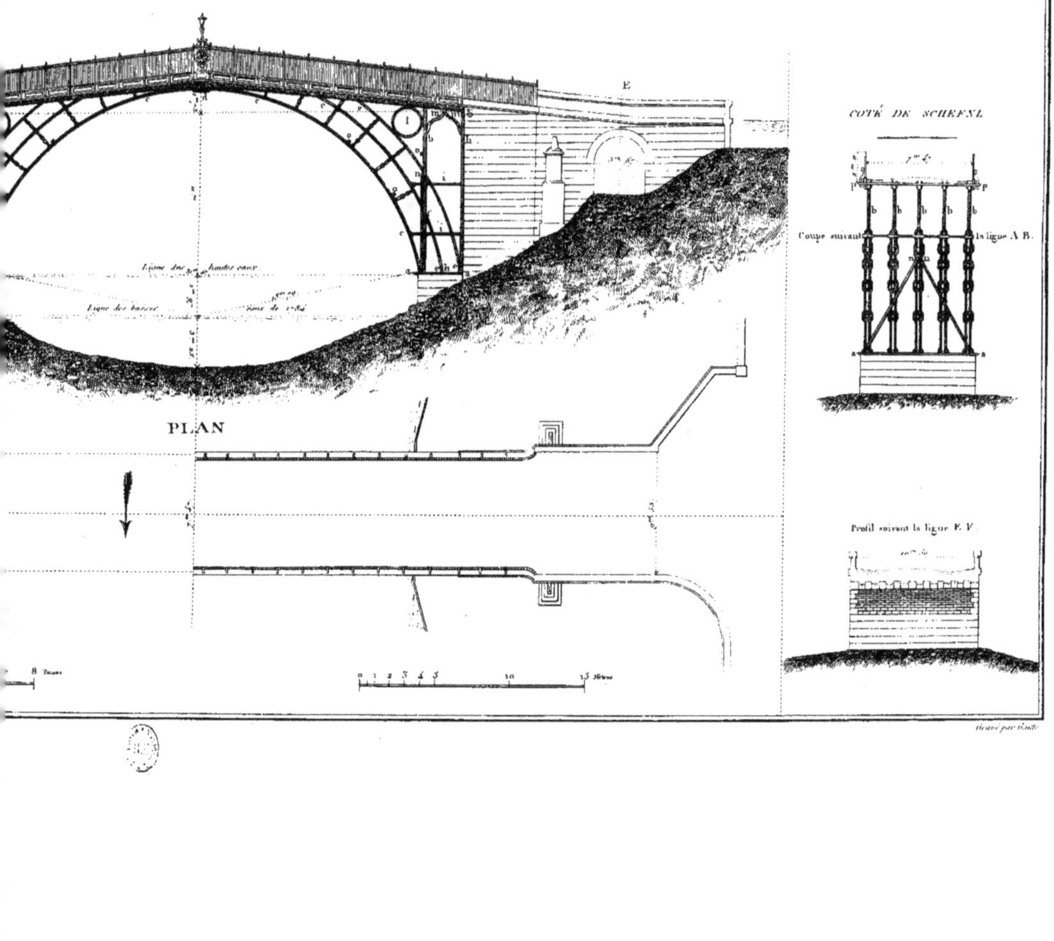
COTÉ DE SCHEFNL

Coupe suivant la ligne A B.
Profil suivant la ligne E V.
Ligne des hautes eaux
Ligne des basses eaux
PLAN
E
Gravé par
Toises
0 1 2 3 4 5   10   15 Mètres

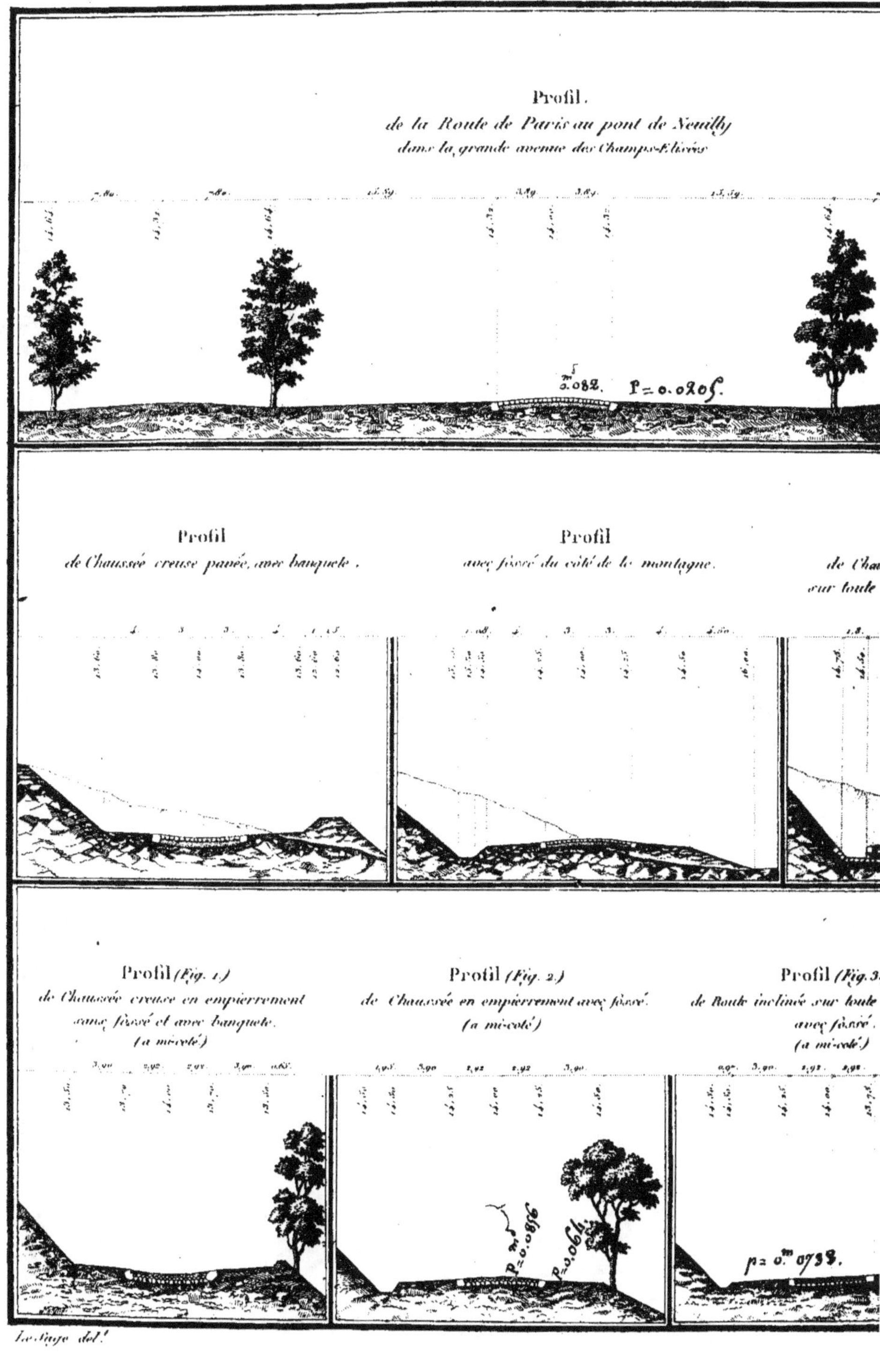
Profil.
de la Route de Paris au pont de Neuilly
dans la grande avenue des Champs-Élysées
2.082. P = 0.0205.
Profil
de Chaussée creuse pavée, avec banquete.
Profil
avec fossé du côté de la montagne.
de Chau...
sur toute
Profil (Fig. 1)
de Chaussée creuse en empierrement
sans fossé et avec banquete.
(à mi-côté)
Profil (Fig. 2)
de Chaussée en empierrement avec fossé.
(à mi-côté)
Profil (Fig. 3)
de Route inclinée sur toute
avec fossé
(à mi-côté)
P = 0.0856.
P = 0.064.
P = 0.0738.
Le Sage del.t

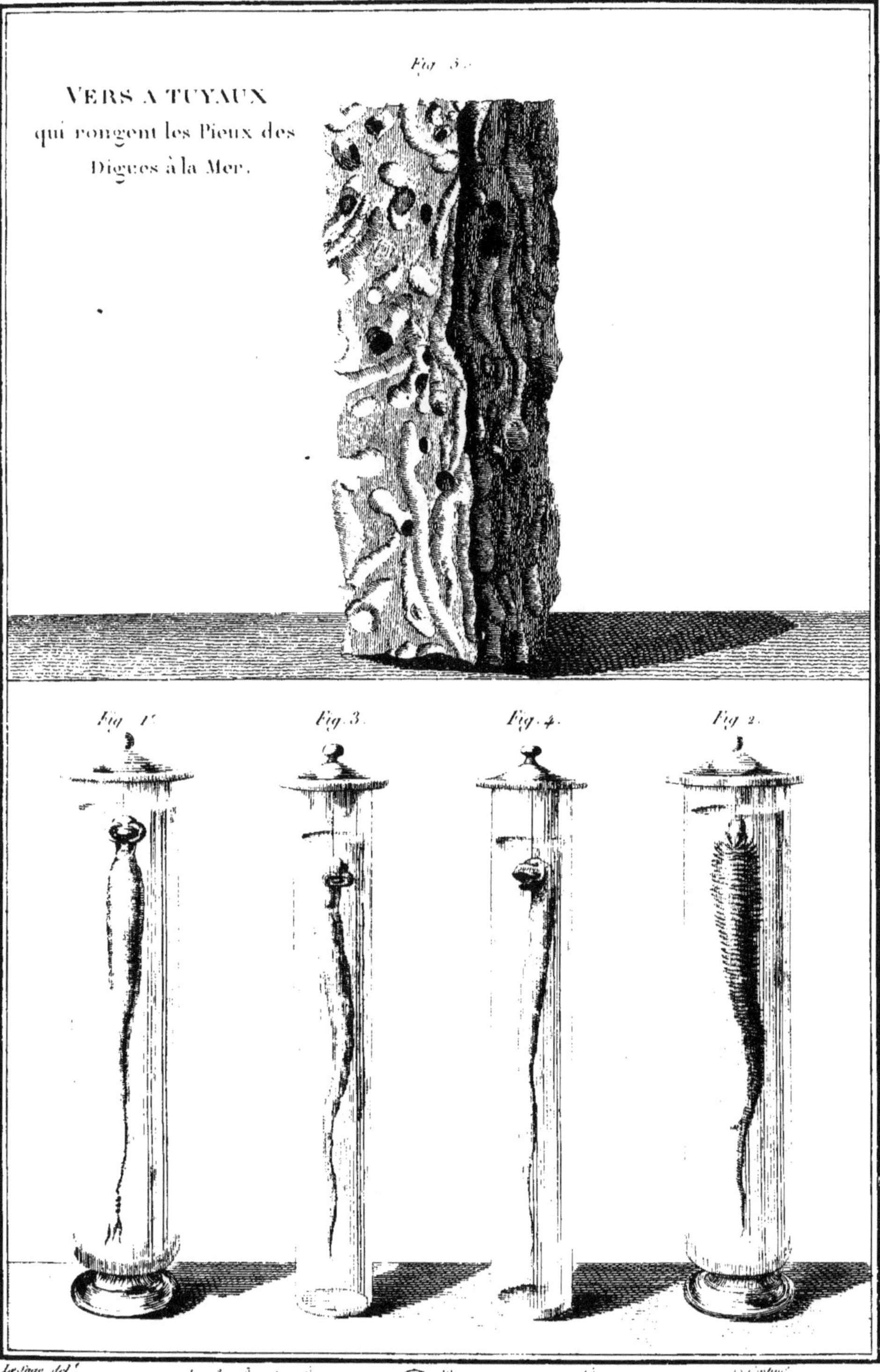

Fig. 5.
VERS A TUYAUX
qui rongent les Pieux des
Digues à la Mer.
Fig. 1.
Fig. 3.
Fig. 4.
Fig. 2.
Le Sage del.

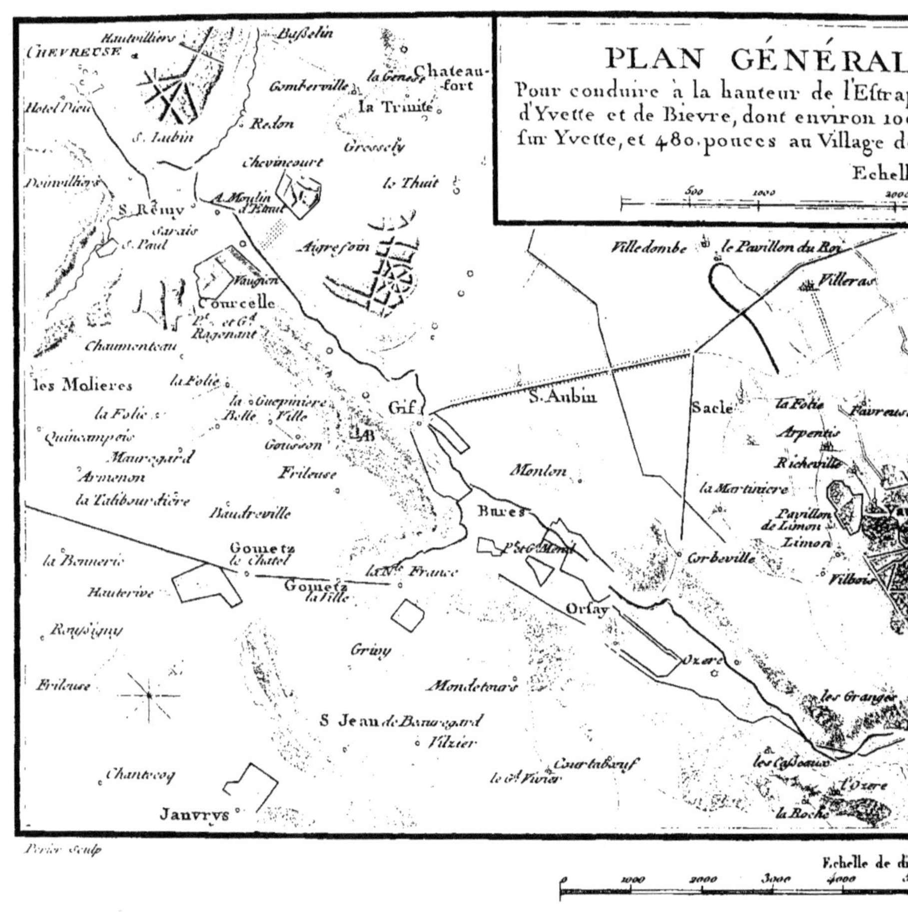
PLAN GÉNÉRAL
Pour conduire à la hauteur de l'Estrap
d'Yvette et de Bievre, dont environ 100
sur Yvette, et 480. pouces au Village de
Echelle
500   1000   2000
CHEVREUSE
Hautvilliers
Baſſelin
Chateau-fort
la Geneſte
Gomberville
Hotel Dieu
La Trinité
Redon
S. Aubin
Groſsely
Chevincourt
le Thuit
Donvilliers
A. Moulin
S. Remy
Saraiſ
S. Paul
Vaugien
Aigrefoin
Courcelle
Pt. et Gd.
Ragonant
Chaumonteau
les Molieres
la Folie
la Folie
la Guepiniere
Belle Ville
Gif
S. Aubin
Sacle
la Folie
Favrause
Quincampoix
Mauregard
Armenon
Gousson
Frileuse
Arpentis
Richeville
Monlon
la Martiniere
la Tabbourdiere
Baudreville
Buxes
Corbeville
Pavillon
de Limon
Limon
la Bennerie
Gometz
le Chatel
Pt. St. Gd. Menil
la Nle. France
Villebon
Hauterive
Gometz
la Ville
Orſay
Renyſigny
Griuy
Ozare
Frileuse
Mondetour
les Granges
S. Jean de Beauregard
Vilzier
les Gaſseaux
Courtabœuf
le cl. Vivier
l'Ozere
Chanteoq
la Roche
Jauvrys
Villedombe
le Pavillon du Roy
Villeras
Perier Sculp
Echelle de diſ
1000   2000   3000   4000

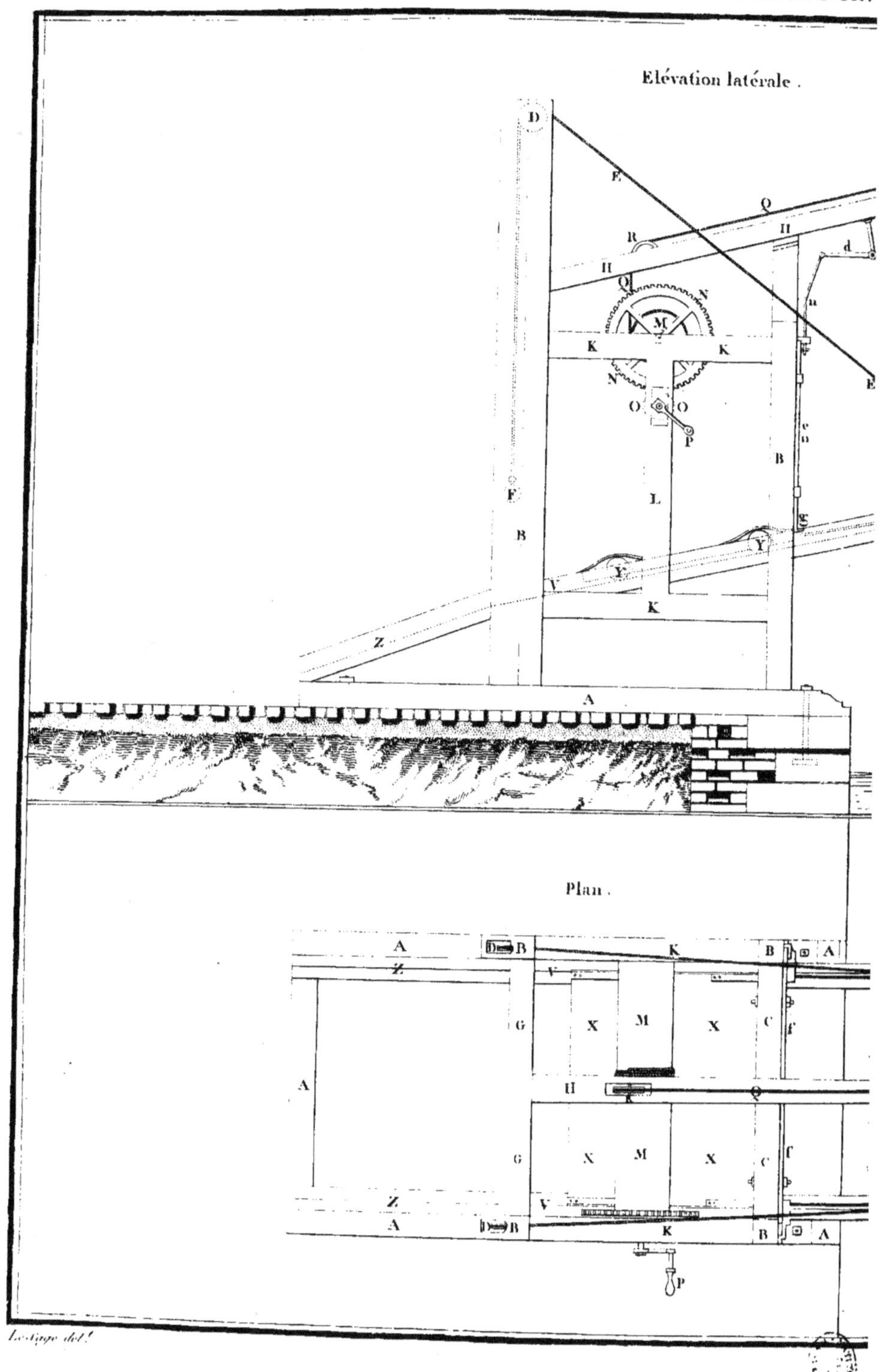
Elévation latérale.
Plan.
Le Sage del.

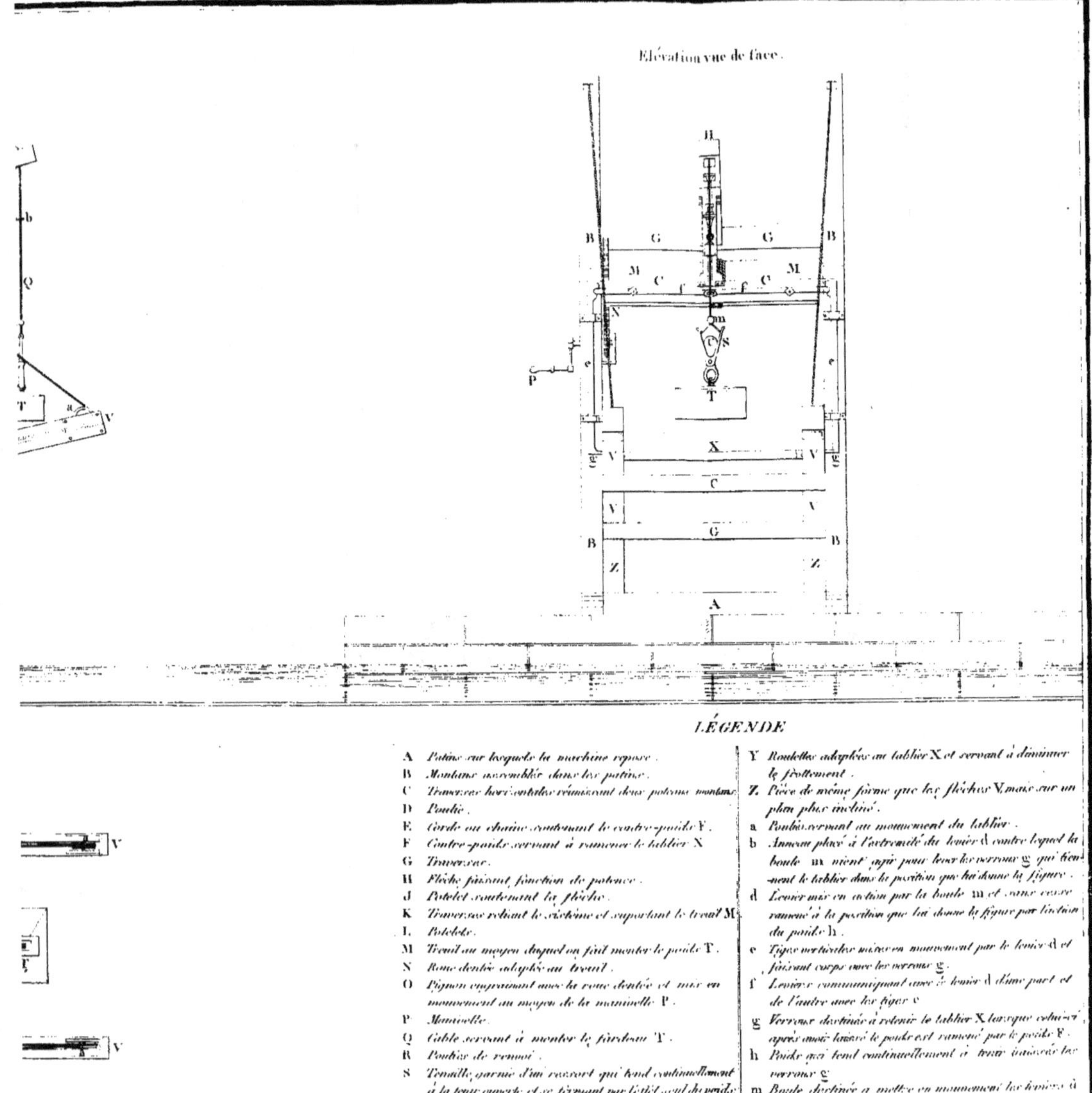

LÉGENDE

A Patins sur lesquels la machine repose.
B Montans assemblés dans les patins.
C Traverses horizontales réunissant deux poteaux montans.
D Poulie.
E Corde ou chaîne soutenant le contre-poids F.
F Contre-poids servant à ramener le tablier X.
G Traversur.
H Flèche faisant fonction de potence.
J Potelet soutenant la flèche.
K Traverses reliant le système et supportant le treuil M.
L Potelets.
M Treuil au moyen duquel on fait monter le poids T.
N Roue dentée adaptée au treuil.
O Pignon engrenant avec la roue dentée et mis en mouvement au moyen de la manivelle P.
P Manivelle.
Q Câble servant à monter le fardeau T.
R Poulies de renvoi.
S Tenaille garnie d'un ressort qui tend continuellement à la tenir ouverte et se fermant par l'effet seul du poids.
T Ressort de la tenaille.
V Flèches sur lesquelles roule le tablier X.
X Tablier recevant le fardeau.

Y Roulettes adaptées au tablier X et servant à diminuer le frottement.
Z Pièce de même forme que les flèches V, mais sur un plan plus incliné.
a Poulies servant au mouvement du tablier.
b Anneau placé à l'extrémité du levier d contre lequel la boule m vient agir pour lever les verrous g qui tiennent le tablier dans la position que lui donne la figure.
d Levier mis en action par la boule m et sans cesse ramené à la position que lui donne la figure par l'action du poids h.
e Tiges verticales mises en mouvement par le levier d et faisant corps avec les verrous g.
f Levier communiquant avec le levier d d'une part et de l'autre avec les tiges e.
g Verrous destinés à retenir le tablier X lorsque celui-ci après avoir laissé le poids est ramené par le poids F.
h Poids qui tend continuellement à tenir baissés les verrous g.
m Boule destinée à mettre en mouvement les leviers d et f au moyen de l'anneau b sur lequel elle agit.
n Tige de communication des leviers d et f pour mettre les verrous en mouvement.

PHA
Vue des effets de la

Planche 1.ere

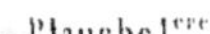

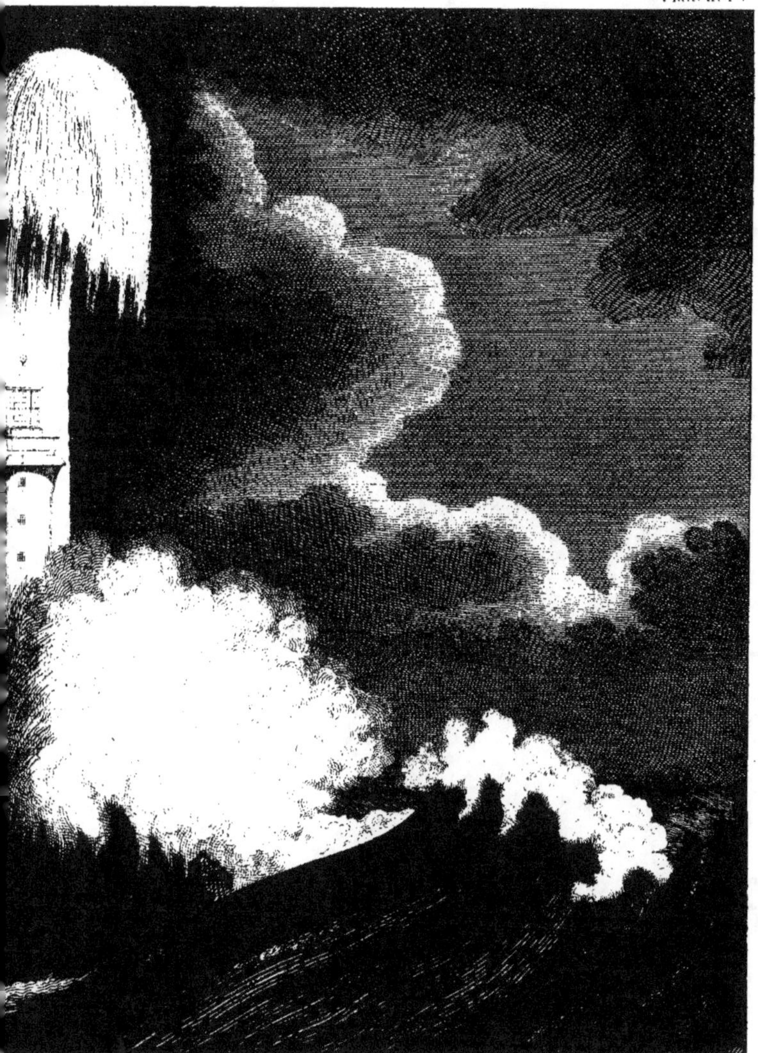

Gravé par E. Collin

EDYSTONE.

...s les gros temps et les Tempêtes.

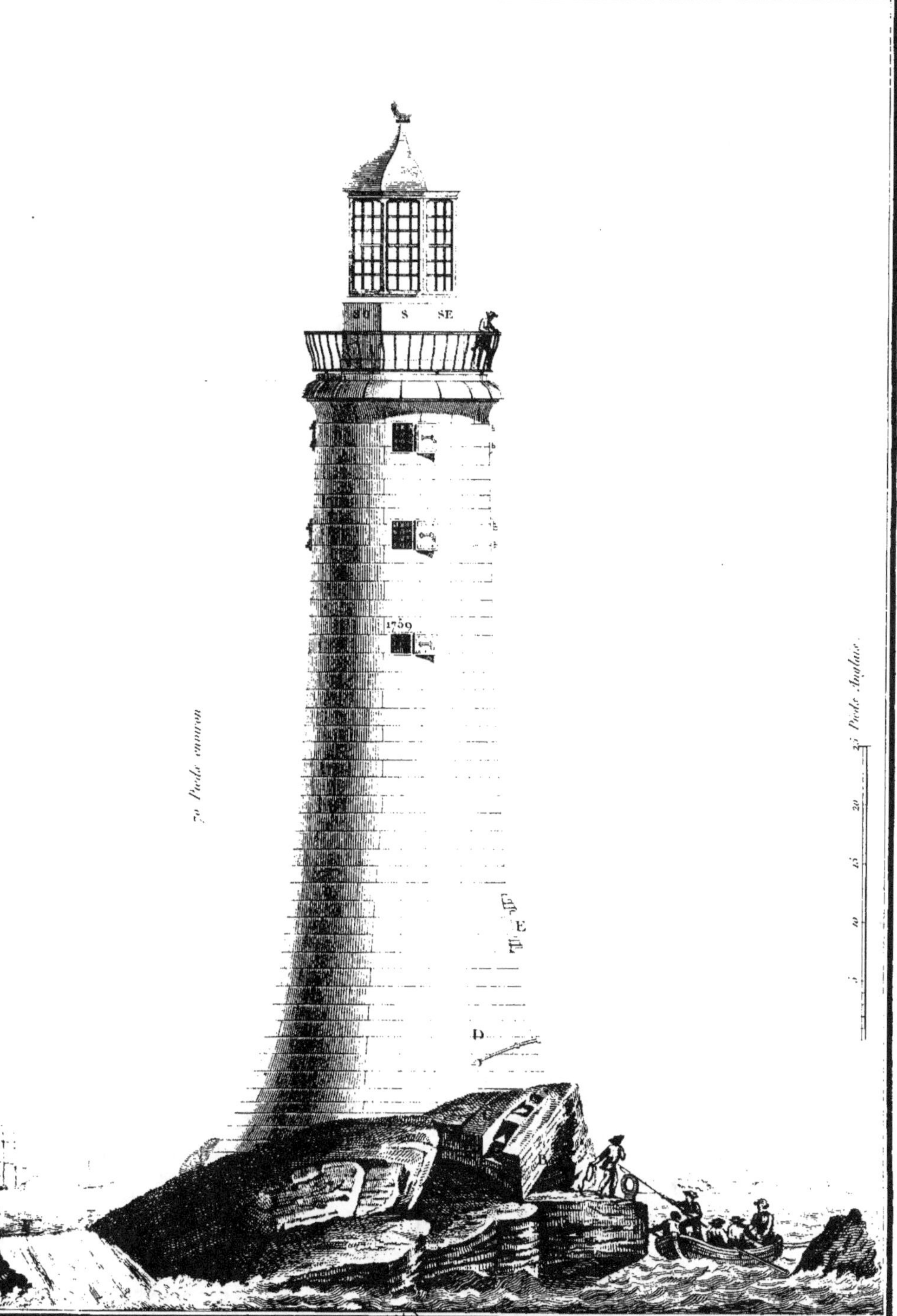

ÉLÉVATION DU PHARE D'EDYSTONE,

à 3 lieues en Mer du Port de Plymouth, construit de 1756 à 1759.

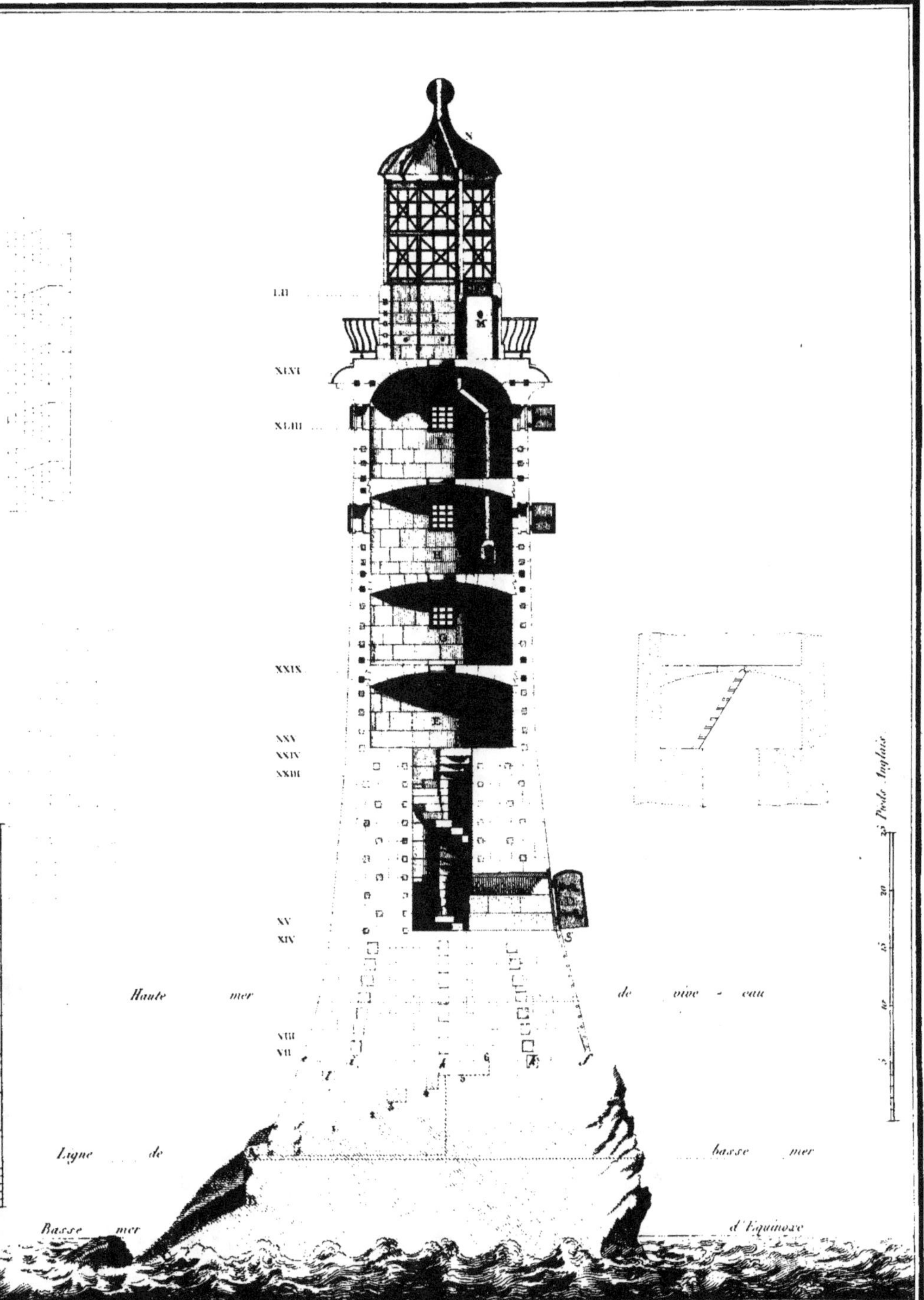

COUPE VERTICALE DU PHARE D'EDYSTONE
et du Rocher de granit-taillé, qui lui sert de Base.

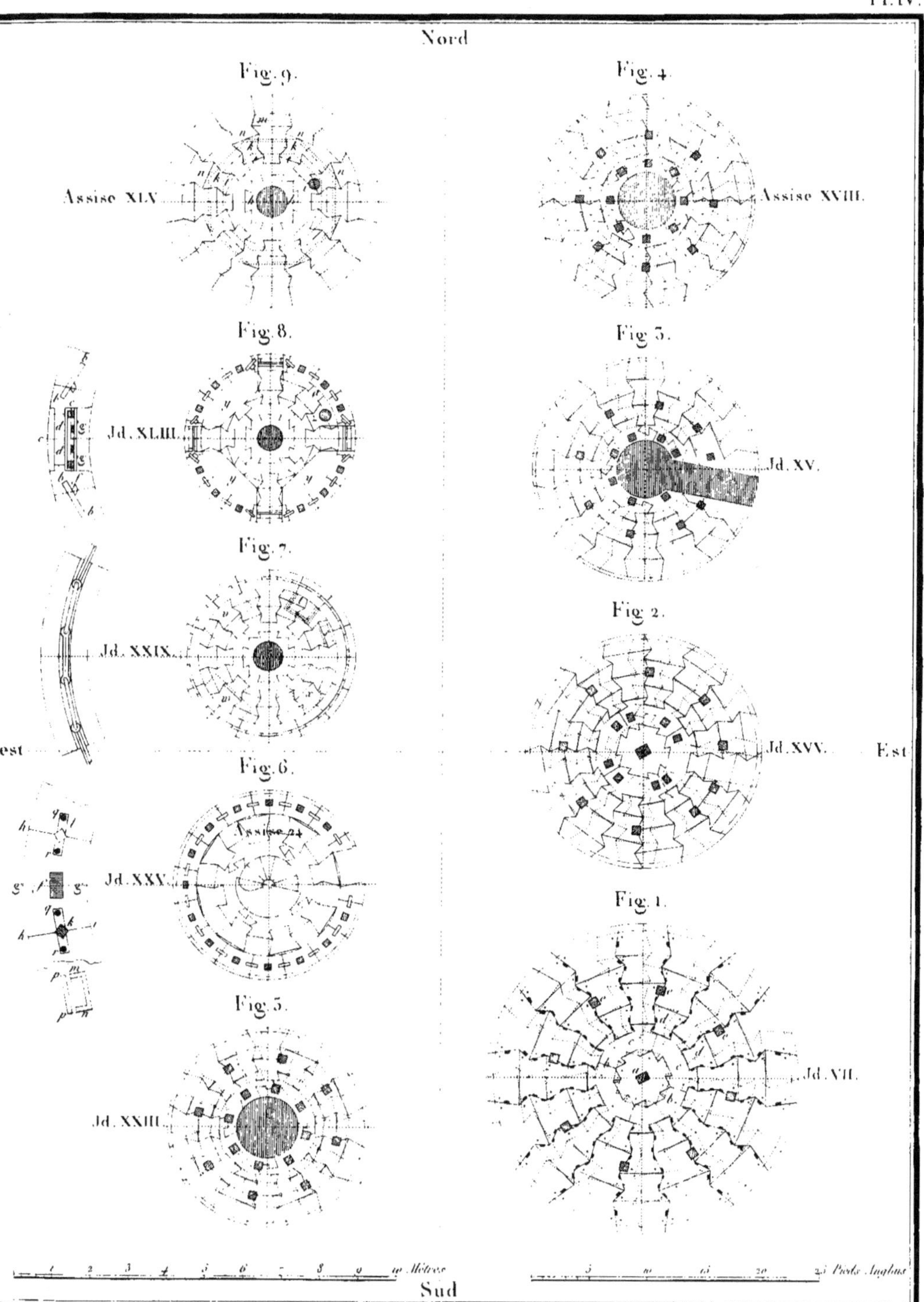

PLANS *d'Appareil des Assises en pierres de Granit,*
à diverses hauteurs du Phare d'Edystone.

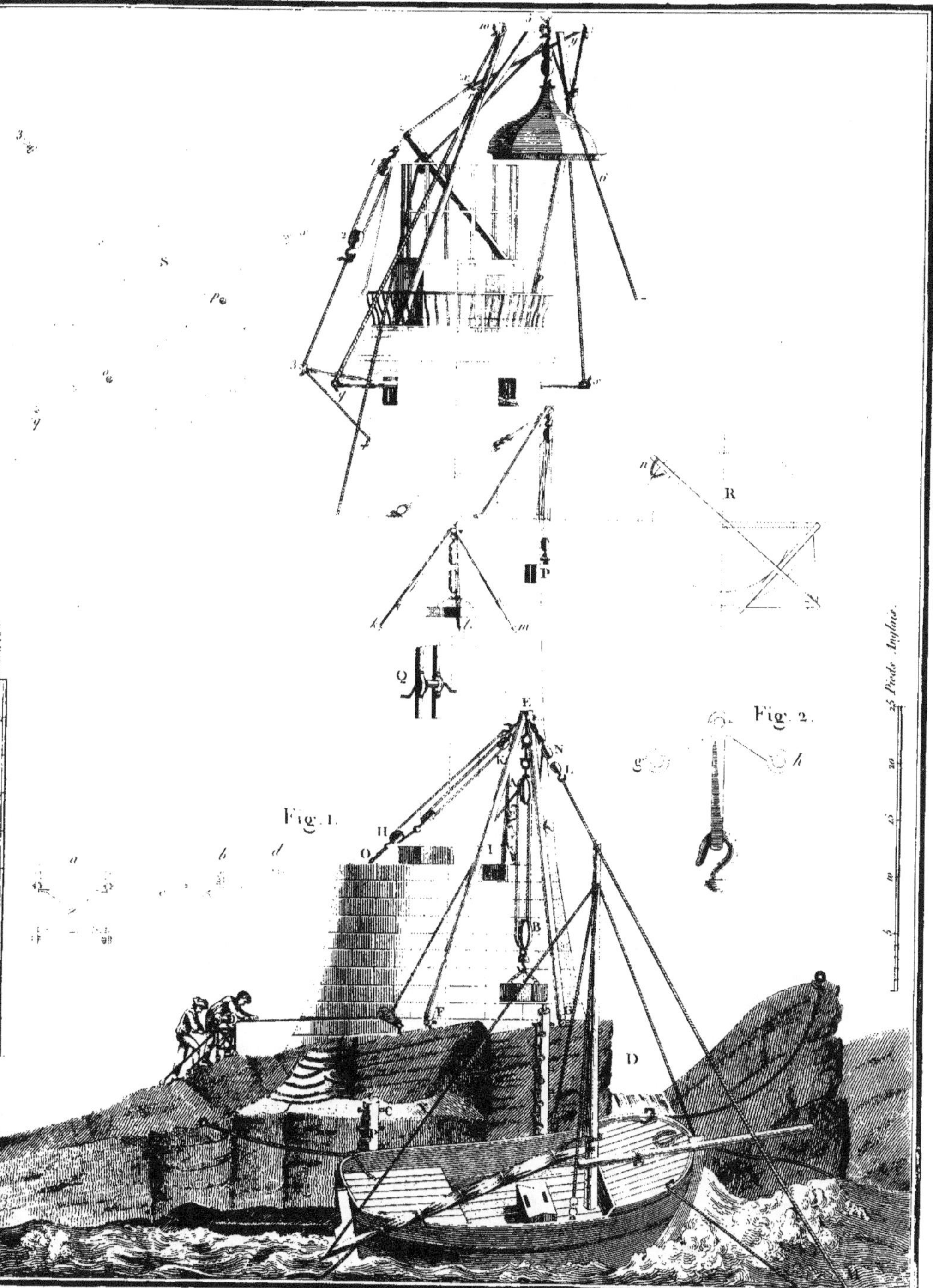

APPAREIL DES MACHINES

et moyens employés pour la construction du Phare d'Edystone.

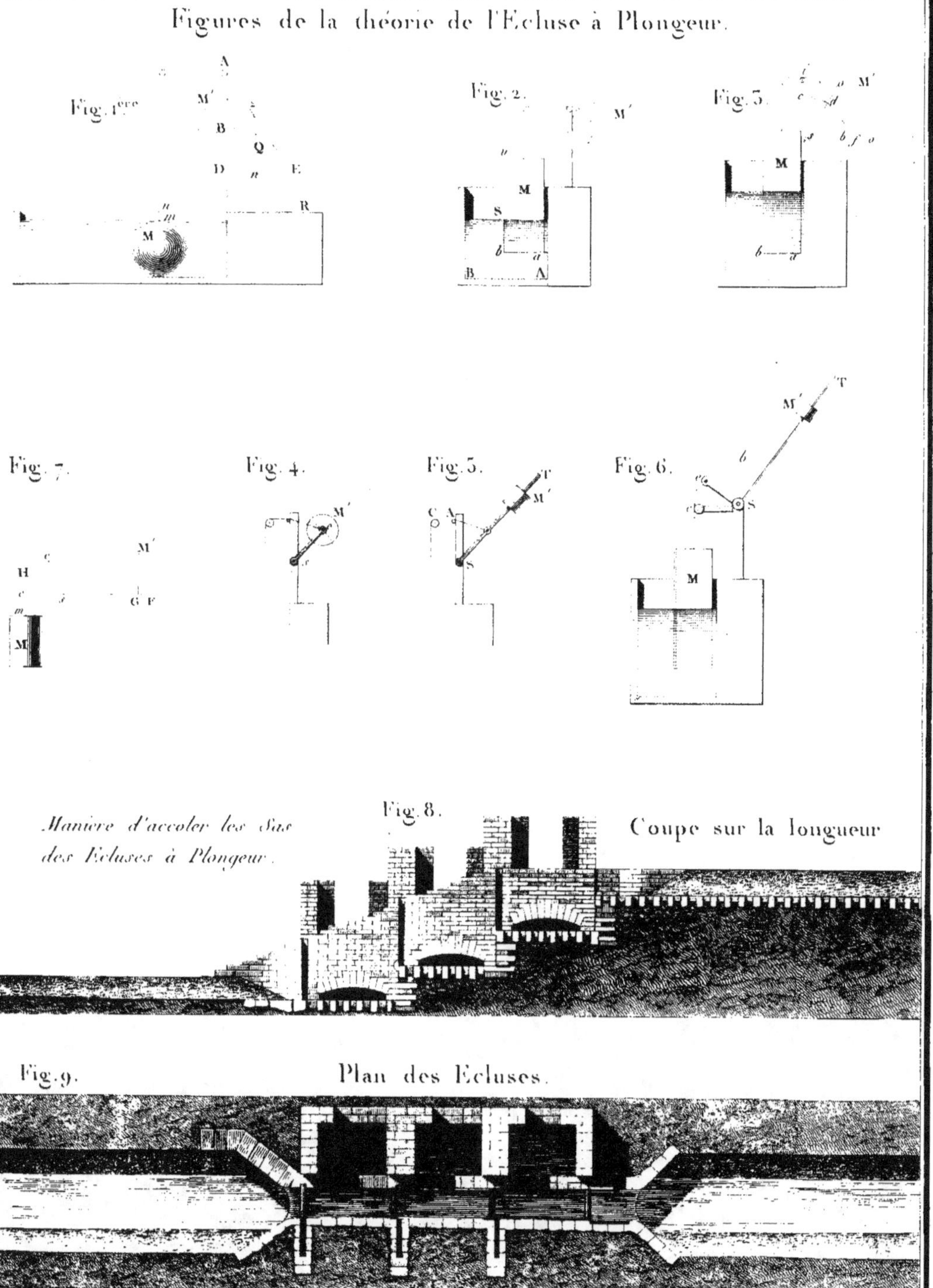
Figures de la théorie de l'Écluse à Plongeur.
Fig. 1ere
Fig. 2.
Fig. 3.
Fig. 7.
Fig. 4.
Fig. 5.
Fig. 6.
Fig. 8.
Manière d'accoler les Sas des Écluses à Plongeur.
Coupe sur la longueur
Fig. 9.
Plan des Écluses.
Gravé par L. Collin

Fig. 2.
Coupe par la ligne AB du Plan.
Hauteur de l'Eau du Bief inférieur
Fig. 1
PLAN ET COUPES

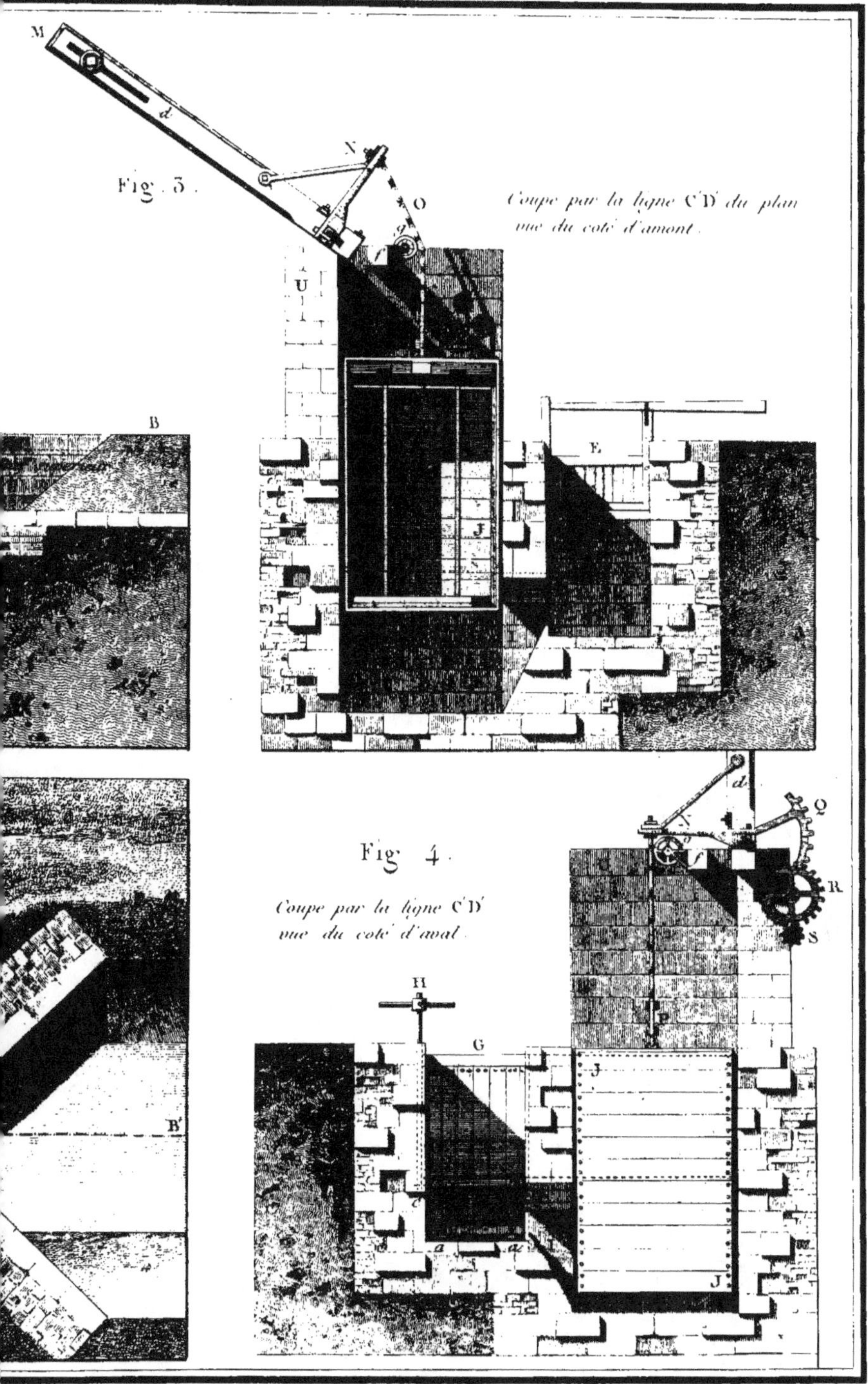

Pl VII
Fig. 3.
M
d
N
O
g
f
U
B
E
J
Coupe par la ligne C D du plan
vue du coté d'amont.
Fig. 4.
Coupe par la ligne C D
vue du coté d'aval.
d
Q
f
R
S
P
H
G
J
B'
c
a
J
Gravé par Adam.
USE A PLONGEUR.

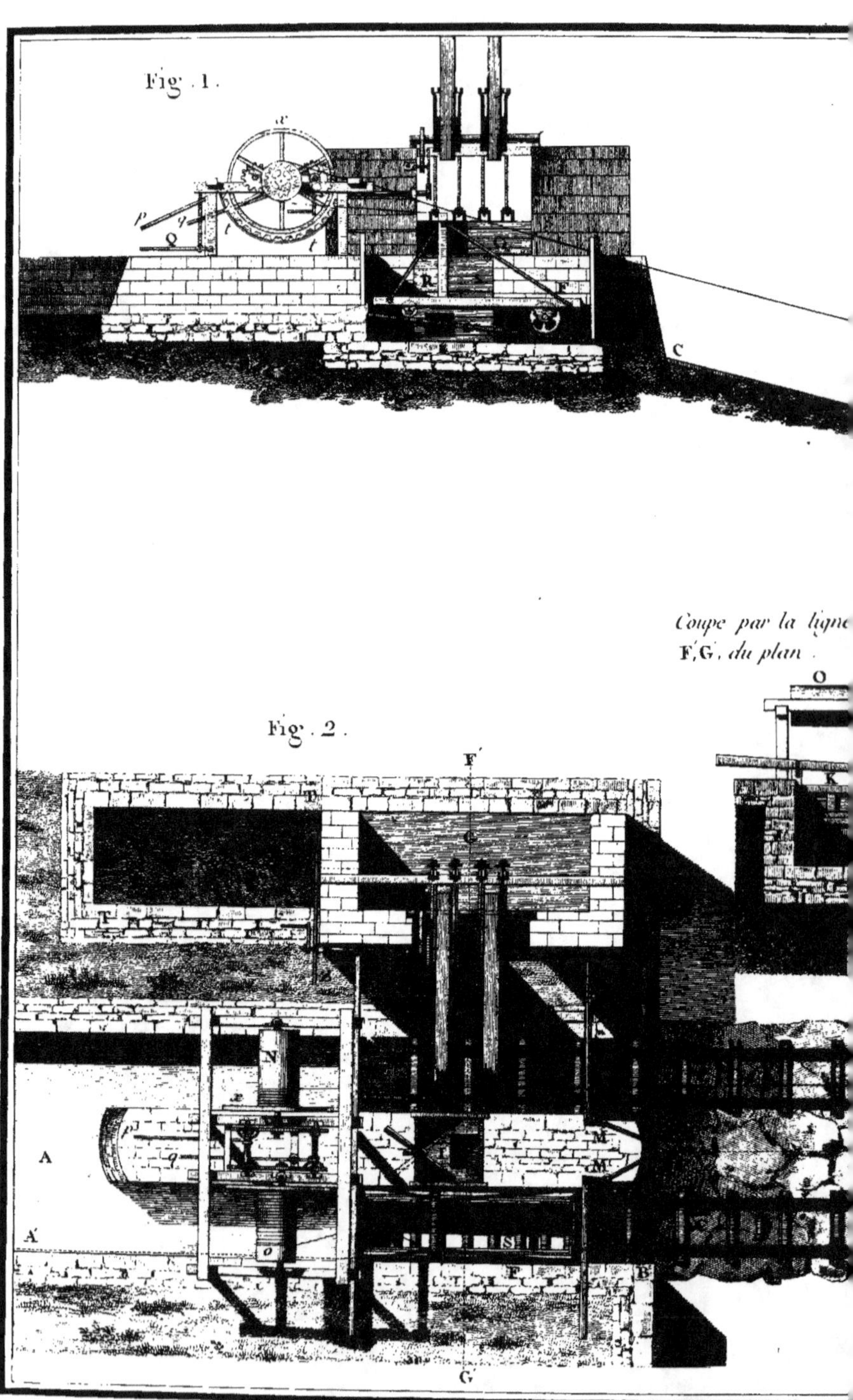

APPLICATION DE L'ECLUSE A

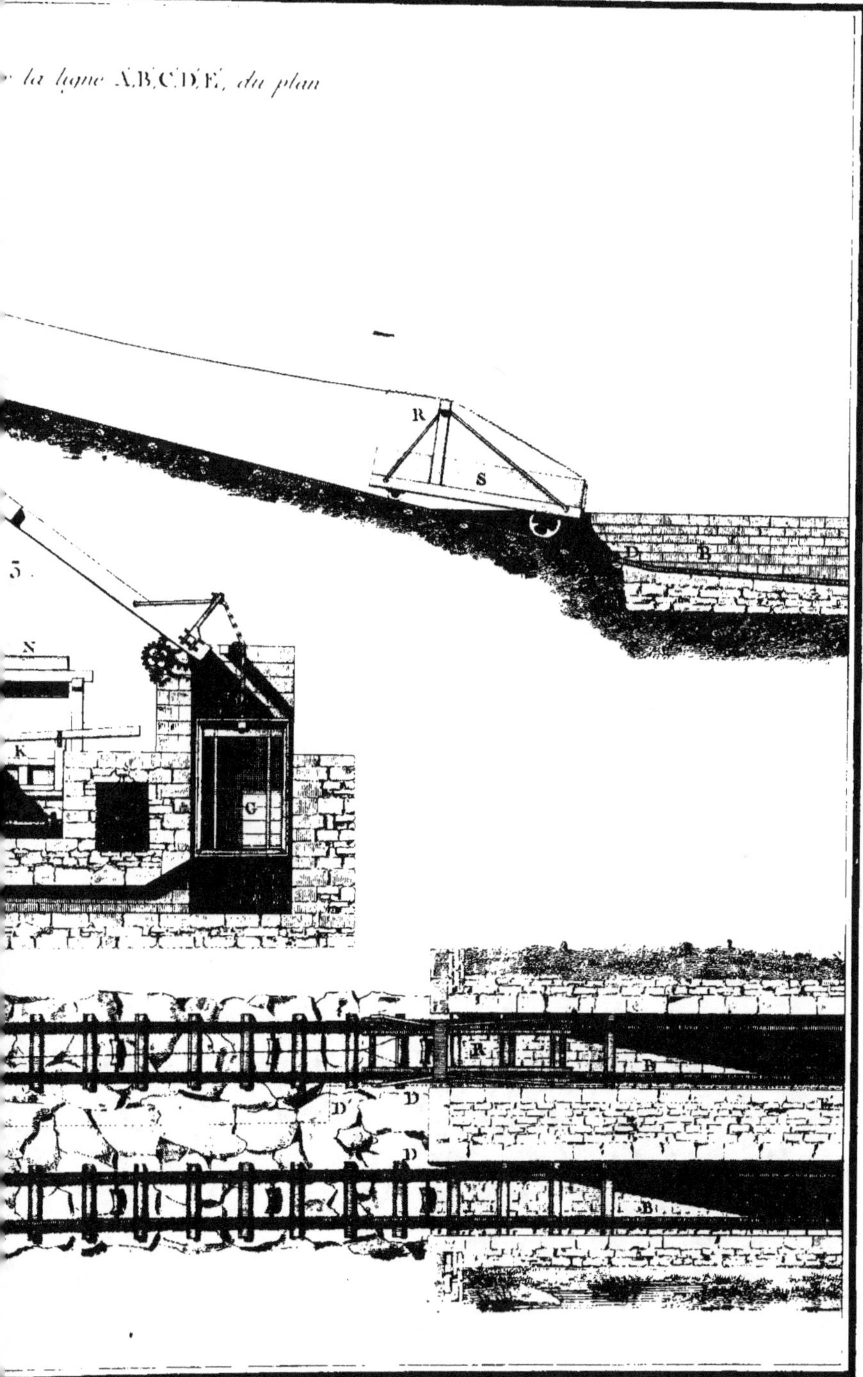
la ligne A.B.C.D.E. du plan
R
S
5.
N
K
G
D
B
D
D
D
B
SEUR AUX PLANS INCLINÉS.
Gravé par Adam

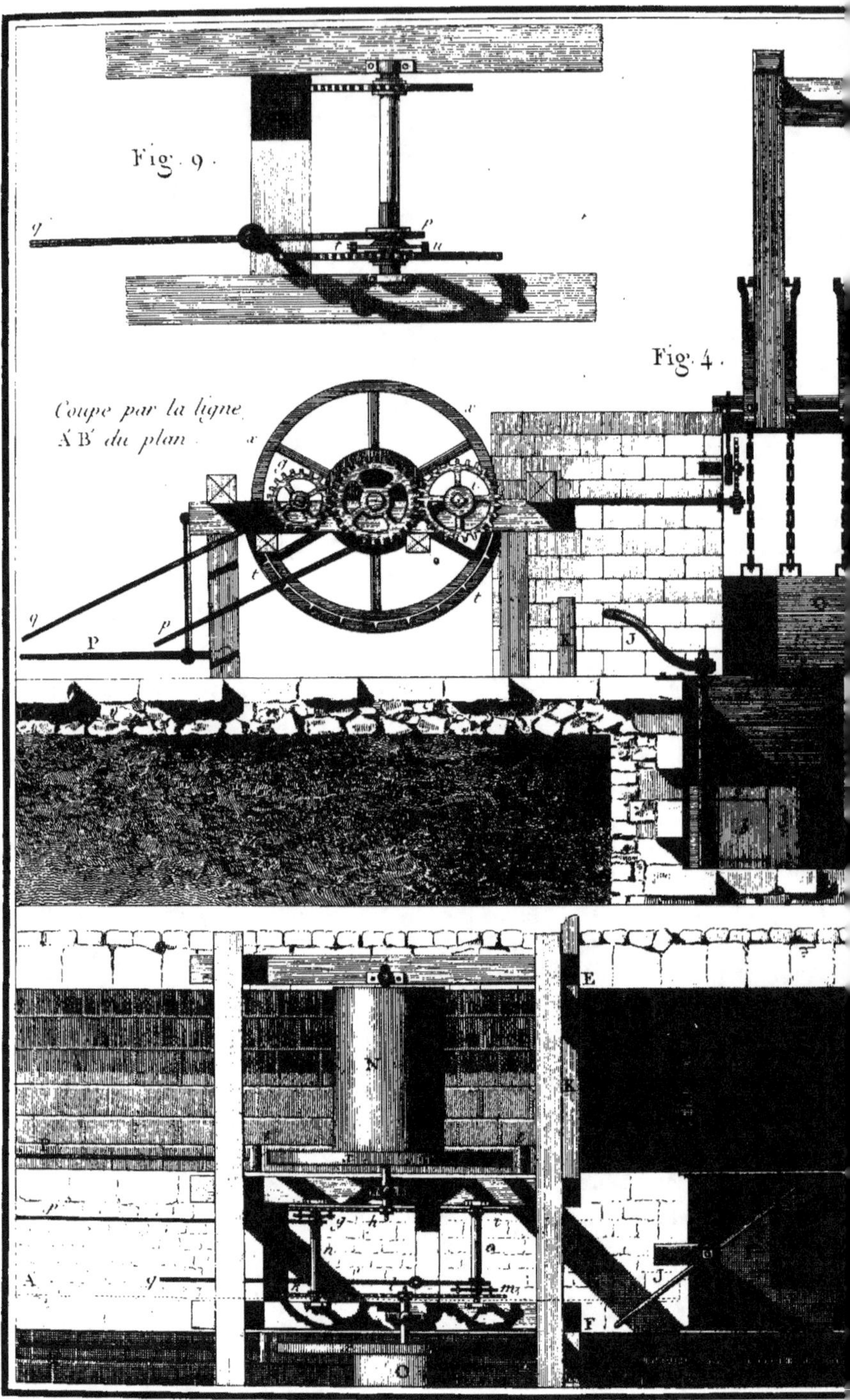

Fig. 9.
Fig. 4.
Coupe par la ligne
A B du plan.
DÉTAILS DU MÉCANI

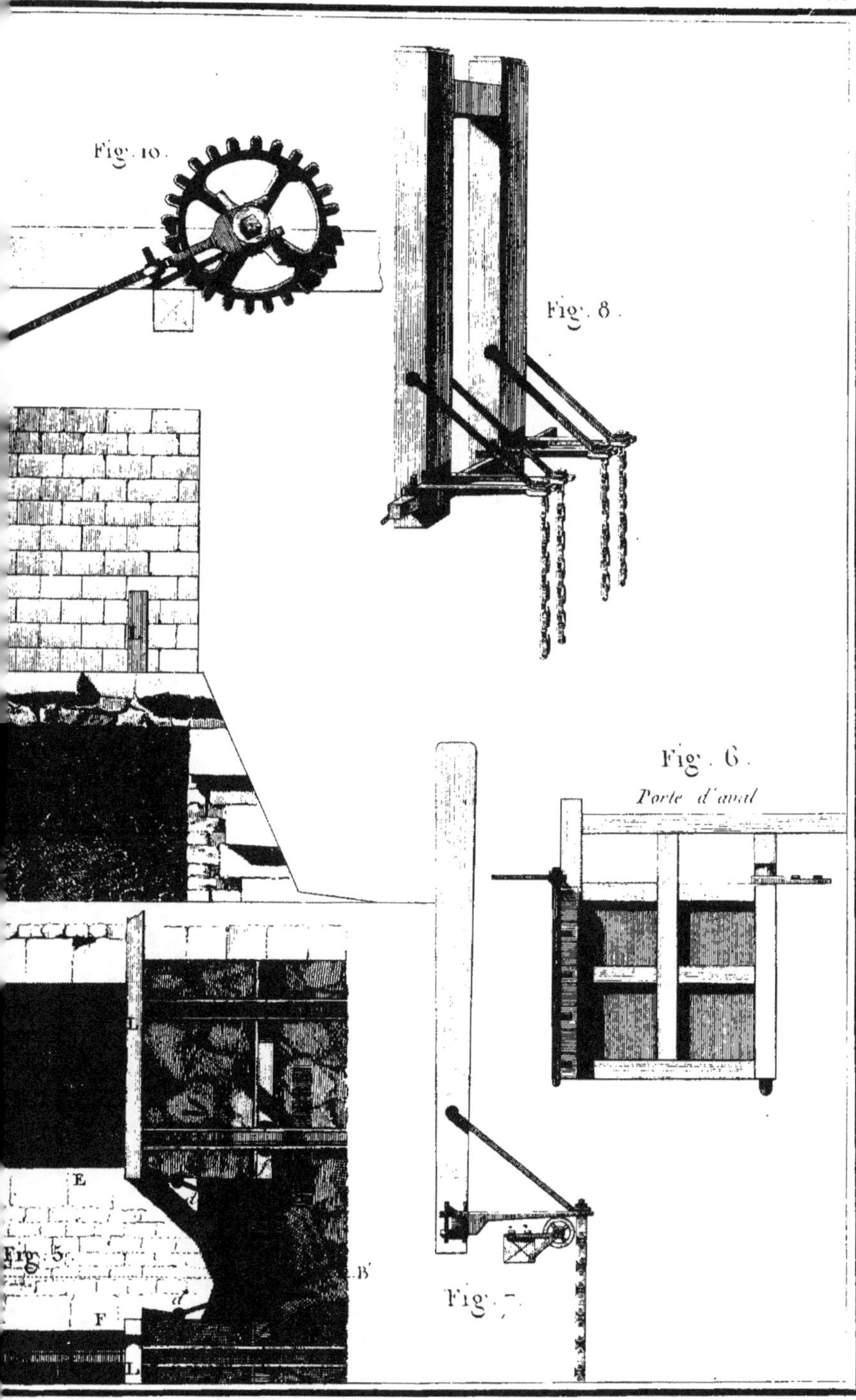

S PLANS INCLINÉS.

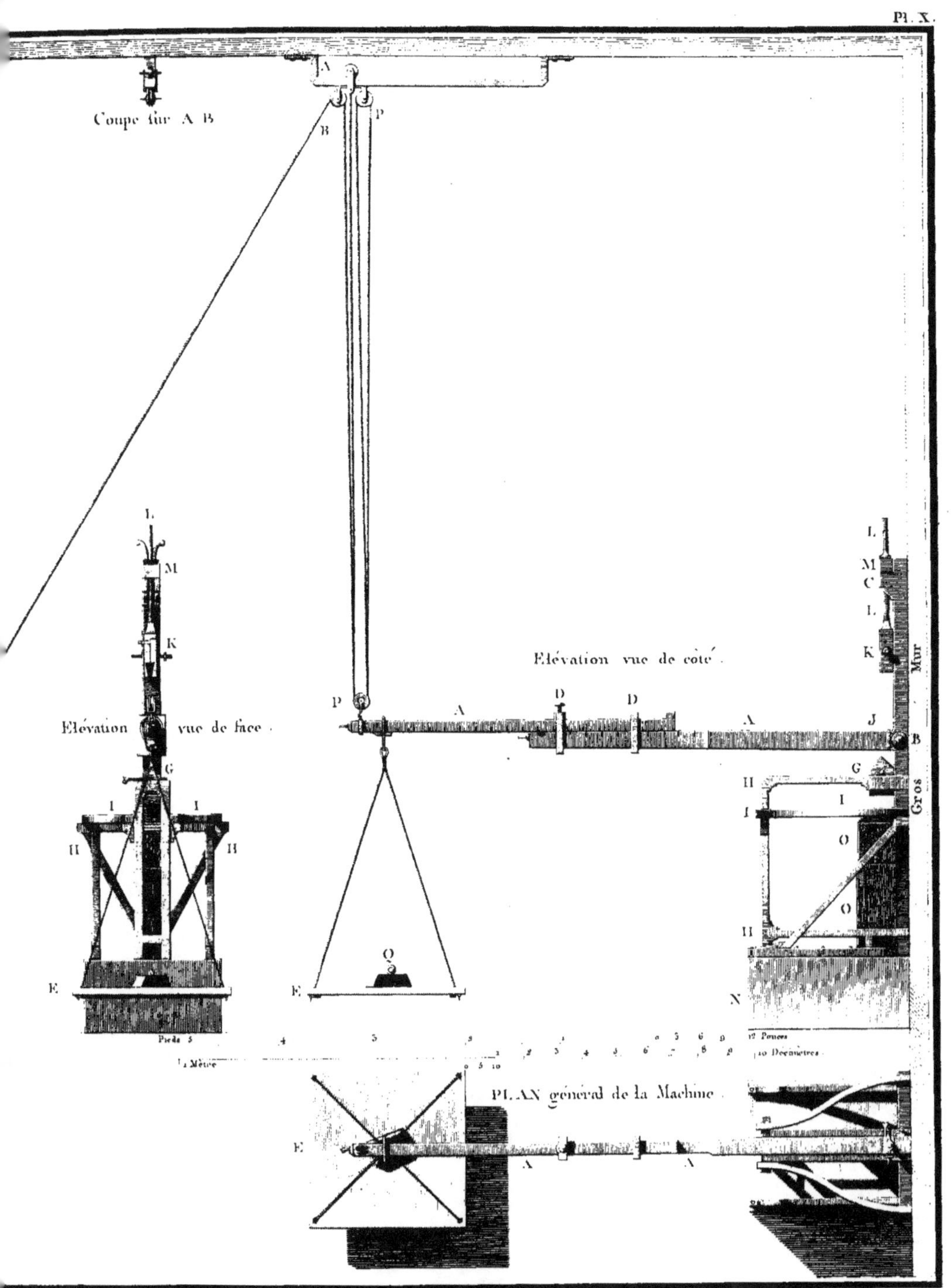

MACHINE inventée par PERRONET, en 1768.
Pour connoître par la Pression la résistance absolue des Pierres, celle de Traction et de Cohésion dans les Métaux et les Bois.